人体語源と新音義説

江副水城　著

鳥影社

人体語源

序　言

日本語の「人体語」の多くは、平安時代までにはできていたようですが、それがどの部分を指すかは分かっていても、当時からその語源と意味は明らかにされなかったので人体語の語源は今もって分からないのです。したがって、これまでに書かれた人体語の本格的語源本というものは存在せず、本書は「本邦で始めての唯一の語源本」といっても過言ではないと思われます。したがって、本書に依らなければ人体語の語源は分からないということになります。本書では、関連語も含めて一五九個の人体語の語源を披露しています。

本書では、人体語に関連した周辺文句の説明ではなく、すべての人体語そのものの語源を説明する本にしてあります。また、人体語について、個々に述べられてきた語源説があるとしても、本書の語源説とはまったく異なるものであることは間違いありません。

本書における人体語の語源説について、確実と思われるものでも、著者自身がつくった言葉ではないので、「語源と思われます」という表現にしています。本書について、読者の皆様に興味をもって読んで頂ければたいへんに有難く思います。

西暦二〇一九年（令和元年）六月一日

著　者

＊目次

（・印は人体語、無印は関連語）

＊人体語（関連語を含む）

１　アカ（垢）

漢字では、垢と書きます。大言海には、「膩《アブラ》、汗ナドノ、埃《ホコリ》ニ汚レテ、膚ニツキ居ルモノ。一転シテ、ケガレ。ヨゴレ。」と説明してあります。また、万葉集と、室町時代の新続古今集に、次のような歌が詠まれています。

・君に逢はず久しき時ゆ織る服《はた》の
　白栲衣《しろたへごろも》垢つくまでに（万葉２０２８）

・掻《か》き流す法《のり》の水こそうれしけれ
　心のあかをすすぐと思へば（新続古今・釈教）

一音節読みで、骯はアンと読み「汚い、汚れた」、坷はカと読み「土くれ、土くれようのもの、劣悪なもの」の意味があります。つまり、アカとは、**骯坷**の多少の訛り読みであり直訳すると「汚い劣悪なもの」、簡潔にいうと**「汚いもの」**の意味になり、これがこの言葉の語源と思われます。

アカにも、土垢、埃垢《ほこりあか》、膩垢《あぶらあか》などいろいろありますが、語源に土偏の漢字である坷の字が使われているということは、古代には、主な産業が農業であったことから、その作業による土垢が最も深刻な汚れだったのです。

２　アカゴ（赤子・嬰児）

赤ん坊や赤ちゃんともいいます。そもそもは、生まれ立ての乳児のことを指すようですが、現在では、一般的には、生まれてから満一才までの乳児をいうようです。漢語辞典では、嬰児といい「一歳未満の小孩子《ショウハイツ》」と書いてあります。

大言海には、次のように書いてあります。「**あかご**（名）赤子〔体ノ色、赤ミヲ帯ブ〕チゴチノミゴ。ウブコ。ヤヤコ。ミブコ。生レテ程歴《ヘ》ヌ小児ノ称。略シテ、アカ。又、アカンバウ。」と説明してあります。　また、平安時代の狭衣（物語）に「あかごノ襁褓《ムツキ》ニ包マレタル」、同時代の今鏡に「此宮、あかごニオハシマシケル時、絶エ入リタマヘリケレバ」と書いてあることが紹介されています。「生レテ程歴《ヘ》ヌ小児ノ称」とあるので、上述したように、そもそもは生まれ立ての子を指すものと推測されます。大言海には「体ノ色、赤ミヲ帯ブ」から「赤子」と書いてありますが、本書では異なる意味ではないかと考えています。

一音節読みで盎はアンと読み程度が甚だしいことを表現するときに、通常は「とても、非常に、著しく」などの意味で使われますが、この言葉の場合は「まったくの、丸々の」の表現が適当です。光はクアンと読み、形容詞では「裸《はだか》の、むきだしの、ありのままの、なにも身につけていない」などの意味があります。つまり、アカゴは**盎光子**の多少の訛り読みであり直訳すると**「丸裸の子」**の意味になり、これがこの言葉の語源と思われます。

アカゴは、母体から出てきた直後の生まれ立てのときは、そのような状態なのです。アカゴのアカは、「まったくの他人」のことを「赤の他人」というときのアカ（赤）と同じ意味であり、また、丸裸のことをアカハダカ（赤裸）、まったくの禿のことを、アカハゲ（赤禿）、すっかり恥をかくことを「アカハジ（赤恥）をかく」や「アカッ恥《パジ》をかく」のようにもいいます。

大言海の「体ノ色、赤ミヲ帯ブ」説も尊重すると、アカゴは「赤味を帯びた、丸裸の子」の意味になります。

3　アクビ（欠伸）

アクビについて、大言海には、「倦《ウ》ミ疲レ、或ハ、ネムタキ時ナドニ、口、自ラ開キテ、気、大イニ出ヅルコト。体内ノ酸素ノ欠乏ヲ補ハムガタメニ、呼吸筋肉ノ不随意運動ニ起ル」と説明してあります。また、平安時代の字鏡に「吹呿、口ヲ開キテ気ヲ出スノ貌、阿久比須」、讃岐典侍日記に「サリゲナク、モテナシツツ、あくびヲセラレテ」と書いてあることが紹介されています。

一音節読みで、唵はアンと読み「口を大きく開ける」の意味です。歯医者にいって「アーンしてください」といわれたときのアンは、この唵のことです。口はコウと読みます。弼はビと読み「補弼《ほひつ》する、補う」の意味があります。つまり、アクビは、**唵口弼**の多少の訛り読みであり直訳すると「口を大きく開けて補う」の意味ですが、目的語を入れて少し意訳すると**「口を大きく開けて空気を補う（こと）」**の意味になり、これがこの言葉の語源と思われます。

4　アゴ（頷・顎）

アゴは、脊髄動物の口腔を構成する歯を含んだ骨格と皮肉の上下部分で、上部を「上あご（上頷）」、下部を「下あご（下頷）」といいます。アゴは、下あごを動かして開閉することによって、食物を噛み切ったり噛み砕いたり、音声を発したり、呼吸したりするのに極めて重要な役目をはたす器官です。

平安時代の和名抄（倭名抄）に「腭　和名阿岐　口中ノ上腭ナリ」と書いてあります。大言海によれば、江戸時代の和漢三才図会に「齶《アゴ》、顎《アゴ》、和名、阿岐、俗云、阿吾、歯内、上下肉ナリ」と書いてあります。

注目すべきことは、頷の字には合の字が含まれていることです。一音節読みで合はホと読むのですが、異読ではゴとも読みます。

一音節読みで、唵はアンと読み「口を大きく開ける、口を開ける」、上述したように合は異読でゴと読み「閉める」の意味があります。つまり、アゴとは、**唵合**の多少の訛り読みであり、直訳すると「口を開け閉めする（部分）」、簡潔にいうと**「口を開閉する（部分）」**の意味になり、これがこの言葉の語源と思われます。ほんとうは、「器官」というべきでしょうが、本書では「部分」に統一しています。

5　アザ（痣）

アザについて、大言海には「人ノ肌ニ、異ナル色ヲ残シ留メタルモノ。瘡《カサ》、傷《キズ》、ナドニ因ル、天然ニ色ヅキタルニモ云フ」と説明してあります。

また、大言海によれば、平安時代の和名抄に「疵、阿佐」、名義抄に「疵、アザ、キズ」、医心方に「黶《アザ》」、鎌倉時代中期の（古今）著聞集に「聖《ヒジリ》ノ御顔ニ、イササカあざノオハシケル」と書いてあります。

一音節読みで、骯はアン、髒はザンと読み、共に「汚い、汚れた」の意味があります。つまり、アザとは、**骯髒**の多少の訛り読みであり、直訳すると「汚い（部分）」ですが、主語を入れて少し意訳すると**「肌上の汚い（部分）」**の意味になり、これがこの言葉の語源と思われます。

6　アシ（足・脚）

漢字では足や脚と書き、漢語では同じ意味で使われますが、その日常語では、いわゆる「歩くアシ」の意味では脚がよく使われるようです。日本語の訓読では、両字共にアシと読んでいます。平安時代の和名抄に「脚、足、阿之」と書いてあります。大言海には、「動物ノ下ノ方ノ肢《エダ》ニテ、即チ、地ヲ踏ミテ、立チ行キスルモノ」と説明してあります。

アシは、移動する際に高等動物になるほど必要とする部分で、これがないと先ずは、食べ物や水のあるところに行くことができないし、獲物を追いかけて捕食することもできません。人間の場合も、主として移動して行ういろんな活動に必要とする部分で、身体の中では最も使用する部分の一つといえます。したがって、そのことが語源になっていると思われます。

一音節読みで、盎はアンと読み、副詞では程度が甚だしいことを表現するときに「とても、非常に、著しく」などの意味で使われます。使はシと読み「使用する」の意味です。つまり、アシは**盎使**であり直訳すると**「著しく使用する（部分）」**の意味になり、これがこの言葉の語源と思われます。

人間は完全に直立歩行のできる唯一の動物なので、四肢《しし》においても前肢と後肢とではその機能も分かれたものになっていて、テは歩行のためには使われなくなっています。アシという言葉は、その状態を手と比較したときのもので、その反対語になっているのです。

一音節読みで、骯はアンと読み「汚ない、汚れた」の意味です。肢はそもそもはチと読みますが、訛り読みでシとも読み、四肢とは両手両足のことです。つまり、アシとは**骯肢**の多少の訛り読みで**「汚ない肢」**の意味であり、これもこの言葉の語源で掛詞と思われます。まとめると、「著しく使用する汚ない肢（部分）」の意味になります。

古い時代には、道路や広場その他の地面は現在のように舗装されておらず、一般庶民は素足で歩いていたので、いつも泥で汚れていたのです。なお、漢語では、足は、手が手首から先の部分を指すのに対応して、そもそもは「踝《くるぶし》から下の部分」を指すとされています。

7　アシナエ（蹇・躄）

病気や怪我その他の原因で足に欠陥があり、正常な歩きができない、つまり、不自由な歩き方をすることをアシナエといいます。

大言海によれば、平安時代の和名抄に「蹇、行不正也、阿之奈閉」、霊異記に「躄、アシナヘ」と書いてあります。一音節読みで、難はナンと読み「難がある、できない、不可能である」などの意味があります。廃はフェイと読み、廃疾《はいしつ》、廃人などの熟語で使われ、漢和辞典によれば、名詞では「身体障害」のことをも指します。つまり、アシナエは、**足難廃**（アシナンフェイ）の多少の訛り読みであり、直訳すると**「足に難のある、身体障害」**の意味になり、これがこの言葉の語源と思われます。

アシナエの意味の漢字には、蹇《チィエン》、蹩《ピエ》、踦《チ》、跛《ポ》、躄《ビ》があります。蹇と蹩には、片方、両方の区別はなく「足の不自由なこと」です。踦と跛は「片足の不自由なこと」、躄は「両足の不自由なこと」をいいます。アシナエには、「片足の不自由な人」と「両足の不自由な人」とがおり、前者をチンバ、後者をビッコといいます。その語源については、その欄をご参照ください。

8　アセ（汗）

漢字では、汗と書きます。汗の字は、漢語ではハンと読み、日本語では音読でカン、訓読でアセと読みます。

汗について、大言海には「動物ノ体ノ熱シタル時、肌ニ生ズル水」と説明してあります。漢語辞典には、「人や高等動物の皮膚内腺から分泌する塩分を含んだ液体であり、皮膚を通じて体熱を放散するためにでる」と説明されています。

一般的には、暑さや運動で身体が熱くなったときに体温調節のために、汗腺を通じて体表から分泌される塩分を含んだ液体ですが、人間の場合、恐怖などで極度に緊張したときにでる冷汗《ひやあせ》というのもあります。その成分は、九九パーセント以上が水分で、塩分、アンモニア、乳酸などが含まれているとされています。したがって、アセは、口でなめると少ししょっぱいのです。

一音節読みで、安はアンと読み副詞で使うときは「ゆっくりと、じわじわと」の意味があります。汁はシと読み「液汁」、塩はイェンと読み「塩、塩分」の意味です。つまり、アセとは、**安汁塩**の多少の訛り読みか一気読みであり、直訳すると「じわじわの、液汁の、塩分」ですが、言葉を補足していうと「じわじわと出てくる、液汁で、塩分を含むもの」になります。表現の順序を変えていうと、**「じわじわと出てくる、塩分を含む、液汁」**の意味になり、これがこの言葉の語源と思われます。

9　アセモ（汗疹）

大言海には「暑時ナド、汗ノ分泌ノ多キ時、数度ノ払拭ニ因リテ、充血シテ、頸、腋窩《ワキノシタ》、股ナドニ生ズル、赤キ細水疱。汗疹」と説明してあります。また、平安時代の和名抄に「痱、熱時ノ細瘡ナリ、熱沸瘡、阿世毛」と書いてあることが紹介されています。

アセモのアセは汗のことであるとして、一音節読みで、瘼はモと読み「病、病気」の意味です。つまり、アセモとは、**汗瘼**であり、直訳すると「汗による病気」ですが、実態に即して少し意訳すると**「汗による水疱」**の意味になり、これがこの言葉の語源と思われます。

また、アセボともいうときのボとは、疱のことです。疱とは水泡のことで、一音節読みではパオ、日本語ではホウと読みます。つまり、アセボとは、**汗疱**の多少の訛り読みであり、同じく**「汗による水疱」**の意味になり、アセモとアセボとは同じ意味になります。

10　アタマ（頭）

漢語の日常語では、日本語での頭を頭《トウ》、顔を臉《リエン》、目を眼睛《イエンチン》、耳を耳朵《アルト》、鼻を鼻子《ピーツ》、口を嘴《ツウイ》といいます。日本語では、音読で頭《トウ》、顔《ガン》、目《モク》、耳《ジ》、鼻《ビ》、口《コウ》、訓読でそれぞれアタマ、カオ、メ、ミミ、ハナ、クチと読みます。

平安時代の和名抄に「顱会　和名阿太萬」と書いてあります。

さて、アタマのことだけの話をしますと、一音節読みで、盎はアンと読み、程度が甚だしいことを表現するときに、通常は「とても、非常に、著しく」などの意味で使われますが、ここでは「もっとも」の意味で使うのが適当です。端はタンと読み、いわゆる「端《はし》、端っこ、先端」のことですが、端月《たんげつ》とは正月のことを指します。頭は身体の先端部に位置しています。

満はマンと読み本来は「満ちている、欠けたところのない」の意味ですが「円い、丸い」の意味でも使われ、満月のことを円月ともいいます。曼はマンと読み「美しい」の意味があり、マンは満と曼との掛詞になっているようです。

つまり、アタマとは、**盎端満**と**盎端曼**の掛詞なので、意味上は盎・端・満・曼であり、直訳すると**「もっとも、先端にある、丸い、美しい（部分）」**の意味になり、これがこの言葉の語源と思われます。

頭が「美しい」というのは、手と同じように足部と比較した場合の言葉となっているようであり、とくに、頭部の髪毛は美しいものと見做されていて、その意味での**鬘**の字が存在します。**鬘**を分解すると曼髪になりますが、曼は「美しい」の意味ですから、**鬘**の字は「美しい髪」の意味になっています。

11 アバタ（痘痕）

アバタは、一般的には、疱瘡《ほうそう》が治癒した後に残る痘痕《とうこん》のことをいいますが、ひどいニキビ痕やその他の「できもの」の痕をいうこともあります。疱瘡は、天然痘ともいい、現在では根絶していますが、江戸時代以降の一時期には、親類縁者の中に患者が一人もいない家庭は存在しないのではないかといわれたほどに日本中で蔓延したことのある病気でした。

一音節読みで、骯はアンと読み「汚い、汚れた」、疤はバと読み「できもの跡」、墶はタと読み「所、場所」の意味があります。つまり、アバタとは、**骯疤墶**の多少の訛り読みであり、**「汚いできもの跡の所」**の意味になりこれがこの言葉の語源と思われます。

広辞苑（第七版）には、大言海説を引継いで「梵語 **arbuda** の転」と書いてありますが、信じられそうもない俗説です。大言海には、次のように書いてあります。「**アブダ**ぢごく（名）頞浮陀地獄〔梵語、正シクハ頞浮陀《アルブダ》（**arbuda**）皰ノ義、痘痕ヲあばたト云フ、是レヨリ起ル〕仏説、八寒地獄ノ一。此地獄ニ堕《オ》ツル者ハ、厳寒、身ニ逼リテ、身ニ皰《モガサ》ヲ生ズト云フ。（倶舎光記、十）」。しかしながら、アバタとアルブダでは、音声が著しく異なっており、ほんとうのこととは到底思われません。

また、皰《アバタ》は痘痕のことではなくて面皰《ニキビ》のことをいい、各種各様の水疱や水腫のことをもいいます。

12 アンヨ（幼足）

若いお母さんなどが、幼児に対して、その足のことをいうときに使う言葉です。

大言海には「**あんよ**（名）歩行〔あよびノ音便下略〕（一）幼児ノ語。歩ムコト。アルクコト。類柑子（宝永）『あんよあんよト、ハヤシモテ、イザナハレ』『あんよハ、上手』。（二）転ジテ、足。」

と書いてあります。

広辞苑（第七版）には「**あんよ**（幼児語）①足。②歩くこと。『―は上手』」と書いてあります。ところが、なぜ「あんよ」というのかについては、大言海の「あよびノ音便下略」というのも意味不明であるし、広辞苑その他の大辞典でも説明されていないので、辞典からはその語源は分からないのです。

「めえめえこやぎ」（藤森秀夫作詞・本居長世作曲）という童謡があり、その（一）の歌詞は次のようになっています。

めえめえ　森のこやぎ　森のこやぎ
こやぎ走れば　小石にあたる
あたりゃ　あんよが　あ痛い
そこでこやぎは　めえと鳴く

さて、語源の話に移りますと、一音節読みで、骯はアンと読み「汚い、汚れた」、幺はヤオと読み「幼い、よちよちの」の意味があります。幺は幼とほぼ同じ意味であり、幼は幼稚園などの言葉で使われています。つまり、アンヨとは、**骯幺**の多少の訛り読みであり、直約すると**「汚い、よちよちの（足）」**の意味になり、これがこの言葉の語源と思われます。そもそも、アシ（足）という音声言葉は、「汚い、汚れた」の意味を含んだ言葉なのです。

13　イキ（息）

大言海には、息について、「生活体ノ生存中、外界ノ空気ナドヨリ、酸素ヲ摂取シテ、体内ニ輸入シ、新陳代謝ノ機ニ因リテ、形成シタル炭酸（二酸化炭素）ヲ、体外ニ排除スル機能。鼻ヨリ肺臓ニ送リ、胸郭ノ拡縮ニ因リテ、肺モ拡縮ス、其拡張ヲ吸息トシ、其縮小ヲ呼息トス。」と説明してあります。

息の字は、漢語の一音節読みではシと読みますが、日本語では音読でソク、訓読ではイキと読みます。

一音節読みで、飲はインと読み「飲む」、食はイと読み「食べる」の意味があります。遺はイと読み、遺棄《いき》という熟語でも使われており、「棄てる」の意味があります。気はチと読みますが、日本語では万葉仮名においてみられるように、古くからキとも読み「空気」のことをも指します。つまり、飲気はインキと読み「空気を飲む」、食気はイキと読み「空気を食う」の意味ですが、意訳すると共に「吸息する」の意味になります。遺気はイキと読み「空気を棄てる」ですが、意訳すると「呼息する」の意味になります。したがって、イキは、飲気（または食気）と遺気との掛詞であり、意味上は**飲遺気**（または**食遺気**）になり直訳すると「空気を飲み棄てる（こと）」ですが、表現を替えて簡潔にいうと**「呼吸」**の意味になり、これがこの言葉の語源と思われます。動詞では「呼吸する」のように使います。

14　イキル（生きる）

本来は、「生きる」とは「動植物などの生命体が活動状態にある」ことをいいます。生は、漢語の一音節読みではショウと読みますが、日本語では音読でセイ、訓読でイキと読みます。セイと読むのは漢語音読を少し変更して日本語音読にしたものです。

生きるためには、先ずは「呼吸をし」、次に「飲食する」必要があります。この両者ができて無病息災であれば、寿命とされる期間、最近の平均寿命は男女共に八〇才を越えていますが、その期間は生きることができます。

イキ（息）の欄で述べたように、イキは空気の出し入れ、つまり、飲遺気のことで直訳すると「空気を飲み棄てる(こと)、別表現で簡潔にいうと「呼吸」のことです。しかしながら、呼吸するだけでは生きられませんから、イキル（生きる）という言葉においては、イキには食物を「飲食する」の意味も含まれていると思われます。飲はインと読み「飲む、飲食する、口から入れる」食はイと読み飲と同じ意味があります。饋はキと読み「食物を送る」の意味があります。つまり、イキは飲饋（または食饋）であり、直訳すると「飲食する食物を送る」の意味になります。どこに送るかというと人間の身体の中に送るのです。「飲食する食物を送る」を、簡潔に意訳すると「飲食する」の意味になります。したがって、イキル（生きる）のイキとは**「飲遺気（または食遺気）」**と**「飲饋（または食饋）」**との掛詞、つまり、**「呼吸をし、飲食する（こと）」**の意味になり、これがこの言葉の語源と思われます。

　結局のところ、「生きる」ことのそもそもの原点は、「呼吸をする」ことと「飲食する」ことにあるということです。

15　イノチ（命）

「日本語の語源」（村山七郎著・弘文堂）という本には、「古代日本語のイノチ inöti は生物学な色あいの強い、生命、寿命という意味でした。イノチの語源をさぐることは難事中の難事です」と書いてあります。しかしながら、そんなに難しく考えなくてもよいのではないかと思われます。日本語は、東アジア北方のアルタイ語系統などの外部から渡来した言葉と考えるからそのようになるのであって、日本人が漢字を素材としてつくった言葉と考えればよいのです。

　大正時代につくられた「ゴンドラの唄」（吉井勇作詞・中山晋平作曲）というのがあり、その歌詞の（一）は次のようになっています。

・命短し　恋せよ乙女
紅《あか》き唇　褪《あ》せぬ間に
熱《あつ》き血潮の　冷えぬ間に

明日の月日は　ないものを

昔は人生五〇年といわれましたが、最近の平均寿命は男女共に八〇才を越えるようになり、今では人生百年という声さえ聞かれるようになっています。

一音節読みで、飲はインと読み「飲む、飲食する、口から入れる」、食はイと読み飲と同じく「食う、口から入れる」の意味があります。能はノンと読み「可能である、できる」、継はチと読み「継続する」の意味です。つまり、ノチは能継であり「継続できる」の意味になります。したがって、イノチは**飲能継**（または**食能継**）であり直訳すると**「口から入れて継続できる（もの）」**の意味になり、これがこの言葉の語源と思われます。

口から入れるものはなにかといえば、先ずは空気であり、空気を入れるとは呼吸することです。次には菜と呼ばれる食物です。広義での菜は、動物、植物に限らず、食べる食物のことをいいます。人間を始めとして、高等動物になるほど、生きるためには、空気を飲食し、食物を飲食しないと死んでしまうのです。

16　イビキ（鼾）

イビキについて、大言海には、「眠レル間ニ、鼻息ノ、高ク声ヲ発スルモノ。其声ヲ発スルヲかくト云フ」と説明してあります。また、平安時代の字鏡に「鼾、伊比支《イビキ》」と書いてあることが紹介されています。

一音節読みで、音はイン、鼻はビと読みます。亀はキと読み「隆起する、盛り上がる、高くでる」の意味があります。つまり、イビキとは、**音鼻亀**の多少の訛り読みであり直訳すると「音が鼻から高くでるもの」の意味、逆にしていうと**「鼻から高くでる音」**の意味になり、これがこの言葉の語源と思われます。

イビキの極めて高い人がおり、そんな人と一緒の場所に寝るのはなかなか大変です。

音のでない鼻息はスースーといい、漢字で書くとすれば死死です。一音節読みで、死はスーと読みます。

イビキは、「イビキをかく」のように「かく」といいます。一音節読みで、咯はカやコと聞きなせるように読み、本来は鳥獣などが「鳴く」ことをいいますが、動物が口や鼻から「音をだす」の意味でも使われます。人間の場合は、歌と書いてカやコと聴きなせるように読みます。したがって、イビキをかくとは、「イビキを咯《か》く」であり、直訳では**「鼻から高い音をだす」**の意味になります。

17 イボ（疣）

大言海によれば、江戸時代前期の増補下学集に「肬《イボ》、疣、二字、義ハ同ジ」と書いてあり、また、大言海自身には「病ニ因リテ、飯粒ノ大キサニ、肌ニ、肉ノ生ズルモノ」と説明してあります。

一音節読みで、瘿はインと読み「瘤《こぶ》、病による隆起物、瘤状物」、膨はポンと読み「膨張する、膨《ふく》れる」、勃はボと読み「勃起する、上に揚がる」の意味があります。つまり、イボとは、**瘿膨**または**瘿勃**の多少の濁音訛り読みであり直訳すると**「瘤状に膨れた（もの）」**、または**「瘤状に勃起したもの」**の意味になり、これがこの言葉の語源と思われます。

勃はボと読み、膨と似たような意味なので、この言葉の場合には、どちらと考えてもよいと思われます。

18 ウオノメ（魚目・魚眼）

主として、足裏、掌《てのひら》、手足の指部に刺激や圧迫を受けることにより生じた皮膚の厚く堅くなった角質層部分が、皮下に食込んだもので、通常は一センチ未満程度の円形をなし、真皮の下の肉にまで達すると痛みを覚えるようになります。漢語では「鶏眼」というとされており、日本語では「魚目」や「魚眼」と書きます。

そういえばそうかも知れないと納得できそうではあっても、正直のところをいえば、ウオノメという炎症の形は、鶏眼と魚眼のどちらにも似ているとはいえません。動物の眼は、いずれも似たような形をしているので、鳥でも魚でもその他でもいいのでしょうが、漢語で鶏眼、日本語で魚の眼にされるのには理由があるのです。

一音節読みで、鶏はチ、眼はイェンと読むので、鶏眼はチイェンと読むことになり、同じ読みの**「肌炎」**に通じていて、音声上は肌の炎症、つまり、**「皮膚の炎症」**の意味になっています。このような意味で鶏眼のような言葉をつくってあります。漢人の有識者はその音声を聞いただけで、そのことをちゃんと認識できているのです。

日本語のウオノメについては、一音節読みで、洿はウ、凹オウ、淖ナオ、没はメイと読み、いずれも「窪んでいる、凹んでいる、没している」の意味があります。炎は、上述したようにイェンと読み、病としての「炎症」の意味です。つまり、ウオノメとは、**洿凹淖没炎**（ウ・オウ・ナオ・メイ・イェン）の多少の訛り読みをした一気読みであり、直訳すると**「凹んだ炎症」**の意味になり、これがこの言葉の語源と思われます。

大言海によれば、平安時代の和名抄に「肬目、以《イ》乎《ヲ》女《メ》、手足ノ辺ニ忽チ生ジ豆ノ如シ、肉ヨリ麁《ソ》強《キヨウ》ナリ」、字類抄に「肬目、イホメ、イヲノメ、亦、イヲメ」と書いてあることから、すでにこの頃にはできていた言葉です。

瘞はイと読み「埋まる、埋没している」の意味なので、イヲメは**瘞凹没炎**、イヲノメは**瘞凹淖没炎**になり、直訳すると共に**「埋没して凹んだ炎症」**になり、ウがイに替わっただけで、ウオノメとイオノメとほぼ同じ意味になっています。結局のところ、「魚の目・魚の眼」という言葉における魚と目や眼は、その読みの音声を利用するための単なる当て字ということです。

余談をしますと、魚の字は、**ウオ**とも**イオ**とも読みます。今では、サカナと読んでいますが、サカナは語源上はウオ(魚)のことではありません。したがって、魚の字をサカナと読むのは、そもそもは誤りに近いといえます。

一音節読みで、餐はツアンと読み「食べる、飲食する」の意味で、晩餐会は「夜に飲食する会」のことです。甘はカンと読み「美味しい、旨い」の意味があります。日本語では、万葉時代から、菜はナと読み「食材、食物、食べ物」の意味です。つまり、**サカナ**は**「餐甘菜」**であり**「食べて美味しい食材」**の意味になり、これがこの言葉のほんとうの語源です。

サカナという言葉は平安時代にはつくられていて、和名抄には「肴、穀に非ずして食ふ、之を肴と謂《い》ふ(非穀而食謂之肴)。和名佐加奈」と書いてあり、酒のことにも魚のことにもまったく触れられていません。和名抄には、意訳すると、「穀物以外の食物は肴《さかな》という」と書いてあるのです。和名抄には、魚については「魚、宇乎、俗云、伊遠」とあって、魚の字はウヲ(宇乎)やイヲ(伊遠)とはいうが、サカナというとは書いてありません。

漢語においては、「肴」の字はヤオと読み魚類、鳥類、獣類などの食べる動物肉、つまり、食肉のことを指します。日本語においては、上述の和名抄にあるように、平安時代から「肴」の字はサカナと読まれて「穀物以外の食物」を指したのです。

大言海によれば、伊勢物語(六十段)に「瓦器《カハラケ》取りて、出シタリケルニ、さかなナリケル橘《たちばな》ヲ取リテ」、催馬楽に「御左加奈、何善ケム、鰒《アワビ》、栄螺《サザエ》、甲贏《カセ》善ケム」、大和物語に「堅イ塩、さかなニシテ、酒ヲ飲マセテ」、夫木(和歌)抄に「篠原ヤ、佐野ノ茎立、さかなニテ、旅行ク人ヲ、強ヒ止メバヤ」とあることが紹介されています。つまり、これらの文献では、サカナは橘、鰒や栄螺などに加えて、塩、茎立までもが「さかな」になっていて、食材一般のことを指すことが明白になっています。つまり、そもそものサカナは、酒とも魚とも全然関係ないのです。

「なぜ、サカナが魚のことになってしまったか」

というと、明治時代の大辞典である「日本大辞書」（山田美妙著・日本大辞書発行所・明二五年刊）に、**「さかな**（肴）さか（酒）な（魚＝菜）ノ義」と書かれて以降、今日に至るまで、一つ覚えの如く、すべての大辞典でさかなは酒菜の意味であり魚のことであるとされています。しかしながら、サカナが酒菜であるならば、酒を飲むときに食べる料理のことであって、魚のことにはなりません。一般的に、菜は「食材、食物、食べ物」のことであり、敷衍して料理のことをも指しますが魚は菜の一種に過ぎないのです。にもかかわらず、言語・国語学界にさえも誰一人として異論を唱える人はいなかったというよりも、皆が賛同してしまったのです。

「日本大辞林」（明二七年刊）、「帝国大辞典」（明二九年刊）、「日本新辞林」（明三〇年刊）、「ことばの泉」（明三一年刊）、「辞林」（明治四〇年刊）、「大日本国語辞典」（大正四～八年刊）などには、すべてサカナは酒菜の意味であり、魚のことであると書いてあります。なぜ、こういうことになるかというと、辞典を編纂するような言語・国語学者でも日本語の語源が全然分かっていないらしいからです。

現在では、「酒のサカナ」という文句があることからも、サカナは餐甘菜であり酒菜ではないことが明確に推察されます。なぜならば、サカナが酒菜であるならば、「酒のサカナ」という文句における「酒の」は蛇足になるからです。

さすがに当時の文部省はちゃんと分かっていたのか、魚の字をサカナと読む説は採用されず、少なくとも学校教育においては魚をサカナと読むことは認められていなかったのです。しかしながら、上述したように、辞典を編纂するような言語・国語学者がこぞって魚《うお》をサカナというので、仕方なく認めてしまったと思われるのです。魚《うお》をサカナというようになったのは、「かわいい魚屋《さかなや》さん」（加藤省吾作詞・山口保治作曲・昭和十二年）という童謡が大東亜戦争（太平洋戦争とも）に敗戦後の昭和二〇年代に盛んに愛唱されてからであり、それ以降一般的に魚《うお》をサカナというようになったのです。著者が幼い頃には、魚《うお》のことをサカナといったことはなく、魚釣《うおつり》、魚屋《うおや》、魚市場《うおいちば》などすべてウオといっていました。

一定の時の経過によって言葉は変わると学者はいいますが、他所でもいったように、日本語の場合、学者・文人の語源に基づかない勝手な解釈によっても言葉は変わるのです。

結局のところ、サカナの語源が分からなかった言語・国語学者たちは、古文献の記述を無視して、音声が異なるにもかかわらずサカナのサカをサケ（酒）のことにしてしまい、酒を飲むときにはウオを食べることが多いからという勝手な理由をつけて、「酒を飲むときの食材」という意味でウオをサカナと呼ぶことにし、魚の字をサカナと読むことにして現在に至っているのです。したがって、酒を飲むときに食べるウオ（魚）以外の食材は、サカナではないという可笑しなことになっています。そもそも、サカナの語源が分からないというのも情けないことです。

19　ウデ（腕）

ウデは、タダムキともいい、日本語では「肩から手首まで」の部分を指すとするのが適当と思われます。漢字では腕と書きます。腕の字は、日本語では、音読で漢語と同じようにワンと読み、訓読でウデと読みます。

大言海によれば、平安時代の文献に次のように書かれています。

字鏡に「臂、太太牟支」、
和名抄に「腕、太々無岐、一云、宇天」、
名義抄に「腕、ウデ、タダムキ、臂、タダムキ」、
医心方に「捥、タタムキ、ウデ」、
華厳経音義私記に「臂、手上也、多太牟岐」、
最勝王経音註に「臂、宇伝」。

これらの古文献の記述から察するところ、古代日本語では、腕と臂は同じ意味であり、ウデやタダムキと読まれた、或いは、呼ばれたようです。華厳経音義私記には「手上也」とあるので、「手首から上」の部分を指すことになりますが、上がどこまでかを書いてないことから、後述する大辞典におけるような「手首から肘まで」と「手首から肩まで」との二説がでてくることになります。ただ、特に断わりがないということは、後者と書いてあると考えるべきものと思われます。

漢語では、一般的には、手は狭義で使われ、手首は含まない「手首から指先まで」の部分を指します。また、漢語では、臂はピと読み「肩から手首まで」の部分を指すとされています。したがって、古代の日本では、**腕**もまた**臂**と同じ**「肩から手首まで」**の部分を指したと思われます。

上下を分けるときは、「肩から肘まで」を漢語では上臂《シャンピ》、日本語では上腕《じょうわん》といい、「肘から手首まで」を漢語では前臂《チィエンピ》、日本語では前腕《ぜんわん》といいます。ご承知のように、日本語では、上腕は「二の腕」ともいいます。

さて、ウデの語源の話に移りますと、一音節読みで紆はユと読み、「曲がる」の意味があり、日本語ではウと読み紆余曲折《うよきょくせつ》という四字熟語があります。畳はディエと読み動詞では「折り畳《たた》む」の意味があります。つまり、ウデとは**紆畳**の多少の訛り読みであり、直訳すると「曲がり、折り畳む（部分）」ですが、少し意訳すると**「曲げて折り畳みのできる（部分）」**の意味になり、これがこの言葉の語源と思われます。「うで」は、折り曲げ

ることができ、身体器官の中では最も自由に動かすことのできる部分の一つです。

岩波文庫の日本書紀（神代第六段）に「臂《ただむき》には稜威《いつ》の高鞆《たかとも》を著《は》き」という記述があります。そこでは臂に「ただむき」と振仮名してあり、その注では「うで。ひじから腕くびまで。新訳八十巻華厳経音義私記に『臂、手上也、多太牟岐』。」との説明になっています。しかしながら、この注の説明には疑問があり「手上也」の解釈を誤ったものと思われます。なぜならば、上述したように、臂は「肩から手首まで」の部分を指すとされているからであり、また、「ひじから腕くびまで」では、「曲げて折り畳む」ことはできません。

したがって、上述したように、漢語における臂の定義上からも日本語における語源上からも、ウデやタダムキは**「肩から手首まで」**の部分を指すとするのが適当です。日本書紀を監修するような一流学者といえども、精査が足りず、からだ言葉の定義が極めて曖昧なのです。

腕くび（腕首）という言葉が使われていますが、日本語では、古くから、手くび（手首）を腕くび（腕首）ともいいます。タダムキの語源については、その欄をご参照ください。

なお、漢語には、胳膊《コポ》や胳臂《コピ》という言葉があり、通常は、「肩から手首まで」の部分、つまり、漢語での臂の部分、日本語の通説である広義での腕《うで》の意味です。

特に注目しておくべきことは、腕は、そもそもの漢語では「手首」のこと、英語でいうところのリスト（wrist）のことを指すということです。漢語辞典では、腕とは「臂《ピ》の下端と手掌《ショウチャン》（手の平）とが関連する動かせる部分、つまり、wrist（手首）のこと」と説明してあります。漢語では、現在でも以前と変わらず、腕は「手首」のことです。したがって、漢語と日本語では、古くから腕の指す部分が異なっていることになります。

現在の日本語では、一般的には、腕は①「肘から手首まで」の部分、②「肩から手首まで」の部分、の二義があると説明されるようになっています。例えば、二、三の大辞典を見ると、次のように書いてあります。

・広辞林：「**うで【腕】**①ひじと手首との間。かいな。②肩と手首との間」。

・広辞苑（第七版）：「**うで【腕】**●手の部分。①ひじと手首との間。〈和名抄三〉②肩口から手首までの部分。かいな」。

・日本国語大辞典（二〇巻）：「**うで【腕】**①人間の肩から手首までの部分。臂（ひじ）から上を上腕、下を前腕という。ただむき。かいな」。

　広辞林と広辞苑において、腕《うで》が「ひじと手首との間」の部分ともされているのは、たぶん、華厳経音義私記の「臂、手上也」の記述について、上述の日本書紀の注におけるような誤りと思われる解釈もあるので、「ひじと手首との間」と「肩から手首までの間」との双方を記載してあるものと推測されます。しかしながら、腕のことである臂は「肩から手首まで」の部分を指すとされているのであり、「ひじと手首との間」は語源の意味である「曲げて、折り畳みのできる（部分）」には相当しないうえに、腕《うで》は、平安時代までの古文献で「ひじと手首との間」のように説明されたものは存在しません。したがって、腕《うで》は**「肩から手首まで」**の部分を指すとだけ理解すべきものであり、「ひじから手首まで」の部分ともするのは適当でないといえます。

　広辞苑（第七版）には、「**うで【腕】**①ひじと手首との間。〈和名抄三〉」と書いてありますが、上述したように、和名抄三には「腕、太々無岐、一云、宇天」とだけ書かれているのであり、「ひじと手首との間」などとは書いてありません。つまり、このように、重要なことについて、広辞苑には虚偽のことが書かれています。

　また、日本国語大辞典では、「臂」を「ひじ」と読んでありますが、平安時代の和名抄に「臂

和名比知　臂節也」、大言海に「ひぢ（名）肘・肱・臂」と書いてあるので、それに倣《なら》ったものと思われます。しかしながら、平安時代の和名抄の「臂和名比知　臂節也」は「臂ニ属スル和名ノ比知《ヒジ》ハ臂節ナリ」と書いてあると見做すべきものであって　臂をヒジと読むのは適当でないと思われます。

なお、肱は、そもそもの漢語では「肩から肘まで」の部分、つまり、漢語での上臂、日本語での上腕や二の腕のことなので、大言海のようにヒジを肱や臂とも書くのには疑問があります。

更に大言海には、「説文『肘、臂節也』、字鏡『肘、臂節也、比知』、和名抄『肘、比知、臂節也」と書いてあることが紹介されています。つまり、ヒジ（肘・比知）は「臂の節《ふし》」のことであり「臂全体」のことではないのです。臂は、古来タダムキと読まれて、腕と同じ部分を指すとされてきたのです。したがって、上述したように、ヒジを肱・臂とも書いてある大言海の説明もまた誤解らしいということになります。

結局のところ、この三種の辞典に限らず、現代の各々の辞典に書いてあることは異なっているのであり、現代の辞典の記述からは、なにがなんだか分からなくなるというのが正直な感想です。

また、「かいな」について、広辞林と広辞苑（第七版）・日本国語大辞典（二〇巻）とでは、その示す範囲が異なっており、広辞林には「ひじと手首との間」、広辞苑と日本国語大辞典には「肩から手首までの部分」と書いてあります。しかしながら、いずれも適当でない説明と思われます。カイナについては、その欄をご参照ください。

漢語では、上肢の各部分について明確に定義されています。つまり、手はショウと読み「手首から指先まで」の部分、腕はワンと読み「手首」の部分、臂はピと読み「肩から手首まで」の部分を指します。臂は上下に分けて、上臂はシャンピと読み「肩から肘まで」の部分、前臂はチィエンピと読み「肘から手首まで」の部分を指します。

他方、日本語では、上肢に関するものには、テ、ウデ、タダムキ、タブサ、カイナなどがありますが、古来、語源に基づくその意味は明らかにされず、その範囲も説明されてこなかったので、その言葉を使用する人によって、或いは、大辞典においてさえもその示す範囲がまちまちになり、必ずしも明確ではないという困ったことになっています。結局のところ、ウデという音声言葉の語源の意味からも、本欄の主題である日本語の**腕**《うで》は**「肩から手首まで」**の部分を指し、臂《ただむき》と同じ部分を指すとするのが適当であると思われます。

20　ウナジ（項）

ウナジは、漢字では「項」と書かれ、頸《くび》の後部のことをいいます。

平安時代の和名抄に「項、和名宇奈之、頸ノ後ナリ」とあり、大言海によれば、平安時代の天治字鏡に「項、頸ノ後ナリ、宇奈自」と書いてあります。項の字は、そもそもの漢語では頸と同義であり特には人間の「クビ」のことを指しますが、日本語では人間の「クビの後部」のことを指すとされています。この部分の特徴は、自分の目では直接には見えないことです。

一音節読みで、晤はウと読み「会う、会い見る、まみえる」の意味、難はナンと読み「困難である、難しい、〜し難《にく》い」の意味があります。つまり、ウナとは晤難であり「会い見るのが難しい」の意味です。頸はジンと読みます。したがって、ウナジは、**晤難頸**の多少の訛り読みであり、直訳すると「会い見るのが難しい頸（部分）」、少し意訳すると**「自身では見るのが難しい頸（部分）」**の意味になり、これがこの言葉の語源と思われます。

また、ウナジは、頸でも「美しい」部分とされて、江戸時代には特に美人画で細く美しく色っぽく描かれています。一音節読みで、嫵はウ、娜はナと読み、共に「美しい」の意味があります。つまり、ウナジとは、**嫵娜頸**の多少の訛り読みであり直訳すると**「美しい頸（部分）」**の意味になり、これもこの言葉の語源で掛詞と思われます。まとめると、「自身では見るのが難しい、美しい頸（部分）」になります。

21 ウンコ・ウンチ（大便・糞）

ウンコとは、いわゆる大便のことで、「ウンコしてくる」、「ウンコしたい」などといいます。現在の日本語では殆んど使われないようですが、一音節読みでユンと読む醞、韞、温という漢字があります。

先ず、醞は「醱酵する、醱酵させる」の意味です。この字に子をくっ付けると、**醞子**になり、多少訛り読みするとウンコになり、その意味は**「醱酵した物」**です。大便は醱酵した物ですから、ウンコは大便のことになります。子は、特には意味のない語気助詞ともいうべき接尾語です。

また、韞は、黄色と茶色の混ざった色のことをいいます。この字に子をくっ付けると、**韞子**になり、多少訛り読みするとウンコになり、その意味は**「黄茶色をした物」**なので、やはり、大便のことになります。

更に、温は、日本語の標準語でも使われる字で、「温かい」という意味ですが、この字に子をくっ付けると、**温子**になり、多少訛り読みするとウンコになり、その意味は**「温かい物」**であり、大便は温かいので、この場合も、やはり、大便のことになるのです。

したがって、ウンコの語源は、**醞子**、**韞子**、**温子**の意味を合わせたもので、**「醱酵して、黄茶色をした、温かい（物）」**の意味になり、これがこの言葉の語源と思われます。

ウンチともいいますが、このときのチは一音節読みでティと読む低の多少の訛り読みであり、「低級な、下等な、悪劣《おれつ》な」などの意味があるので、**醞低**、**韞低**、**温低**は、いずれもウンチと読め**「発**

酵して黄茶色をした温かい、悪劣な（物）」の意味になり、これがウンチの語源と思われます。

広辞苑（第七版）には「**うんこ**（幼児語。ウンはいきむ声、コは接尾辞）大便。うんち。」と書いてありますが、「ウンはいきむ声、コは接尾語」というのは極めて怪しい説明です。なぜならば、ウンコは物体であるのに対して、いきむ声は物体ではなく、物体とはなんの関係もないからです。

また、「うんち（幼児語）大便。うんこ。」ともありますが、ウンコもウンチも仮名言葉としての日本語であり、そもそもは幼児語とは思われません。なぜ、幼児語になるかというと、広辞苑のような大辞典にそのように書いてあるので、それを読んだ人たちがそのように思ってしまうからです。幼児語にしてしまえば語源とその意味が分からなくてもよさそうなので、幼児語にしてある場合が多いのですが、このウンコやウンチもその一つです。

広辞苑の語源説というのは、その殆んど全部が怪しげなものなのであり、この辞典は日本語の意味を駄目にしている辞典といえそうです。

なお、余談ですが、漢語の一音節読みで、雲はユンと読みます。雲と云は同じ字で、雲は繁体字（画数の多い字）、云は簡体字（画数の少ない字）です。したがって、雲は、名詞で使うときは空に浮かぶ「雲《くも》」のことですが、動詞で使うときは簡体字で云と書いて「云う」のこと、つまり、英語の **say** や **speak** のことです。同じ意味の語である「言（イェン）」、「謂（ウェイ）」、「曰（ユエ）」を訓読で「いう」と読むのも「云」の読みを転用したものです。このように、日本語というのは、同じ意味の漢字は同じ読みをするという工夫がされています。

22　エクボ（靨・笑窪）

エクボは、男女を問わず、頰にできる窪《くぼ》みで、両頬にできる人もおれば、片頬だけにできる人もいます。大言海によれば、平安時代の字鏡と和名抄に「靨、恵久保」と書いてあります。

特に、笑ったときに顕著に表れる場合が多いので、日本語では、漢字で「笑窪」とも書かれます。一音節読みで、笑はショウ、窪はワと読むのですが、日本語では、笑窪《えくぼ》や笑顔《えがお》という言葉においては笑をエと読みます。なぜ笑をエと読むのかということですが、一音節読みで艶はイェンと読み「美しい」の意味なので、この言葉の場合、その読みを笑の読みに転用してあるのです。なぜならば、笑顔というのは美しいものであり、艶の字を使った「艶然《えんぜん》とほほ笑む」のような文句もあります。

日本語では、窪は訓読でクボと読みます。つまり、エクボ（笑窪）とは艶窪であり「美しい窪んだ（部分）」の意味になっています。

窪は、日本語では音読でワ、訓読でクボと読みます。なぜ、クボと読むのかということですが、一音節読みで、刳はクと読み、動詞では「窪む、凹む」、名詞では「窪み、凹み」の意味、脖はボと読み「窪んだ、凹んだ」の意味があります。つまり、窪をクボと読むのは、刳脖の読みを転用したものであり、直訳すると「窪んだ（もの）」の意味になっています。したがって、エクボとは、**艶刳脖**であり**「美しい窪んだ（部分）」**の意味になり、これがこの言葉の語源と思われます。

23　オシ（啞）

大言海には「おふしノ約。口内ノ機関欠ケテ、物言フコト能ハザル不具ノ名。約《チヂ》メテ、おし。モノイハズ」と説明してあり、平安時代の字鏡に「瘖、於不志」、和名抄に「瘖瘂、於布志、不能言也（言フコト能ハズナリ）」、医心方に「瘖瘂《オシ》」、源氏物語（常夏）に「おし、コトドモリ」と書いてあることが紹介されています。

字鏡や和名抄の古代文献からすると、古くはオフシといったようです。一音節読みで、閼はオと読み「阻止する、妨げる」の意味があり、敷はフ、示はシと読み、共に「言う、話す」の意味があります。つまり、オフシとは、**閼敷示**であり、直訳すると**「言うことを妨げる（病《やまい》）」**の意味になり、これがこの言葉の語源と思われます。オフシのオが閼であることは、閼の字の中に於が含まれており、字鏡や和名抄に於不志や於布志と書いてあることからも推測できます。

現在では、医心方や源氏物語におけると同じように、二字にしてオシといいますが、フ（敷）とシ（示）の二字が同義なので、一つ余計になり、フ（敷）が省略されているのです。つまり、オシは**閼示**であり、**「言うことを妨げる（病）」**の意味になり、これがこの言葉の語源と思われます。

24 **オシッコ**（お湿子）

便には大便と小便がありますが、大便は屎、小便は尿といい、一音節読みで、屎はシ、尿はニョウと読み、まとめて屎尿《シニョウ》と読みます。小便はオシッコともいい、幼児語とされています。しかしながら、この言葉は幼児語というにしては、かなり高度な言葉なのです。日本の国語界では、言葉の頭にオが付いたら、なんとかの一つ覚えみたいに、なんでもかんでも単なる接頭語にされているのは、極めて遺憾なことです。

オシッコの場会も、そのオは尊称、愛称、丁寧語などに付する単なる接頭語と見做されているようですが、ほんとうはそうではありません。オシッコのオは、一音節読みでオと読む屙のことであり、屙には「排泄する」の意味があります。

オシッコのシとは、なんでしょうか。尿はニョウと読むので該当しないし、屎はシと読むのですが大便のことなので、これもまた該当しません。

ここでのシは、一音節読みでシと読む湿のことであり、湿には「湿気、湿り、水分、水」の意味があります。シッコとは、湿に子を付けて名詞化したもので、漢字では湿子と書き「湿気、湿り、水分、水」の意味です。

オシッコとは、排泄するという意味の屙に、湿子を合わせた**屙湿子**の促音便読みのことで、直訳すると**「排泄する水」**の意味になり、これがこの言葉の語源と思われます。小便は、その殆んどが水なので、このような意味になるのです。

広辞苑(第七版)には、「**おしっこ**(幼児語)小便」と書いてあります。

オシッコという言葉は、尿、大便や小便のような漢語由来の言葉ではなくて、日本語としてつくられた仮名言葉なのですが、その際に、この言葉の語源は分らないもの、つまり、幼児語にしたものと思われます。若いお母さんが「シーシーして来なさい」などといって、幼児をうながす光景が見受けられますが、この場合のシーシーは小便のことを指すので、漢字で書くとすれば湿湿になります。

25　オシメ・オムツ・ムツキ（襁褓）

オシメとオムツという言葉がありますが、一般的には、乳幼児の尻を覆《おお》って、大便や小便を受ける布のことをいいます。両者はほぼ同じ意味の言葉で、いい方を変えただけのものです。現在と違って、物が少なくて物を大切にしなければならなかった昔は、古着の布などを使ってつくられました。現在では、オシメやオムツは、病人や老人にも使用されており、工業製品の発達により紙製のものもありますが、この言葉ができた頃は紙製のものはなかったのです。

オシメについては、一音節読みで、屙はオと読み、大便や小便などを「排泄する」という意味です。屎はシと読み「大便」のことをいいます。また、湿はシと読み「湿気、湿り、水分、水」のことですが、その実際は尿のことを指します。綿はメンと読み「綿布、布」のことをいいます。オシメにおけるシは、屎と湿との掛詞になっています。したがって、オシメは、意味上は**屙屎湿綿**であり、直訳すると**「排泄する屎尿《しにょう》用の布」**の意味になり、これがこの言葉の語源と思われます。

オムツについては、一音節読みで、幕はムと読み「幕、覆い布」の意味、粗はツと読み「粗末な、粗末な物」の意味です。つまり、オムツとは、**屙幕粗**であり、直訳すると「排泄物用の覆い布で粗松なもの」の意味ですが、順序を変えていうと**「排泄物用の粗末な覆い布」**の意味になり、これがこの言葉の語源と思われます。

なお、大辞典では、オシメやオムツのオを漢字では「御」と書いて丁寧語の如くにしてありますが、このような言葉を丁寧語にする必要はないのであり、オが「屙」であることが説明されていないという大欠陥があります。

広辞苑(第七版)には、「**おしめ**【御湿・襁褓】(「しめ」は「しめし(湿)」の略)おむつ。むつき」。「**おむつ**【御襁褓】(「むつ」は「ムツキ」の略)大小便を取るために腰から下にあてるもの。おしめ。」と書いてあります。つまり、その編集学者もまた、オシメやオムツのオは、「屙」であることが分かっていないらしいということです。

ムツキについては、鬼はキと読み形容詞では「悪劣な、劣悪な」の意味があります。ムツキは**幕粗鬼**であり、直訳すると「覆い布で粗末な劣悪になる(もの)」ですが、少し順序と表現を変えていうと**「粗末な劣悪になる覆い布」**の意味になり、これがこの言葉の語源と思われます。「劣悪になる」というのは、屎尿を受ける役目をするので当然そうなるのです。

なお、漢語の襁褓を引用して、日本語ではオシメもオムツも漢字では【御襁褓】と書かれていますが、襁や褓の字体から推察できるように、漢語の襁褓(チィアンパオ)は、一般的には、乳幼児を背中におんぶするときなどの袋状帯布のことをいうようです。漢語ではオシメやオムツは尿布（ニョウプ）といいます。

26　オシリ（お尻）

オシリという言葉は大切な日本語であるにもかかわらず、オシリにおけるオは単なる丁寧語の接頭語と考えられているためか、多くの大辞典にはシリはあってもオシリの項はありません。古い時代にはシリ（之利）といっていたようで、平安時代の和名抄には「尻、之利」、と書いてあります。いつ頃からかオシリともいうようになったのですが、この場合、オは単なる接頭語ではありません。

一音節読みで、屙はオと読み屎《し》や尿を「排泄する」の意味があります。オナラやオシメにおけるオも同じものです。屎はシと読み「大便」のことです。里はリと読み「場所」の意味があります。つまり、オシリは**屙屎里**であり、直訳すると「排泄する大便の場所」の意味、順序を変えていうと**「大便を排泄する場所」**になり、これがこの言葉の語源と思われます。

オナラやオシメやオムツにおけるオもすべて屙であり同じことがいえます。なお、シリは**屎里**であり、直訳すると**「大便の場所」**の意味になります。

27　オダブツ（御陀仏）

漢語から導入した言葉に物故《ぶっこ》という熟語があり、人の死のことなので、物故者とは死者のことをいいます。

一音節読みで、故はクと読み「死」の意味があります。そうしますと、物故は、直訳では「物の死」になり、人の死という意味と合致しないことになってしまい、妙なことになってきます。

漢字では、同じ意味の字を二個並べるのが造語の一方法ですから、物も故と同じく死の意味ではないかと考えてみる必要があります。しかしながら、物には、死という意味はありません。

一音節読みで、物はウと読み、同じ読みの無に通じています。「なきものにする」とは、漢字を入れて書くと「無きものにする」であり、「殺す」という意味であることはご存知のことと思います。「無きもの」とは「死者」のことです。つまり、物故における物とは、一音節読みしたときのウの音読を通じて、同じ読みの無のことであり死のことなのです。死という直接的な表現を避けて、無を使い、さらに同じ読みであることを利用して無を物に代替してあるのです。したがって、逆に遡《さかのぼ》ると物は無を通じて死のことになるので、物と故とは同じく死の意味になり、物故は納得できる熟語になります。

「先日、あの人は無くなった」というのは「死んだ」ということです。大言海の物故の欄によれば、シナの三国志に「物、無也」と書いてあります。

日本語では、無の字は、無事という熟語におけるようにブとも読みます。殂はツと読み「死ぬ」の意味があります。したがって、ブツは、**無殂**の多少の訛り読みであり、動詞では「亡《な》き者になる、死ぬ」、名詞では**「死」**のことになり、敷衍して**「死者、死人、死体」**などのことにもなります。

この意味では、オダブツという言葉などで使われ、この場合のオダとは、なんのことかというと、一音節読みで、悪はオと読み「悪感のする」の意味があります。嘔はオと読み、嘔吐の熟語があるように、「吐き気がする」の意味です。的はダと読み、他語の下に付けて形容詞語や副詞語をつくります。

オダブツのオダが、悪的であるか嘔的であるかは分からないことですが、いずれにしても、悪には「悪感がする」、嘔には「吐き気がする」の意味があり、オダブツとは、悪的無徂と嘔的無徂であり、通常の死体ではなくて、「悪感がする死(体)」や「吐き気がする死（体）」のことになると思われます。掛詞と考えると、意味上は、オダブツは**悪嘔的無徂**であり直訳すると**「悪寒がする吐き気がする死（体）」**の意味になります。表現を変えて簡潔に意訳すると**「無残な死（体）」**の意味になり、これがこの言葉の語源と思われます。このような意味であって始めて、「この高さから落ちたらオダブツだ」のような表現が生き生きとしたものになってくるのです。

　オダブツは、漢字で「御陀仏」と書かれます。仏の字には、仏教の教祖である「釈迦牟尼」の意味があることは当然ですが、その外に「聖者」と「死人や死体」の二つの意味があります。したがって、ブツを死人や死体の意味での仏と見做すと、オダブツは悪的仏と嘔的仏になり、上述したように簡潔に意訳すると**「無残な死体」**の意味になります。つまり、仏の字をブツと読むときは無殂のことで死人や死体の意味にもなるのです。

　大言海には、「**おダブツ**（名）御陀仏（死者《ほとけ》になる意）死ヌルコトノ口語。死‖。」と書いてあります。ただ、阿弥陀《あみだ》という仏様はいても、御陀《おだ》や陀《だ》という仏様はいません。したがって、死者という意味での御陀仏におけるブツ（仏）は無殂ですが、オダ（御陀）の意味がなんであるかが説明されておらず不明確になっています。オダは、上述したように、悪的と嘔的の掛詞になっているのです。

　仏《ほとけ》様という意味でブツ（仏）というときは、**哺姿**のことで、直訳では「美しい（人）」ですが、敷衍して、美には「よい、良好な、素晴らしい」などの意味もありますから**「素晴らしい（人）」**の意味になっています。一音節読みで、哺はブ、姿はツと読み共に形容詞では「美しい」の意味です。

　広辞苑（第七版）には、「**おだぶつ**【御陀仏】（阿弥陀仏を唱えて往生する意）死ぬこと。転じて、物事がだめになること。膝栗毛三「この魚は―だぜ。計画が―になる」と書いてあります。

　しかしながら、「おだぶつ【御陀仏】」が「阿弥陀仏《あみだぶつ》を唱えて往生する意」という説明は、たぶん、でたらめで誤りでしょう。なぜならば、先ず、オダ（御陀）とはなにかということが、これまた説明されておらず最初から可笑しいからです。更に、御陀仏や陀仏は阿弥陀仏のことにはなり得ないのではないかという疑問、御陀仏や陀仏から「阿弥陀仏と経を唱える」という意味がでてくる筈はないという疑問、魚や計画が阿弥陀仏と経を唱えるのかという疑問、死ぬときは弱っていてなにもできないのが普通でありお経を唱えながら死ぬ人などいるのかという疑問、お経を唱えて往生しなかったときはオダブツではないのか、という疑問などがあるからです。

なお、南無阿弥陀仏《なむあみだぶつ》といって経を唱えますが、なんのことであるか穿鑿《せんさく》してみますと、阿弥陀仏というのは阿弥陀という仏様のことをいいます。一音節読みで奈はナと読み「汝《なんじ》、貴方」、務はムと読み「務める、勤務する」の意味です。つまり、南無は奈務であり、直訳すると「貴方に務めます」、少し意訳すると「貴方に帰依します」という意味になります。したがって、南無阿弥陀仏は、下から訳すると「阿弥陀仏様、貴方に帰依します」、つまり、**「阿弥陀仏様、貴方を信仰します」**の意味になっていると思われます。帰依というのは、仏教用語であり「信仰する」の意味とされています。

28 オッパイ（母乳）

赤ちゃんに、母親の乳房から与える白色の液体飲料をいいます。つまり、母乳のことです。

一音節読みで娥はオと読み「美しい」の意味ですが、美には美味の意味があるので、飲食物に関して使うときは「美味しい」の意味になります。滋はツと読み「滋養」のことです。白はパイと読み「白い」の意味です。

したがって、オッパイは、**娥滋白**の促音便もどきの読みであり、直訳すると「美味しい、滋養のある、白い（もの）」、「もの」を液体と入れ替えて訳すると**「美味しい、滋養のある、白い（液体）」**の意味になり、これがこの言葉の語源と思われます。

　オッパイという言葉の起源を調べてみると、大日本国語辞典（上田万年・松井簡治共著・冨山房・一九一五〔大正四〕～一九一九〔大正九〕刊）に初出し、その後に刊行の辞典にもでてくるようになります。ということは、大正時代初期頃につくられた言葉のようです。この辞典では「**おっぱい**（名）（一杯の訛り）ちち（乳）をいふ。幼児の語」と説明されています。

　しかしながら、この説明は極めて可笑しい。なぜならば、「一杯」や「一杯の訛り」が「ちち（乳）」である筈がないからです。この辞典の著者は、当時の超一流学者とされるのに、この例におけるように本当のことは書かないのです。そして、「幼児の語」とされています。「幼児の語」にすれば、少々訳が分からなくても世間に容認されるとの考えからと思われます。以降、辞典の中では、幼児語という言葉は度々使われるようになります。幼児語というのも、どういう意味か分かりませんが、幼児が言葉をつくれる筈もないので、「大人がつくって幼児に向かって使う語」とでもいうべきものです。ただ、「おっぱい」という言葉は、大人同士でも使うのであり、必ずしも幼児語ではありません。

　オッパイという言葉をつくると、当然に、なぜ、チチ（乳）の意味になるのかという質問がでてきます。しかしながら、どんな料簡《りょうけん》か分かりませんが、日本の言語・国語学界では日本語の語源を明らかにしてはならないという暗黙のタブー（禁忌）があるようで、そのためにこのような誤魔化し説明になるのです。

　「一杯の訛り」説は、大言海の説ではないので、広辞苑（第七版）には引用されていませんが、「**おっぱい**（幼児語）乳。また、乳房。」と書いてあり、「乳房」という余計なことが付加されています。なぜ、こうなるかというと、語源に基づかない、単なる空想的な感性で説明してあるからです。語源上は、オッパイには乳房の意味はありません。

29　オデコ（御出子）

高くでている額のことをオデコといいます。

大言海には、「**おでこ**（名）御出子〔でハ、でびたひノ略、こハ、張子《ハリコ》、刺子《サシコ》ナドノ、こノ如シ〕出額《デビタヒ》ノ、婦人語」と説明してあります。

一音節読みで阿はオと読み「一方が高くなったもの」の意味があり、阿丘は「一方が高くなった丘」のことをいいます。嵎はディエと読み「高い」、磕はコと読み形容詞では「突き出ている、凸出している」の意味があります。つまり、オデコとは**阿嵎磕**の多少の訛り読みであり、直訳すると**「一方が高く突きでている（部分）」**の意味になり、これがこの言葉の語源と思われます。一方というのは、前面の意味になります。

また、娥はオと読み「美しい」の意味ですが、オデコのオを娥のことと見做すと、オデコとは、**娥嵎磕**であり、**「美しく高く突きでている（部分）」**の意味になり掛詞になっています。掛詞を合わせると「一方が高く、美しく突きでている（部分）」になります。

この言葉は、本来は、通常よりも突き出た額のことを指しますが、現在では必ずしも突き出た額でなくても、単に額のことを指すようになっているようです。

なお、一般的な尊敬語や丁寧語において、接頭語として使われる「オ」とは一体なにかというと、一音節読みでオと読み「美しい」の意味の「娥」のことです。そもそもの漢語では、御はユと読むのですが、娥の一音節読みを転用して、尊敬語や丁寧語としてオを使うときは、漢字では「御」と書くことになっているのです。

30 オトガイ（頤）

下顎《したあご》のことを、古くからオトガイといい、漢字では「頤」と書かれてきました。大言海によれば、平安時代の和名抄に「頤、之ヲ頷ト謂フ、於止加比」、天治字鏡に「頤、於止加比」と書かれています。

一音節読みで、腭はオと読み「顎《あご》」のこと、韜はタオと読み「包み隠す、覆い隠す」の意味、蓋はガイと読み「蓋《ふた》、覆《おお》い」のことです。

つまり、オトガイは、**腭韜蓋**の多少の訛り読みであり、直訳すると**「顎を包み隠す覆い（部分）」**の意味になり、これがこの言葉の語源と思われます。

顎《あご》には上顎もあるのですが頬や鼻に隣接していて固定しているのに比べ、下顎は下方に動かせるうえに面積上も大部分を占めていて、食べ物を咀嚼する上でも重要な器官なので、特別にこの部分を指すものとしてつくられた言葉と推測されます。

「オトガイを解く」とは「大笑いすること」をいいます。その時には、下顎が下方に下がった状態になるので、閉鎖したものが解除されるという意味で「解く」というのだと思われます。

31 オトコとオンナ（男と女）

大言海には、「**をとこ**（名）男（一）童ト翁トノ間ナル若ク盛リナル男《ヲ》。ワカザカリノ男子。（をとめニ対ス）少男・壮夫。（二）後ニ、老若ヲ言ハズ、汎《ヒロ》ク、男《ヲ》。ヲノコ。男子。（女ニ対ス）男」と書いてあります。

この説明からすると、オトコは、古代には、①「若い男性」を指す場合と、老若を問わず②「男性」を指す場合とがあったようです。①の場合の対語として、女性をオトメやオミナ、少し後世にはオムナ（オンナ）といったようです。

大言海には、①の例として、古事記のイザナギとイザナミの条で「あなにやし、え袁登古《をとこ》を、云々、あなにやし、え袁登売《をとめ》を」、また、日本書紀の神代紀（上代四）の条で「少男、此ヲ烏等弧《ヲトコ》ト云フ（此云烏等弧）」とあることが挙げられています。少男とは「若い男」のことです。②の例としては、万葉集の次の歌が挙げられています。

・秋野には今こそ行《ゆ》かめ物部《もののふ》の
　乎等古乎美奈《をとこをみな》の花にほひ見に（万葉4317）

オンナについては、大言海によれば、平安時代の字鏡に「娃、宇豆久志乎美奈、乎美奈」、霊異記に「嬢、遠三難《をみな》」、古事記（雄略）に「呉床座《あぐらゐ》の　神の御手もち　弾く琴に　舞する袁美那《をみな》　常世にもがも（歌番九六）」、また、同じ平安時代でも少し後期の名義抄と字類抄に「女、ヲムナ」とあることが紹介されています。

さて、語源の話に移りますと、男性のオトコの語源は難しいので、女性の方から先にします。

一音節読みで、娥はオ、都はト、美はメイ、靡はミ、娜はナ、穆はムと読み、いずれも「美しい」の意味があります。つまり、オトメは**娥都美**、オミナは**娥靡娜**、オムナは**娥穆娜**の多少の訛り読みでありいずれも**「美しい（人間）」**の意味になり、これがこれらの言葉の語源と思われます。

婀娜《オナ》という言葉があり「美しい女」という意味です。オムナは、たぶん、実際にはオンナと読んだと推測され、オムナ（**娥穆娜**）またはオナ（**婀娜**）の音便読みと思われます。

男性は、古代には現在よりも体力・腕力や知性が必要であったと思われ、一般的に女性よりも高位の人間と見做されていた可能性があります。峨はオと読み「高い、高みにある、高く聳《そび》える」の意味があり、おおしく聳える山は、峨峨しく聳える山であり「高く聳えている山」の意味なのですが、実際は「雄々しく聳える山」などとも書かれます。

したがって、オトコのオは峨であり「高みにある」の意味と思われます。古事記で使われている袁登古の登はトンと読み「成熟する」の意味があり、「五穀不登」は「五穀が成熟しない」の意味です。躬はコンと読み「体、身体」の意味です。つまり、オトコは、**峨登躬**の多少の訛り読みであり直訳すると**「高みにある、成熟した、身体（の人間）」**の意味になり、これがこの言葉の語源と思われます。

そもそものオトコという言葉がこのような意味になるのは、イザナギとイザナミの発言は、両者が結婚する直前の出会いのときのものであり、イザナギのことをイザナミが「あなにやし、え袁登古《をとこ》を」といい、現在でも「一人前の男《おとこ》になった」のような文句があることからも推察されます。

女性の場合はオナゴともいったのですが、**娥娜躬**であり**「美しい身体（の人間）」**の意味だったと思われます。或いは、**婀娜子**の読みで**「美しい女」**の意味であるかも知れません。

32　オトナとコドモ（大人と子供）

漢字では、大人と子供と書きます。大人の対語としての子供における供は、その音読を利用するための単なる当て字と考えるべきものです。

オトナとコドモという言葉の語源はかなり難しいので、古来その語源についてまともな説が述べられたことはありません。

オトナについては、一音節読みで峨はオと読み「高い、高みにある、高く聳《そび》える」の意味があり、これがオトナのオと思われます。

登はトンと読み「成熟した」の意味があります。嚢はナンと読み「先に、前に、以前に」の意味があります。つまり、オトナは**峨登嚢**の多少の訛り読みであり、字の順序どおりに頭から訳すると「高く聳える、成熟した、先に」になりますが、意味が通じるように、語順を逆にしていうと**「先に、成熟した、高く聳える（人）」**の意味になり、これがこの言葉の語源と思われます。子供からは、特に幼児からみたら大人はそのような存在なのです。

コドモについては、コドモという言葉は共に奈良時代の文献である万葉集に「子等」、古事記の応神天皇の髪長姫の下りに「古杼母」と書かれています。

・いざ子等《こども》早く大和《やまと》へ大伴《おほとも》の
　御津《みつ》の浜松待ち恋ひぬらむ（万葉６３）

・いざ古杼母《こども》　野蒜摘《のびるつ》みに　蒜摘《ひるつ》みに・・・
　（古事記・歌番四四）

ただ、ここでのコドモの意味について、岩波文庫の万葉集の注釈では「従者、舟子などを親しんで呼んだ」、岩波文庫の古事記の注釈では「さあ皆のもの」と解釈してあるので、この時代にはオトナの対語としてのコドモの意味はまだなく、それは後世に付加されたもののようです。

オトナの対語としてのコドモについていうと、顧はコやクと聴きなせるように読み「面倒を見る、世話をする」の意味があり、看顧という熟語は看護と同じ意味とされています。看護とは「見守って保護する」ことをいいます。童はトンと読み名詞では「年少者」、形容詞では「年少の」の意味です。末はモと読み、漢語辞典にも漢和辞典にも「小さい」の意味があると書いてあります。つまり、コドモは**顧童末**の多少の濁音訛り読みであり直訳すると**「面倒を見なければならない、年少の、小さい（人）」**の意味になり、これがオトナの対語としてのこの言葉の語源と思われます。

また、一音節読みで倥はコン、沌はドン、蒙はモンと読み、いずれも「無知蒙昧」の意味があります。つまり、コドモは、**倥沌蒙**の多少の訛り読みであり、**「無知蒙昧の（人）」**の意味になり、これもこの言葉の語源で掛詞と思われます。

蒙の字には「幼くて、まだ道理をわきまえない」の意味が含まれているとされています。この言葉がつくられた当時は庶民に対する教育は充実していないため、子供はまだ知識の習得も少なく、経験も浅いということから、このような存在と見做されてつくられた言葉と推測されます。掛詞をまとめていうと、**「面倒を見なければならない、年少の、小さい、無知蒙昧の（人）」**になります。

33　オナカ（腹）

オナカについて、大言海には「**おなか**（名）御中（一）食事ノ、女房言葉。（倭訓栞）大上﨟御名之事、女房言葉『いひ、云々、おなか』（二）婦人ノ語ニ、腹ノ中。福富草紙（室町時代）『腹・・・・・ヲおなか、小袖ヲべべ』」と書いてあります。

室町時代の福富草紙は、江戸時代の倭訓栞よりはるかに古い文献ですから、すでに室町時代には「おなか」という言葉はできていて使われていたことが分かります。腹は、平安時代の和名抄に「腹、波良」と書いてあるようにハラと読まれてきたのですが、福富草紙にはオナカともいうと書いてあるのです。

腹には、胃や腸を始め肝臓、膵臓、脾臓、腎臓などの諸臓器が内臓されており、また、食事をすると、胃にはどんどん食べ物が入ってきます。つまり、オナカは、人間の身体における諸臓器や食物の「入れ物」なのです。

さて、語源の話に移りますと、一音節読みで、阿はオと読み、「一方が高くなったもの」の意味があり、阿丘は「一方が高くなった丘」のことをいいます。納はナンと読み「納入する、入れる」、缸はカンと読み「容器、入れ物」のことです。つまり、オナカとは、**阿納缸**（オ・ナン・カン）の多少の訛り読みであり、直訳すると「一方が高くなった、納入する容器」、少し意訳すると**「一方が膨らんだ納入容器」**の意味になり、これがこの言葉の語源と思われます。

オナカは、まさに、前面だけが膨らむことができ、後面は背中なので膨らむことはありません。オナカにおけるオは阿であり、単なる接頭語ではないので、オナカと読むときの腹に振仮名を付けるとすれば、正しくは、腹《おなか》と書くべきものです。

なお、岡の字は、漢語ではカンと一音節で読むのに、日本語の訓読ではオカと二音節で読みますが、日本語の訓読は岡と同義の阿を頭に組み合わせて二音節語にした阿岡《オカン》の多少の訛りと思われます。

34　**オナラ**（音のする屁）

オナラは屁の一種で、尻から出る、或いは、尻から出す排泄物としてのガスのことです。屁には二種類があり、音を出すものをオナラ、音を出さないものを「すかしっ屁《ぺ》」といいます。

大言海には「おなら（名）屁〔ならハ鳴《ナラ》ノ義〕」と説明してあり、また、今昔物語に「武員、僧正ノ御前ニ、蹲《ウヅクマ》リテ、久シク候ヒケル間ニ、錯《アヤマ》リテ、イト高ク鳴らシテケリ」、室町時代の福富草紙に「腹ヲおなか、放屁ヲおなら」、江戸時代（安永）の川柳に「弘法モ　一村おなら　封ジコミ」とでていることが紹介されています。

さて、オナラの語源の話をしますと、一音節読みで、屙はオと読み「排泄する」という意味です。ここでの排泄とは身体から排泄物を出すことです。吶はナと読み「音を出す、音のでる」の意味、嚷はランと読み「叫ぶ、声を出す、音を出す」の意味です。したがって、オナラは、**屙吶嚷**の多少の訛り読みであり、直訳すると「排泄で音を出す（もの）」、順序と表現を少し変えていうと**「音のする排出物」**の意味になり、これがこの言葉の語源と思われます。

一般的には、オナラは、「鳴らす」の「鳴ら」に、接頭語「お」を付けた「お鳴ら」であると説明されています。ただ、この説明は、少しは合っていますが、屁の本質である「排泄物」という意味がどこにも説明されていないという大欠陥があります。つまり、この言葉の最大の肝要《かんよう》語である「屙《オ》」を、単なる接頭語の「オ」にしてしまっている点に致命的な誤りがあるのです。因《ちな》みに、オシリ、オシッコ、オシメ、オムツなどにおけるオは、すべて「屙」のことです。

　私たちの身体、特に、肛門と尿道からでる排泄物に屎と尿とがあります。屎はシと読み大便のこと、尿はニョウと読み小便のことです。合わせて屎尿《しにょう》といいます。漢語では、屙に屎や尿をくっ付けた、屙屎《オシ》や屙尿《オニョウ》は、それぞれ「大便をする」や「小便をする」という意味です。

35　**オヤとコ**（親と子）

　漢字では、親と子と書き、漢語の一音節読みで親はシェン、子はツと読みます。日本語では、親は音読でシン、訓読でオヤ、子は音読でシ、訓読でコと読みます。

　オヤ（親）については、一音節読みで恩はオンと読み「慈しむ、愛する、愛情を持つ」の意味があります。養はヤンと読み「養う、養育する」の意味です。つまり、オヤは**恩養**の多少の訛り読みであり、直訳すると**「愛情を持って、養ってくれる（人）」**の意味になり、これがこの言葉の語源と思われます。

　コ（子）については、万葉集の原歌では「胡」や「古」と書かれて、次のような歌が詠まれています。

・瓜食《は》めば　胡ども思ほゆ　栗食めば
　まして偲ばゆ・・・（万葉８０２）
・銀《しろがね》も　金《くがね》も玉も何せむに
　勝《まさ》れる宝　古に及《し》かめやも（万葉８０３）

この歌にあるように、親にとって子は何ものにも代え難い大切なものなのです。一音節読みで顧はコやクと聴きなせるように読み「面倒を見る、世話をする」、英語でいうところの「**look after**」の意味があります。つまり、コは胡や古と同じ読みの**顧**のことであり直訳すると**「面倒を見なければならない（人）」**の意味になり、これがこの言葉の語源と思われます。

また、コドモ欄でもいいましたが、一音節読みで倥はコンと読み無知蒙昧の意味があります。つまり、コは**倥**であり**「無知蒙昧の（人）」**の意味になり、これもこの言葉の語源で掛詞と思われます。まとめていうと、**「面倒を見なければならない、無知蒙昧の（人）」**になります。

36　カイナ（腕の部分）

大言海によれば、万葉420の長歌に「・・・木綿襷《ゆふたすき》　可比奈に懸けて　天にある　左佐羅の小野の・・・」と詠まれています。岩波書店の日本古典文学大系「萬葉集一」では、万葉420での可比奈を「かひなに懸けて」のように、平がなで書いてあり、その補注では「かひな―肱。二のうで」と説明されています。

古事記の景行天皇の下りの歌（歌番二八）に「・・・ひはぼそ　手弱《たわや》賀比那を枕《ま》かむとは　我はすれど・・・」と書かれています。岩波書店の「古事記」（倉野憲司校注・岩波文庫）では、ここでの賀比那を「腕《かひな》」と漢字で書いて振仮名してあります。

日本書紀の神代下九段の「・・・太玉命《ふとたまのみこと》をして、弱肩《よわかひな》に太手襁《ふとたすき》を被《か》けて・・・」において、岩波書店の日本書紀（岩波文庫）では「弱肩《よわかひな》」、つまり、肩に「肩《かひな》」と振仮名してあります。

カイナについて、万葉集の解説学者は「肱＝二のうで」のこと、古事記の解説学者は「腕」のこと、日本書紀の解説学者は「肩」のことと解釈していて、その指す範囲は異なっています。古来、日本語では、腕《うで》は「肩から手首まで」の部分を指すとされています。このことについては「ウデ」欄をご参照ください。つまり、万葉集、古事記、日本書紀のそれぞれの解説学者は、肱《かいな》、腕《かいな》、肩《かいな》と見做していることになります。大言海の「かいな」欄をみると、平安時代の文献に、次のように書かれていることが紹介されています。

・字鏡に「肱、臂也、肩也、加比奈」、
・霊異記に「臂、可比那」、
・源氏物語の浮船に「君ハかひなヲ枕ニ寝タマヘルニ」、
・千載集に「枕ニトテ、かひなヲ、御簾ノ下ヨリ差入レテ」、
・狭衣（物語）に「御手ヲサエ捉ヘテ、云々、捉ヘタマヘル御かひなニ、云々」。

カイナについて、上述したように、字鏡には「肱、臂也、肩也」とありますが、どの部分、或いは、どこからどこまでの部分を指すのかは不明です。

なぜならば、漢語では、肱《コン》は「肩から肘まで」の部分、臂《ピ》は「肩から手首まで」の部分を指すとされているからです。他方、霊異記には臂とあるので「肩から手首まで」の部分と書いてあることになります。源氏物語と千載集に「枕にする」ということは、二つに折って枕にするのであろうことから「肩から手首まで」の部分を指すように思われます。また、狭衣物語の「捉へタマヘル御かひなニ」とあるのは「肘から手首まで」の部分を指すのか、「肩から手首まで」の部分を指すのかははっきりしません。

結局のところ、問題はカイナとは、上肢のどの部分を指すのかということですが、上述の古典文献からは、どの部分を指すのかは必ずしも明確ではありません。結局のところ、古典文献からは、カイナは、①肱の部分、つまり、「肩から肘までの部分」を指すのか、②腕や臂の部分、つまり、「肩から手首までの部分」を指すのか、③「肩の部分」を指すのかはっきりとは分からないことになりま

す。

漢語辞典には、肱は「肩から肘に到る部分（従肩到肘的部分）」と書いてあります。

現代の日本の大辞典には、例えば、次のように説明されています。

・大言海：「**かひな**　肱‖　肩ヨリ肘《ヒヂ》マデノ間。奥ノ手。今、二の腕《ウデ》。肩肱《カタカヒナ》」。
・広辞林：「**かいな**〔肱・《腕》〕①肩からひじまでの間。二の腕。②肩から手首までの間。手。腕」。
・広辞苑：「**かいな**【腕・肱】①肩からひじまでの間。二の腕。また、②肩から手くびまでの間」。
・日本国語大辞典（二〇巻）：「**かいな**【腕】肩からひじまでの間。二のうで。また、肩から手くびまでの間をいうこともある。うで」。

大言海で、「肩ヨリ肘マデノ間」とされているのは、漢語では肱は「肩から肘まで」の部分を指すからです。普通には、一つの名称に二通りの意味があるなどということはあり得ないことですが、広辞林と広辞苑では肱と腕、つまり、「①肩からひじまでの間」と「②肩から手首までの間」の二通りに説明されているのは、上述した古文献で、字鏡は肱、霊異記は臂をカイナと読んであるので、どちらかはっきりしないからと思われます。

なお、日本国語大辞典（二〇巻）にカイナを漢字で「腕」と書いて「肩からひじまでの間。二のうで。また、肩から手くびまでの間をいうこともある。うで。」と説明してあるのは極めて可笑しい。なぜならば、日本語では、腕はウデと読み「肩から手首まで」の部分を指すからです。こういうのを見ると、国語学者というのは雑な人が多いように思われます。

さて、語源の話に移りますと、一音節読みで、幹はカンと読み「幹、幹のような」、毅はイと読み「強い、強堅な」の意味があります。

また、臑はナオと読み、漢語辞典には「人的上肢。医学上指自肩至肘隆起的肌肉」と説明してあります。日本語に訳すると「人の上肢のことであるが、医学上は肩から肘に至る隆起する肌肉を指す」、つまり、「医学上は上腕の力瘤のできる筋肉部分を指す」と書いてあります。漢和辞典には「食用にする羊や豚の、前足の上部」と書いてあり、人間に引き直すと上腕のことになります。つまり、臑は上腕のことのようなのです。

したがって、カイナのナとは、臑《ナオ》を一気読みしたときのナオのオが省略されたような発音と思われます。そうしますと、カイナとは、**幹毅臑**（カン・イ・ナオ）の多少の訛り読みであり、直訳すると**「幹のように強堅な上腕（部分）」**の意味になり、これがこの言葉の語源と思われます。

結局のところ、日本語のカイナは、上述したような文献上からも、また「幹のように強堅な」の語源上の意味からも、肱、つまり「肩から肘まで」の部分と見做せるようにも思われます。また、日本語のウデ（腕）は「肩から手首まで」の部分を指しタダムキという別称もあるので、大言海のようにカイナは漢字で肱と書いて「肩から肘まで」の部分を指し、その別称が上腕や二の腕と見做した方がよいと思われます。

そう解釈すると、ウデとカイナについての説明は、「**うで【腕】**肩から手首までの部分。ただむきともいう。」、「**かいな【肱】**肩から肘《ひじ》までの部分。上腕や二の腕ともいう。」のような説明になります。

広辞苑（第七版）には、ウデとカイナにつき、「**うで【腕】**①ひじと手首との間。（和名抄三）②肩口から手首までの部分。かいな。」とあり、「**かいな【腕・肱】**①肩からひじまでの間。二のうで。また、肩から手首までの間。」と書いてあります。

しかしながら、広辞苑には、おかしなことが書いてあります。先ず、和名抄三には、腕《うで》につき「ひじと手首との間」などとは書かれていないのであり、このような書き方は誤解を与えることになり問題があります。次に、カイナの範囲につき、**うで【腕】**欄と**かいな【腕・肱】**欄の記述を比較すると、**うで【腕】**欄では「肩口から手首までの部分。かいな。」とあるのに、**かいな【腕・肱】**欄では「①肩からひじまでの間。二のうで。また、肩から手首までの間。」とあって矛盾することが書いてあり、一体全体、なんと書いてあるのか、とても分かりにくい記述になっています。

余談になりますが、上肢に関する**「漢語の各字の意味」**は日本語とは少し異なるので、次に列挙しておきます。

手は、ショウと読み「手首から指先まで」の部分をいいます。

腕は、ワンと読み「手首」のことをいいます。

肘は、チョウと読み「ひじ」のことをいいます。

肱は、コンと読み「肩から肘まで」の部分をいいます。

臂は、ピと読み「肩から手首まで」の部分をいいます。

膊はポと読み「腋から手首まで」の部分をいいます。

胳は、コと読み「肩の下部」、いわゆる「腋下《わきした》」のことをいいます。

つまり、臂と膊については、肩の付け根部分での表側からと裏側からの表現の差はありますが、同じ部分を指し、共に英語でいうところのアーム(arm)のことになります。したがって、**胳臂**《コピ》と**胳膊**《コポ》という二つの熟語は、共に同じ部分、いうならば英語でのアーム(arm)のことになります。つまり、漢語では臂、膊、胳臂、胳膊はいずれも同じアーム(arm)を指すことになります。

更に、臂と膊とを細分して、「肩や腋から肘《ひじ》まで」の部分を上臂《シャンピ》や上膊《シャンポ》といい、「肘から手首まで」の部分を前臂《チエンピ》や下膊《シィアポ》といいます。上臂は、肩臂《チィエンピ》ともいいます。

上肢に関連して、日本語ではテ、ウデ、タダムキ、タブサ、カイナなどの言葉がありますので、それぞれの欄をご参照ください。

37 カオ（顔）・オモテ（面）

カオは、目、鼻、口、耳などのある、身体の中で最も美しい部分といえ、漢字では「顔」と書きます。

そもそもの漢語の一音節読みでは、顔はイエンと読みますが、同じ読みの艶、妍、嫣などに通じており「美しい」の意味ではないかと推測されます。日本語では、顔は音読でガン、訓読でカオと読みますが、音読のガンは一音節読みしたときの「崗」の読みからでたものと推測されます。崗は清音読みでカン、濁音読みでガンと読み「とても美しい」の意味があります。つまり、日本語で顔の字を濁音読みで**ガン**と読むのは、崗の読みを転用したものであり**「とても美しい（部分）」**の意味と思われます。

大言海（昭和七年～九年初版発行）によれば、平安時代の字鏡に「美婦、加保与支《カホヨキ》女」、同時代の和名抄に「顔、眉目ノ間ナリ、加保」と書いてあります。大言海自身でも、顔は「かほ」と読んでおります。つまり、字鏡には「美しい女（美婦）は、顔の美しい女（加保与支女）」のことと書いてあることから、カホという音声言葉には「美しい」の意味があるらしいことが推測されます。和名抄の「顔、眉目ノ間ナリ」とあるのは、ちょっと見では、なんと書いてあるのか分かりませんが、眉も目も「美しい」という意味がありますからその間ということは顔もまた「美しい」の意味だと書いてあるもののようです。

これらの古典から、顔はカホと読まれていたことが分かり、カオと書かれるようになったのは昭和になってからです。なぜ、顔がカオ、頬がホオと読まれるようになったかというと、その語源について不明だったのか分かりませんが、字義について関心が払われていないからと思われます。以前は、顔がカホと読まれたことは、頬がホホと読まれたこととも深く関連しています。したがって、カオの語源は、この言葉がつくられた当時のカホの語源としてのものになります。

　カホのカは上述したように崗の清音読みのことであるとして、一音節読みで紅はホンと読み形容詞では「紅《あか》い」、動詞では「紅くなる」の意味があります。つまり、カホとは**崗紅**の多少の訛り読みであり、直訳すると**「とても美しい紅くなる（部分）」**の意味になり、これがこの言葉の語源と思われます。以前は、現代のようにさまざまな文化の恩恵もなかったので、化粧品もあまりなくて、特に、夏季の熱気や冬季の寒風に曝されると、顔の頬部は赤く染まり、そのことを美しいと捉えてつくられた言葉と推測されます。

　また、顔は、その形態からすると、目、耳、鼻、口を中に入れた額《がく》のようなものといえます。一音節読みで、框はクァン、額はオと読み、共に「額」の意味です。つまり、カオは、**框額**の多少の訛り読みであり、直訳すると「額《がく》」ですが、少し意訳すると**「額のような（部分）」**の意味であり、これもこの言葉の語源で掛詞と思われます。掛詞を合わせていうと**「とても美しい赤くなる、額のような（部分）」**になります。

　また、カオは**オモテ**ともいい漢字では「面」と書きます。大言海によれば、平安時代の名義抄に「顔、面、オモテ」とあります。また、万葉８０４の長歌に「・・・紅の意母提の上に何処《いづく》ゆか　皺《しわ》が来りし・・・」と詠われており、日本古典文学大系「萬葉集二」では、意母提を「面《おもて》」と書き替えて振仮名してあります。

　日本書紀の皇極天皇三年の六月の下りに「小林に我《わ》を引入れて　奸《せ》し人の　於謀提も知らず　家も知らずも」とあり、岩波書店の「日本書紀（四）」（岩波文庫）では、「於謀提」を「面《おもて》」と書き替えて振仮名してあります。

　漢語の一音節読みで、娥はオ、茂はモ、腆はティエンと読み、いずれも「美しい」の意味があります。つまり、オモテは**娥茂腆**の多少の訛り読みであり、**「美しい（部分）」**の意味になっており、これがオモテという言葉の語源と思われます。

現在では、カオのことをツラともいいますが、平安時代の和名抄には「豆良、一云、保々」とあって、そもそもはツラはホホ（頬）のことと書いてあるので、ツラの語源はホホの欄ですることにします。

・そもそもは　オモテは顔《かお》でツラは頬《ほほ》
共に美《うつく》し乙女のものは　　不知人

38　カカト（踵）

ちょうど足首の下辺で足裏の後部に当ります。一音節読みで、亢はカンと読み、程度が甚だしいことを表現するときに「とても、非常に、著しく」などの意味で使われます。伉はカンと読み「強い」の意味、蹈はトウと読み「踏む、踏み付ける」の意味です。漢和辞典をみると、現代表記では蹈は踏と書き、踏査とか踏襲などの熟語をつくるときにも使われるとされています。

つまり、カカトとは、**亢鋼蹈**の多少の訛り読みであり直訳すると**「とても強く踏み付ける（部分）」**の意味であり、これがこの言葉の語源と思われます。

カカトは、漢字では踵と書きますが、分解すると重足になっているように、カカトは身体の重さを最も支える足部分なのです。例えば、昔の農村では、霜枯れしないように、小麦の若芽を丹念に足で踏んでいましたが、これも、主にカカトで踏んでいたのです。

余談をしますと、**「じだんだをふむ」**という文句があり、「地団駄を踏んで悔しがる」のように使われますが、この場合もやはり、主としてカカトの方で踏むことをいうと思われます。

因《ちな》みに、この文句の語源を考えてみます。「地団駄を踏んで悔しがる」を簡潔にいうと、たぶん、「地団駄をして悔しがる」であり、「地を踏んで悔しがる」の意味と思われるのです。そうすると、「地団駄をして」は「地を踏んで」のことになるので、以下に述べるように「団駄」は当て字であり「踏む」の意味と思われます。

一音節読みで、地はチィと読み地面のことです。蹚はタン、踏はタと読み共に「踏む」の意味です。つまり、「地団駄《じだんだ》」とは、「地蹚踏」の濁音読みのことであり**「地を踏む」**の意味になります。したがって「地蹚踏＝地を踏む」の意味で、**「地団駄する」**という文句でよかったのに、分かり易いようにと思ってか「する」を「踏む」としたために、かえって重複表現になり分かりにくい意味の文句になってしまったのです。

大言海には、「**ぢだんだ**（名）〔ぢたたらノ音便訛〕又、ぢだだ。両脚ヲ互交ヒニ、足踏ミスルコト。足摩ヲスルコト。」と書いてあります。つまり、ここでの「ぢだんだ」は地蹚踏、「ぢたたら」は地踏踏啦、「ぢただ」は地踏であり、いずれも「地を踏む」の意味と思われます。啦は音声を利用するための単なる語気助詞でラと読みます。

広辞苑（第七版）には、「**じだんだ**〔地団駄・地団太〕ジタタラ（地踏鞴）の転。」と訳の分からないことが書いてあります。

鞴《ふいご》とは、鍛冶屋などで使用する火を盛んに起すための送風器のことをいいます。鞴には手で動かすもの（手動式）と足で踏むもの（足動式）とがあります。平安時代の和名抄の鍛冶具の条に「踏鞴、太太良」と書いてあるので、「踏む鞴」は「タタラ（太太良）」といったようです。その語源を考えてみると、一音節読みで踏はタと読み「踏む」、燃はランと読み「燃える、燃やす」の意味があります。つまり、タタラは**踏踏燃**の多少の訛り読みであり、直訳すると「踏んで燃える（ようにする器具）」、少し言葉を補充していうと**「踏んで空気を送り燃える（ようにする器具）」**の意味になり、これが踏む鞴であるタタラの語源と思われます。

広辞苑の説明では、なぜ「地」と足動式鞴である「タタラ」とが結び付くのか、結び付いた「ジタタラ（地踏鞴）」とはいかなる意味なのか、なぜ意味も分からない「ジタタラ（地踏鞴）の転」が「じだんだ」になるのかなど、疑問だらけなのです。いわば滅茶苦茶な説明といえます。

「じだんだをふむ」における「踏む」は足を交互に上げ下げして踏むのに対して、タタラを「踏む」のは器具に付けたままで踏むのであり、踏み方がまったく異なるのです。したがって、「じだんだを踏む」が「たたらを踏む」と関係があるとは思われません。つまり、じだんだ（地団駄・地団太）は意味不明のジタタラ（地踏鞴）とは無関係です。

また、勢い余って数歩足を踏むことを、「たたらを踏む」というとされますが、これはそもそもは「踏《タ》、踏《タ》、踏《タ》と踏《ふ》む」であるものをそのような文句に仕立て上げたものと思われます。

日本の国語界というのは、語源については、かなり、いいかげんなところがあるのです。なぜならば、語源は研究してはならないとされているようだからです。「対談　日本語を考える」（大野晋編・中央公論社）という本の一〇一頁には「言語の起源はともかく、語源なんかやるのはやっぱりちょっとおかしなやつだということになっていますね。」と書かれています。

39　カタ（肩）

カタは、腕と胴体とを繋ぐ関節の上部のことをいい、左右にあるのでまとめていうときは両肩ともいいますが、双肩《そうけん》という熟語が好んで使われます。身体の中では、最も頑丈な部分にあたり、特に荷物を運ぶのに重要な役目を果たします。

肩の字には、名詞では身体としての「肩」の外に、持ち運びする「荷」の意味があり、動詞では「荷《にな》う、担《かつ》ぐ、背負う」などの意味があります。

肩は、漢語の一音節読みではチィエンと読むのですが、同じ読みの堅に通じていて「堅い（部分）」の意味を表しているようです。日本語においても、肩を音読でケンと読むのは、漢語の一音節読みでケンと読み「堅い」の意味のある「艮」の読みを転用したものと思われます。したがって、そもそもの漢語ではチィエンと読む「肩」や「堅」を日本語の音読ではケンと読むのです。

平安時代の和名抄に「肩、加太、髆也」と書いてあるので、すでにこの頃にはできていた言葉です。

さて、語源の話に移りますと、一音節読みで、伉はカンと読み「強健な、頑丈な」、担はタンと読み「荷《にな》う、担《かつ》ぐ、背負う」などの意味です。つまり、カタとは、**伉担**であり直訳すると**「頑丈な担ぐ（部分）」**の意味になり、これがこの言葉の語源と思われます。

「肩の荷が下りる」という文句があることからも、この語源が正しいらしいことを示しています。

40　カミ（髪）

髪は、頭の毛のことを指すので、二字語にして頭髪ともいいます。万葉集の長歌に、原歌では「可美」と書かれて次のような長歌が詠まれています。

・・・か黒き可美に　いつの間か　霜の降りけむ　紅の面《おもて》の上に　何処《いづく》ゆか　皺《しわ》が来《きた》りし・・・（万葉８０４）

和名抄には「髪、加美、首上の長毛なり」と書いてあります。首とは、そもそもは頭のことです。しかしながら、日本語では、どうした訳なのか、鎌倉時代頃からのようですが、頸《くび》のこととなっています。首が頭の意味であったことは、首都、首相、首席、首尾などの熟語があることからも容易に判断できます。

一音節読みで、冠はクヮンと読み「頭を被うもの」の意味、靡はミと読み「美しい」の意味があります。つまり、カミは、**冠靡**の多少の訛り読みであり、直訳すると**「頭を被う美しい（もの）」**の意味になり、これがこの言葉の語源と思われます。

なぜ、このような意味になるかは、万葉集において、すでに可美（＝美しい）と書かれていることから推測できます。また、一音節読みで、曼はマンと読み「美しい」の意味であることから、美しい頭髪という意味の「鬘」という字ができていることからも推測できます。つまり、そもそもから頭髪は美しいものと見做されていたようであり、特に女性の場合は、装飾を兼ねた身体部分のように思われます。

41　カミ（神）

「日本語をさかのぼる」（大野晋著・岩波新書）という本の一〇七頁には、次のように書いてあります。

「本居宣長以来、神《かみ》は上《かみ》にましますからカミというのだと言われて来た。しかし、今や神《かみ》と上《かみ》とは、結びつかない。これは、全然無関係の語である。それゆえ古代日本人は、神《かみ》を上《かみ》にましますものとして命名したのではなかったのだということになる」。

その一九四頁以下には、次のように書いてあります。

「カミの実例を見ることとする。カミといえば、『雷』をさすことが極めて多い。奈良時代にも『伊香保嶺《ね》にかみな鳴りそね』（万葉三四二一）などと歌われているし、平安時代には、カミが雷鳴をあらわす例は随所に見られる。このことはカミの意味を考える上で重要なことと思われる。次にカミとして指されるものは、虎とか蛇とか狐とかの恐るべき動物である。『韓国《からくに》の　虎とふ神《かみ》を　生け取りに　八頭《やつ》取り持ち来《き》……』（万葉3885）では、虎を神といっている。また、『狐はさこそは人をおびやかせど……鬼かかみか、狐か木魂か』（源氏・手習）においては、カミは鬼や狐、木魂など、妖怪の仲間として扱われている。オホカミ（狼）もまたカミの一種であった。こうしたカミの他に山や坂、川、海、道などの境界を領有してそこに鎮座し、通行する人間に威力をふるうカミがある。中略。しかも、山や海などを領有するこれらのカミについて広く認められているのは、そのカミは普通はその姿を人間に示さないということである。これはカミがウツソミ・ウツセミ（此の世の人）との対照で使われる場合に明確になる」。

その一九六頁以下には、次のように書いてあります。

「こうした支配者という意味をもつカミ、通行の道を領有し支配するカミの性格は、天つ神、国つ神という場合にも現われている。アメとクニの支配者としてのカミは、人間と同様に行為し、行動し、人間界を支配する。アメに住むカミたちが地上に降下して来たという伝承は、日本の神話の中心部を構成し、天皇家のみならず、臣下の人々の中にも、祖先が天から降下した一群のカミにつらなるものは少くない。このカミたちは、神代以来の連綿たる系譜を形成し日本の歴史の最初の部分を占め、日本の支配層を形成した。そして天武天皇の時代に至ると、天皇をもってカミと見なす思想が現われる。つまり形を見せずに、領有と支配を行って来たカミ、また、特別のヤシロなる領域を設けて、そこに祭壇をつくり、物を供えて畏敬恭順の意を表わす対象として、幽界の観念上の存在であったカミ、それを顕界の存在者に投影して、天皇をカミと見る考えが行われるようになったのである。

・大君は神にしませば天雲の
　雷《いかづち》の上に廬《いほ》らせるかも（万葉２３５）

この柿本人麿の歌は『大君は神にましますので、

雷山《いかづちやま》の上に廬《いおり》しておいでである』というのであるが、雷がカミと一般に言われていたことを思えば『雷《いかづち》の上』という表現は「カミの上」ということであって、天皇はあの恐るべき雷《カミ》にもまして威力を持って、その上にましますカミであるという意味であった。これらのカミが、カミの古い意味である。ここに通じて見られる一つの特性はカミが、人間によって、好まれ、親しまれ、愛される存在でないということである。それは、恐怖、畏怖、畏敬の対象ではあっても、人間的な交渉を持つ対象とは全然思われていない。雷、猛獣から始まって、山や川の通行をおびやかす存在とされており、支配者としてのカミも、恐しい存在としか把握されていない」。

以上のようなことを書いてあるのですが、では、カミとは、いかなる語源でいかなる意味なのかということについては、なにも説明されていません。つまり、カミの語源とその意味は分からないようなのです。

そこで、その語源と意味を披露しますと、漢和辞典をひもといて頂くとお分かりのように、一音節読みで、綱はカンと読み動詞では「統治する、支配する」の意味、秘はミと読み「神秘的な」の意味があります。つまり、カミは**綱秘**であり、直訳すると**「支配する神秘的な（存在）」**の意味になり、これがこの言葉の語源と思われます。

42 カラダ（体・身体）

体は、漢語の一音節読みでティと読み、日本語の音読でタイ、訓読でカラダと読みます。身体は漢語の一音節読みでシェンティ、日本語の音読でシンタイ、訓読では体と同じくカラダと読みます。

そもそもの漢語においては、広義では身と体は同義とされており生命体の全体のことを指しますが、狭義では身は「頭と体幹」のこと、体は四肢、つまり、「手足」のこととされています。したがって、狭義では身体となって始めて、全体を指すことになります。

さて、語源の話に移りますと、一音節読みで、躿はカン、躴はランと読み、共に「カラダ（身体）」の意味があります。蛋はダンと読み、動物の身体の一部または全体の意味でも使われます、つまり、カラダとは、同じ意味の字を三つ重ねた**躿躴蛋**の多少の訛り読みであり**「身体」**の意味であって、これがこの言葉の語源と思われます。

カラダの語源となっている漢字を点検してみると、躿は「康＋身」になり「健康な身」、躴は「良＋身」になり「良好な身」の意味になります。中日大辞典（愛知大学編）の「身」の欄には「からだ（健康）」と書いてあるのは、カラダは、そもそもは「健康な身体」の意味でつくられたことを示しているのかも知れません。

43 カワ（皮）

大言海によれば、皮とは「動物や植物の体の表面を包むもの」と説明されており、平安時代の和名抄に「皮、体ヲ被フナリ、賀波」と書いてあります。

一音節読みで、筐はクァンと読み「完全に包装する、すっぽり包む」の意味、綰はワンと読み「着ている、身に付着している」の意味があります。

つまり、カワとは、**筐綰**の多少の訛り読みであり、直訳すると「すっぽり包んで、身に付着している（もの）」の意味になり、表現を少し変えていうと**「全身を包んで付着している（もの）」**になり、これがこの言葉の語源と思われます。

また、崗は、清音読みでカンと読み「とても良い、素晴らしい、美しい」などの意味、婉はワンと読み「美しい」の意味があります。つまり、カワは崗婉の多少の訛り読みであり**「美しい（もの）」**の意味になり、これもこの言葉の語源で掛詞と思われます。まとめると、**「全身を包んで付着している美しい（もの）」**になります。

動物というのは、皮があるからこそ見た目が美しいのであり、皮を剝いでしまったら生きることもできませんが、実に、醜いものになるのです。

44 キズ（傷）

大言海には、傷について、人体については「斬リ、突キ、又ハ、撃タレナドシテ、皮肉ノ、破レ損ジタル処」、物体については「物ノ、毀レ、裂ケナドシタル処」と説明してあります。

大言海によれば、平安時代の字鏡に「玦、支須」、和名抄に「痍、岐須」と書いてあります。一音節読みで、玦はチュエと読み「欠けや傷のある玉」のことを指します。痍はイと読み「傷」のことです。以前は、戦争で傷ついて身体の一部を欠損したり不自由になった人のことを傷痍軍人《しょういぐんじん》といいました。

一音節読みで、創はキと読み「切る」の意味があります。毒はドやヅ（ズ）と聴きなせるように読み動詞では「傷つける、傷つく」の意味があります。つまり、キズとは、**創毒**であり直訳すると**「切って傷ついた（部分）」**の意味になり、これがこの言葉の語源と思われます。

45 ギッチョ

この言葉を聞いたことがありますか。「おれの彼女はギッチョだよ」などといいます。ギッチョとは、本来は左ギッチョといい、「左利《き》きの人」のことです。左利きとは、利き腕が左手であることをいいます。

なぜ、本来は左利きの人かというと、一音節読みで、者の字は、清音読みでチョやチェ、濁音読みではゼやザと聞きなせるように読むからです。

例えば、「太っちょ」とは、「太っ者《チョ》」で、太った人のことです。
「左利き」という言葉において、利はキと読んでいますが、その濁音読みがギッチョのギなのです。しかしながら、利はキやギとは読み得ないのに、なぜそのように読むのかという新たな問題がでてきます。

利には「鋭利である、切れる」の意味があり、この意味の場合は、一音節読みでギと読み「切る」の意味である劊の読みを転用してあるのです。「切れる」という言葉は、「頭が切れる」と使うように「良くできる」の意味でも使います。

したがって、左ギッチョとは、漢字で書いたときの左利者、つまり、**左劊者**を促音便もどきの読みにしたもので、直訳すると**「左（手）が良くできる者」**の意味であり、これがこの言葉の語源と思われます。

本来は、右利きの人は右ギッチョ、左利きの人は左ギッチョといい、漢字だけで書くと、右利者と左利者になり、直訳では右手が切れる者と左手が切れる者の意味になります。しかしながら、大抵の人は右利きで、左利きの人は極めて珍しいので、単に「ギッチョ」とだけいうときは、特に左利きの人をいうようになっているのです。

46　キモ（肝）

肝とは、肝臓のことですが、五臓の中では、とりわけ大切な臓と見做されていたようであり、「肝要」や「肝心」の熟語があります。大言海によれば、万葉集の長歌の中で、「伎毛」と書かれて詠まれています。

・・・わが肉《しし》は　御鱠《みなます》はやし　わが伎毛も
御鱠はやし・・・（万葉3885）

また、平安時代の和名抄に「肝、岐毛」と書いてあります。

さて、語源の話に移りますと、漢語辞典をみると、一音節読みで貴はキと読み「貴重な、重要な、大切な」の意味があるとされています。

聖徳太子が十七条憲法の中で使っている「和を以って貴しとせよ（以和為貴）」という文句における貴は、同じような意味で使われています。猛はモンと読み「とても、非常に、著しく」の意味があります。つまり、**キモ**とは**貴猛**であり、直訳すると「大切さが、とてもである（部分）」、逆にして表現すると**「とても大切な（部分）」**の意味になり、これがこの言葉の語源と思われます。

47 クシャミ（嚔）

クシャミは、人間を含めて、動物の鼻の粘膜が刺激を受けて、反射的、瞬間的に、肺から口を通じて多量の空気を音をだして排出する現象をいいます。通常は、勢いよく口から「ハクション」のような声をだします。

大言海には「今ハ、はなひりヲくさめト云ヒ、音ヲ転ジテ、く志ゃみトモ云フ。ハクショ」と説明してあります。また、鎌倉時代の徒然草の第四十七段に「老いたる尼の行き連れたりけるが、道すがら、『くさめくさめ』と言ひもて行きければ・・・」、江戸時代の世話焼草（明暦）に「月ニくさめヲ、スル鼻毛抜」、淀鯉出世瀧徳（寛永）に「鼻ノ穴へ胡椒入レテ、く志ゃみシテ」とでていることが紹介されています。

一音節読みで口はコウと読み「くち」の意味ですが、日本語では口舌《くぜつ》におけるようにクとも読み、すでに万葉仮名ではクと読まれています。

涎はシィアンと読み「吐く、吐き出す、激しく吐く」などの意味です。鳴はミンと読みそもそもは「鳴く」の意味ですが、ここでは動詞で「音を出す」の意味になります。つまり、涎鳴はシィアンミンと読み「音を出して吐く」の意味になります。したがって、クシャミは、**口涎鳴**の多少の訛り読みであり直訳すると**「口から音を出して吐く（こと）」**の意味になり、これがこの言葉の語源と思われます。

　また、クサメは**口涎鳴**の音便読みに過ぎず、クシャミと同じ語源で同じ意味と思われます。なぜならば、鳴は雷鳴《らいめい》におけるようにメイとも読むからです。

48　クソ（糞）

大言海には、次にように説明してあります。「**くそ**（名）糞・屎　腸、胃、ノ中ニテ消化《コナ》レタル食物ノ滓《カス》ノ、肛門ヨリ出ヅルモノ。ハコ。ババ。糞《フン》。大便」。

　また、日本書紀（神代紀上）に「送糞、此云、倶蘇摩屨《クソマル》」、和名抄に「糞、屎、久曾」とあることが紹介されています。

漢語の一音節読みでは糞はフェンと読むのですが、日本語の音読ではフンと読み、訓読ではクソと読みます。

　一音節読みで、酷はクと読み「程度が甚だしいこと」を表現するときに、「とても、非常に、著しく、ひどく」などの意味で使われます。餿はソウと読み「腐っている」の意味があります。大便は、食べたものが発酵している状態、つまり、腐っている状態のものをいいます。したがって、クソとは、**酷餿**であり、直訳すると**「ひどく腐っている（もの）」**の意味になり、これがこの言葉の語源と思われます。

　また、臊はソウと読み「臭い」の意味があります。つまり、クソは**酷臊**の多少の訛り読みであり**「とても臭い（もの）」**の意味になり、これもこの言葉の語源で掛詞と思われます。掛詞を合わせていうと、**「ひどく腐っている、とても臭い（もの）」**の意味になります。

　糞をクソと読むのは、酷餿と酷臊の読みを、その訓読に転用してあるのです。

49　クチ（口）

クチは、漢字で口と書き、大言海には「顔ノ下ノ方ニテ、脣《クチビル》ヨリ喉ニ通フ穴。中ニ歯、舌アリ、物ヲ言ヒ、又、食ヲ受ク」と説明してあります。つまり、口は発声器官であり、かつ、飲食器官であると説明してあります。

古事記において、神武天皇の長髄彦《ながすねひこ》の条に「句致」と書かれて、「みつみつし　来米《くめ》の子等が　垣下《かきもと》に　植ゑし椒《はじかみ》　句致疼《ひひ》く　吾《われ》は忘れじ　撃ちてし止まむ」（歌番一三）とでています。岩波書店の古事記（岩波文庫）では、「句致」を「口」と書替えてあります。

また、大言海によれば、平安時代の栄花物語に「ソノヲリノ事、今ノ世ノ事ト、同ジくちニ云フベキナラネバ・・・」とでています。

漢語の一音節読みでは、口はコウ、嘴はツゥイと読み、共にクチの意味です。漢語では、身体器官の一つとしての意味での口は文体語であって、人間のものに対しても日常語としては嘴が使われます。口は、日本語では口舌《くぜつ》におけるようにクとも読み、すでに万葉仮名ではクと読まれています。

この同じ意味の文体語と日常語の二字を結び付けた口嘴は、コウツゥイと読めることになるのですが、日本語読みでは多少訛り読みしてクチになります。つまり、クチは**口嘴**の多少の訛り読みであり**「口」**の意味になり、これがこの言葉の語源と思われます。日本語の訓読では、嘴はクチバシと読んで通常は動物に使われます。

また、漢和辞典をみると、口には「のみくい、飲食」の意味があると書いてあります。喫の簡体字は吃ですが、チと読み「食べる」の意味です。つまり、クチは、**口吃**であり直訳すると**「飲食して食べる（部分）」**の意味になり、これもこの言葉の語源と思われます。

更に、咕はク、嘰はチと読み共に「話声《はなしごえ》などの音声をだす、ぺちゃくちゃしゃべって声をだす」の意味があります。つまり、クチは**咕嘰**であり直訳では**「話声など音声をだす（部分）」**の意味になり、これもこの言葉の語源で掛詞かも知れません。まとめると**「口部で、飲食して食べる、話声などの音声をだす（部分）」**になります。口は発声器官と飲食器官を兼ねているので、このような意味になるのです。結局のところ、その語源は、**口嘴**、**口吃**、**咕嘰**の掛詞であると思われます。

なお、余談ですが、一音節読みで食物における物はウと読みます。口の字は、そもそもは名詞ですが、動詞と考えると「口にする」の意味になります。日本語の訓読で、食の字を**「食《く》う」**と読むのは**口物**のことであり、直訳では**「物を口にする」**の意味になり、これがこの読みの語源と思われます。

更に余談をしますと、嘴は、漢語の一音節読みでツゥイと読み口の意味であることは上述しましたが、日本語では動詞で使うときは、「嘴《ついば》む」と読み「鳩が豆を嘴む」のように使われます。飯は、一音節読みでハンと読み、動詞で使うときは「食べる」の意味があります。その濁音読みはバンになります。牟はムと読み活用語尾となる語気助詞です。つまり、日本語で、嘴を**ツイバム**と読むのは、**嘴飯牟**の多少の訛り読みであり、直訳すると**「口で食べる」**の意味になり、これがこの言葉の語源と思われます。

なお、以上から分かることは、例えば、口、目、顔の例のように、漢語の日常語では使用されない同じ意味の文体語を日本語として使用する傾向があります。漢語では、日常語の嘴、眼、臉に相当する文体語は口、目、顔とされています。

したがって、漢語で嘴、眼、臉というところを、日本語では口、目、顔を使うのです。

50　クチビル（唇・脣）

唇は、漢語の一音節読みでチュンと読みますが、日本語の訓読ではクチビルと読みます。クチビルのクチとは口のことです。平安時代の和名抄に「脣、久知比留」と書いてあります。

クチは口のことであるとして、一音節読みで、炳はビンと読み「鮮明な、鮮やかな」、濡はルと読み「濡れる、濡れている」の意味があります、つまり、クチビルは、**口炳濡**の多少の訛り読みであり、直訳すると**「口部で、鮮やかに、濡れている（部分）」**の意味になり、これがこの言葉の語源と思われます。

なお、大言海によれば、シナの後漢時代の釈名に「脣、口之縁《ヘリ》也」、大言海自身には「口縁《クチベリ》ノ転」と説明してあります。縁は、日本語の訓読ではヘリともフチとも読みます。

ただ、確かに、唇は口の縁にあるとしても、ビルとヘリとでは音声が隔たり過ぎることから、日本語の訓読語であるクチビルのビルの語源は、必ずしもヘリやベリの転であるとは思われません。

つまり、クチビルの語源は、口縁《くちべり》の転ではないらしいということです。日本語と漢語では、クチビルの捉え方が異なっているのです。

このことは、「ゴンドラの唄」（吉井勇作詞・中山晋平作曲）という日本の歌謡曲に次のような歌詞があることからも推察されます。語源における「鮮やかに」と歌詞における「紅き」とが対応しているのです。

命短し恋せよ乙女
紅き唇褪《あ》せぬ間に
赤き血潮の冷えぬ間に
明日の月日は無ひものを

51 クビ（頸）

クビは、頭と胴体をつなぐ細くくびれた部分のことをいいます。クビは、そもそもの漢語では頸と書きます。頸は、漢語の一音節読みでチンと読みますが、日本語では音読でケイ、訓読でクビと読みます。

平安時代の和名抄に「頸、頭茎ナリ、久比」と書いてあります。和名抄に頭茎と書いてあることに、クビという音声語の語源があると推測されます。一音節読みで、骨はクと読み「骨」の意味であり、柄はビンと読み「茎」の意味があります。つまり、クビは、**骨柄**の多少の訛り読みであり、直訳すると「骨の茎（部分）」ですが、表現を変えていうと**「骨のある茎状（部分）」**の意味になり、これがこの言葉の語源と思われます。

クビには肉もあるのですが、語源上はそのようになっています。人間をはじめとする動物の身体の骨組みは、その多くは、頸を境目として頭部と胴体部とに大きく二分されています。そして、人間の場合、頸は円筒状、つまり、茎状になって直立しています。したがって、身体のこの部分に位置する頸を、骨柄《クビ》、つまり、「骨の茎」と見做してクビと読むことにしたのだと思われます。

現在の日本語では、鎌倉時代頃からのようですが、「頸」の替わりに「首」の字が使われるようになっています。ただ、首は、首都、首相、首長、首席、首尾などの熟語があることからも分かるように、本来は頭という意味の字です。首肯《しゅこう》とは、頭を上下して、つまり、うなずいて承諾したり許可したりすることをいいます。

なお､余談をしますと､**「クビ」**や**「クビになる」**という文句があり、勤務先などを解雇する、或いは、解雇されることを表現するときに多用されますが、敷衍して、担当職務を外す、或いは、外されるときなどにも使われます。

漢字入りでは、「首になる」と書かれますが、この文句の意味と生身の「首」とはなんの関係もありません。つまり、首は当て字なのです。このことを理解するためには、日本語の特徴の一つは**「当て字言語である」**ということを知っておく必要があります。

一音節読みで、雇をクと読み、動詞では「雇う」、名詞では「雇用」の意味です。閉はビと読み「止《や》める、中止する」、英語でいうところのstopの意味があります。つまり、クビとは**雇閉**であり、直訳すると**「雇用を中止する」**、つまり、**「解雇する」**の意味になり、これがこの言葉の語源です。「クビになる」のような受身でいえば**「雇用を中止される」**、つまり、**「解雇される」**の意味になります。

したがって、「君は来月からクビだ」や「私は去年クビになった」などは、立派に完結した文句だったのであり、現在でも完結した文句なのです。

ところが、語源が明らかにされなかったために、学者からでさえも、クビは生身の「首」のことと解釈されてしまい、「クビ」や「クビになる」だけではなんことか分からない舌足らずの文句と見做されてしまったのです。そこで、解雇について明確な意味にするために、クビを生身の首と見做しての「首を切る」とか「首が飛ぶ」とかの物騒な文句がつくられて、大辞典などで披露されていますが、このような文句は、死刑執行のときのものであって、そもそもは解雇とはなんの関係もないのです。言葉は一定の期間の経過によって変わるとされますが、このように、学者の知識不足によっても変わるのであり、この場合はその典型的な一例といえます。

52 クルブシ（踝）

踝とは、足首のところで、左右に骨が盛り上がっている関節部分のことをいいます。大言海によれば、江戸時代の堀川百首題狂歌（寛永）に「富士三里、ドットサガリテ、タツ鳥ノ、くるぶしナレヤ、足柄ノ山」という歌が詠まれているとされるので、この頃につくられた言葉かも知れません。

一音節読みで、弧はクとも読み「円弧になった、丸くなった」、輪はルンと読み「輪になった、丸くなった」の意味があります。つまり、クルとは、弧輪であり「丸くなった」の意味と思われます。阜はフと読み「丘、岡、盛り上がった所」、形はシンと読み「姿、形、姿形」の意味です。つまり、ブシとは阜形の濁音訛り読みであり「盛り上がった形」の意味と思われます。したがって、クルブシとは、**弧輪阜形**であり直訳すると、**「丸くなって、盛り上がった形の（部分）」**の意味になり、これがこの言葉の語源と思われます。

なお、**「節」**の字は、一音節読みでチィエと読むのですが、日本語でフシと訓読するのは、阜形のことであり**「盛り上がった形（の部分）」**の意味と思われます。

53 ケ（毛）

毛の字は、日本語の音読ではモウ、訓読ではケと読みます。一般的には、動物のみならず植物を含めて、生物の体表や体内に生える糸状物を指すのですが、狭義では、哺乳動物の皮膚に生えるものを指す場合が多いようです。人間の場合は、頭髪を始めとして、顔部のひげ（鬚・髯・髭）、腋毛、胸毛、脛毛、鼻毛、耳毛、陰毛などが主なものですが、その他の体毛もあります。

毛の際立った特徴は、一般的には、生命体が生きている間中、正確には命はなくなっても肉細胞が生きている間中、常に伸び続けるということです。

大言海によれば、平安時代の和名抄に「毳、爾古計」、名義抄に「⿰甚毛、ニコゲ」と書いてあります。計やゲとは毛のことであり、爾古計やニコゲとは、「細くて柔らかい毛」という意味です。

一音節読みで、亘はケンと読み「延伸する、伸びる、伸び続ける」の意味があります。つまり、ケ（毛）とは、亘の多少の訛り読みであり**「伸び続ける（もの）」**の意味であって、これが毛をケと読むときの語源と思われます。

　主として、頭髪や顎《あご》ひげなどを念頭にしてつくられた言葉のようであり、訓読言葉というのは、一音節の言葉でも意味があるのです。

　なお、「日本語の起源」（大野晋著・岩波新書）の一八六頁には、次のように書いてあります。「『毛（け）』という単語は、白髪《しらが》のカが古形と思われるが、それは鬣《たてがみ》の朝鮮語 kalki と同源らしく、オスマン-トルコ語の毛 kil、フィンランド語 karva などに類似の単語があるとすべきかと思われる」。

　しかしながら、シラガは頭に生える「白い髪の毛」のことですが、シラガのガがケ（毛）という単語の古形とは思われません。なぜならば、先ずは音声が異なり過ぎること、次には歓迎されない嫌なものであるシラガのガが、反対にむしろ歓迎される好ましいものであるケ（毛）の古形である筈がないからです。また、日本語のケ（毛）が、朝鮮語（カルキ kalki）以下、オスマン-トルコ語（キル kil）やフィンランド語（カルヴァ karva）と類似する単語とも思われません。

　広辞苑（第七版）には、「**しらが**【白髪】（「か」はケ（毛）の古形」と断定して書いてあります。このように、広辞苑というのは、他の高名な学者が推量で書いていて、まだ確定もしていないものを断定して書くという悪い習癖のある辞典であり、日本語の意味を誤解したものにし続けている辞典といえます。

　上述の「日本語の起源」の一〇八頁には、言語学者である元大阪高等学校教授C・Kパーカー氏による、次のような記述が紹介されています。「これまで日本語が朝鮮語・アルタイ語系に属すると主張した人たちは、日本語の満足な比較文法をも、語原辞典をも、我々に提供することが出来なかった。この失敗は何によるかといえばそれは彼らが朝鮮語・満州語・蒙古語などの分野の探索において、十分に周到でなかったか、または日本語が全体として、または大部分、それらの言語の系統に属するという、彼らの信念が間違っていたのかによるだろう」。しかしながら、ここで指摘されていることは、朝鮮語・満州語・蒙古語などのアルタイ語系だけでなく、東南アジア語系やその他の語系についてもいえることなのです。

余計なお節介かも知れませんが、日本語の起源や語源については、朝鮮語説、ウラル・アルタイ語説、アルタイ語説、東南アジア語説、或いはその他言語説と決別しないことには解決できないのであり、将来においても、そのような説からなんらかの成果が得られることはあり得ないと憶測されます。なぜならば、**「すべての仮名言葉、つまり、純粋な日本語とされるすべての大和言葉は漢字を素材としてその音声と意味を利用してつくられている」**ことは、ほぼ間違いないと思われるからです。このことについては、本書後編の「新音義説」をご参照ください。

54 **ケガ**（怪我）

漢字では怪我と書きますが、「怪しい我」というのでは意味不明なので、これは当て字ということです。

怪我について、大言海では「（一）図ラズ、傷《キズツ》キタルコト。過傷（二）転ジテ、思ハヌアヤマチ。粗相。過失」と説明してあります。

また、大言海には、室町時代の史記抄（文明）に「太閤、禅閤、出処ハアルマイゾ、文章ナンドニ書イタラバ、けがデアロウゾ」という記事がでており、江戸時代の吾吟我集《ごぎんわがしゅう》（慶安）に「人知レズ　転ビテツキシ　向傷《ムカフキズ》　癒エヌル跡ヤ　けがノ功名」と書かれていることが紹介されています。

一音節読みで、根はケンと読み、副詞では「根本的に、徹底的に」の意味ですが、程度が甚だしいことを表現するときに「とても、非常に、著しく」などの意味でも使われます。柢はガと読み「処理困難な、始末に負えない、困った」の意味です。

つまり、ケガとは、**根尲**の多少の訛り読みであり、直訳すると**「とても困った(こと)」**の意味になり、これがこの言葉の語源と思われます。

　大言海には「転じて」(二)「思ハヌアヤマチ。粗相。過失」の意味があると書いてあり、また、上述の史記抄の記述から推測すると、室町時代には「とても困った(こと)」の意味であったものが、吾吟我集の記述から推測するところ、江戸時代に至って身体上の「傷」の意味にも解釈されるようになったもののようです。したがって、そもそもの意味上は、必ずしも、身体上の「傷」ということではなかったのではないかと思われます。

55　ケツ(尻)

　大言海に「**けつ**(名)尻‖　尻ノ穴《アナ》ノ音読ヨリ移リタル語カ、卑語ニ、肛門ヲけつめご卜云フ」と説明してあります。

　最近の大辞典では、「尻」と「穴」の双方を共に「ケツ」と読んでありますが、ケツに尻と「尻の穴(つまり、肛門)」との二義があるということは、語源も二つあるということです。

　尻《しり》のことをケツという場合、一音節読みで、根はケンと読み「根元、根底、基部」、足はツと読み、「足元、根底、基部」の意味があります。つまり、ケツとは、**根足**の多少の訛り読みであり、直訳すると**「根底(部分)」**の意味ですが、意訳して具体的にいうと**「胴体部の根底(部分)」**の意味になり、これがこの言葉の語源と思われます。

　また、ケツは「尻の穴」、つまり、肛門を指す場合もあります。一音節読みで、突はツともトとも聴きなせるように読み、漢語辞典によれば、「洞穴」の意味があると書いてあります。したがって、「尻の穴」を指す場合には、ケツは根突であり、直訳すると「根底の洞穴」ですが、意訳して具体的にいうと**「胴体部の根底の穴(部分)」**の意味になり、これがこの言葉の語源と思われます。

ケツという音声語は、語源もしっかりした言葉であり必ずしも卑語となる理由もないと思われます。なお、漢語の一音節読みでは、尻はカオ、穴はシュエと読みます。

56 **ゲップ・オクビ**（噯・噯気）

胃の中に溜まった空気が喉を衝いてでてくる現象をいいます。お母さんはよくご存知のように、乳児にはよく見られる現象です。

大言海には「**オクビ**（名）噯 胃ニ溜レル空気ノ、喉ヲ衝キテ出ヅルモノ。ゲップ。」と説明してあります。

気は、そもそもの漢語の一音節読みではチと読みますが、日本語では古く万葉仮名でもケやゲと読まれており、空気の意味があります。一音節読みで、吐はツともトとも聴きなせるように読み「吐く」、逋はプと読み「逃走する、逃げる、逃がす」の意味があります。つまり、**ゲップ**とは、**気吐逋**の多少の訛り読みであり直訳すると**「空気を吐いて逃がす（こと）」**の意味になり、これがこの言葉の語源と思われます。

大言海には、オクビは漢字では「噯」と書いてありますが、噯は「吐く」の意味、英語でいうところの「vomit」という意味の字です。

一音節読みで、嘔はオウと読み嘔吐という熟語で使われており「吐く」の意味があります。呴はコウと読み「息を吐く」、泌はビと読み分泌という熟語で使われており、そもそもは「勢いよく出る、勢いよく出す」の意味です。つまり、**オクビ**は、**嘔呴泌**の多少の訛り読みであり、直訳すると「吐く、息を吐く、勢いよく出す」になりますが、この三漢字の意味を集約していうと**「息を吐き出す（こと）」**の意味になり、これがこの言葉の語源と思われます。

57 ゲンコツ（拳骨）

ゲンコツはコブシ（拳）と同じ意味ですが、五本の手指を握り固めたものなので、ニギリコブシともいいます。また、ゲンコ（拳固）ともいうとされています。大言海には「多クハ、人ヲ殴《ウ》ツニ云フ」とあり、「げんこデ頭ヲ殴《ハ》ル。げんこつヲ食《クラ》ハセル。」などの使用例が挙げられています。

艮は、一音節の清音読みでケン、濁音読みでゲンと読み「堅い」の意味があります。固はクともコとも聴きなせるように読み「固《かた》い」の意味です。子はツと読み、名詞語をつくるときに、特には意味のない語尾字として使われます。

つまり、ゲンコツは**艮固子**、ゲンコは**艮固**であり、共に**「堅固なもの」**の意味になっており、これがこれらの言葉の語源と思われます。

拳は、清音読みでケンとは読んでもゲンのように濁音では読まないのに、拳骨や拳固においては濁音読みになるのは、そもそもの意味が艮のことだからです。

58 ココロ（心）

この言葉は、肉体としての身体を指すというよりも、人間の精神を指す抽象的な言葉であり、形而上の言葉、或いは、哲学的は言葉といえます。英語ではハート（heart）といいます。

漢字では、一般的には「心」と書きます。心は、漢語の一音節読みや日本語の音読ではシンと読み、訓読でココロと読みます。万葉集では、情の字をココロと読んであります。

・わが情《こころ》焼くもわれなり愛《は》しきやし
　君に恋ふるもわが心から（万葉３２７１）

この歌の大意は、日本古典文学大系「萬葉集三」（岩波書店）では、「自分の胸をこがすのも私だし、ああああ、お前さんへの恋に苦しんでいるのも私の心によることなのだ」と説明してあります。

一音節読みで、悾はコンと読み「誠、誠心、真心《まごころ》」などの意味であり、漢語では普通には二字語の悾悾にして使われます。柔はロウと読み「柔和な、優しい」の意味があります。つまり、ココロとは**悾悾柔**の多少の訛り読みであり直訳すると**「真心からの優しさ」**の意味になり、これがこの言葉の語源と思われます。日本人は、漢語から導入した「心」や「情」という漢字に対して、日本語としてココロという言葉をつくったのです。

広辞苑（第七版）には、「**こころ**【心】禽獣などの臓腑のすがたを見て、『こ（凝）る』または『こごる』といったのが語源か。」と訳の分からないことが書いてあります。この辞典が、どうしてこうなるかというと、一般的に自身の考えや推考が乏しく、他辞典や他学者などの説、この言葉の場合は大言海説を参考にしているからです。広辞苑が剽窃《ひょうせつ》辞典と揶揄される理由もその点にあります。

大言海には、「**こころ**（名）心〔凝り凝りノ、ここり、こころト転ジタル語ナリ、サレバ、ここりトモイヘリ〕」と書いてあります

万葉集には、次のような歌が詠まれています。

・群玉《むらたま》の樞《くる》に釘刺し固めとし
　妹が去去里は揺《あよ》くなめかも（万葉４３９０）

日本古典文学大系「萬葉集四」（岩波書店）では、この歌での「去去里」を「心《こころ》」と書き替えて振仮名してあり、この歌の大意は「樞《くる》に釘をさして扉を固くするように、しっかり固めた吾妹子の心は、私の留守に動揺するだろうか」と説明されています。

つまり、万葉時代には、ココロという言葉はまだ確定的に固まったものではなく、ココリという人もいたということです。一音節読みで、麗はリと読み「美しい」の意味なので、ココリは**悾悾麗**

であり直訳すると**「真心からの美しさ」**の意味になり、ココロ（心）はそのような意味でも考えられていたことが窺われます。

59 コシ（腰）

腰は、人間の胴体部と下肢部を繋ぎ、本体部の身体を折り曲げることのできる場所であり、その機能的な動作をする上で極めて重要な役割を果たしています。平安時代の和名抄に「要、或ハ腰ニ作ル、和名古之」と書いてあります。

腰の字における月は、肉月偏《にくづきへん》といわれるもので肉体のことを指します。要には「要所」の意味があり、それを身体に適用して「腰」の字体がつくられているのです。したがって、腰の字には「身体の要所」の意味が含まれているのです。

一音節読みの清音読みで、共はコンと読み、漢和辞典によれば、「共にする、合する、結合する」の意味、繋はシと読み「繋《つな》がる」の意味があります。つまり、コシは**共繋**の多少の訛り読みであり**「結合して繋がる（部分）」**の意味になり、これがこの言葉の語源と思われます。

また、一音節読みで、弓はコンと読み「弓」のことですが、敷衍して「弓状のもの」や「湾曲部分」の意味があります。漢語で「弓弓」という熟語がありコンコンと読み、昔、中国で行われた纏足《てんそく》によって、弓状に湾曲して小さくなった女性の足のことをもいいました。形はシンと読み「姿、形、姿形」の意味があります。つまり、コシとは、**弓形**の多少の訛り読みであり、直訳すると「弓の形となる（部分）」、表現を変えると**「湾曲する（部分）」**の意味になり、これもこの言葉の語源と思われます。

更に、一音節読みで、効はコンと読み「効用、効力、効果、効能」などの意味、使はシと読み「使用する」の意味があります。つまり、コシは**効使**であり直訳すると「効果的に使用する部分」、短縮すると**「効用する（部分）」**の意味になり、これもこの言葉の語源で掛詞と思われます。三つの掛詞を合わせると**「結合して繋がる、湾曲する、効用する（部分）」**になります。

多くの言葉は、はるか平安時代にはつくられているので、どれがほんとうの語源かは分からないのです。したがって、今となっては推測するしかないのであり、ここに掛詞として挙げた三つの語源のどれか一つとして、或いは二つとして、或いは三つ全部として付けられたかは分からないといえます。

60　**コブ**（瘤）

コブは漢字では瘤と書きます。大言海には「病ニ因リテ、皮膚ニ、肉ノ、円ク堆《ウヅタカ》クナリ、塊ヲナスモノ。大小、様様ナリ、痛マズ、痒《カユ》カラズ、固定ス」と説明してあります。

棍棒や拳骨などで頭などを殴られたときなどにできるものと、なんらかの病で身体の部分が丸く膨らみ、或いは、突起してできるものとがあります。頬にできるものは通称「瘤取り爺さん」の話の中にでているもので、鎌倉時代頃の作とされる宇治拾遺物語に「右の頬に大なるこぶある翁ありけり」という記述があります。

一音節読みで、疙はコと読み、皮膚上などにできる「球形状に膨らんだもの、丸く膨らんだ突起物」をいいます。部はブと読み「部所、部分」のことです。つまり、コブとは**疙部**であり、直訳すると**「丸く膨らんで突起した部分」**の意味になり、これがこの言葉の語源と思われます。

61　**コブシ**（拳）

大言海には、「**こぶし**（名）拳‖　五ツノ指ヲ掌ノ中へ曲ゲテ、握リタルモノ。ニギリコブシ。ゲンコ。（平手ニ対ス）」と説明してあります。

　また、平安時代の和名抄に「拳、手ヲ屈スルナリ、古不之」、天治字鏡に「捲、拳ニ同ジ、己夫志」とでています。

　「拳を振り上げる」という表現は「打つ」ことを前提とした動作であり、拳闘（ボクシングboxing）というスポーツがあることからも、拳は「打つ、たたく、なぐる」ためのものとも考えられていたと思われます。

　一音節読みで、礚はコと読み「打つ、たたく」、撲はプと読み「打つ、なぐる」、犀はシと読み「堅固な」の意味があります。つまり、コブシは、**礚撲犀**の濁音読みであり、直訳すると**「打つ堅固な（もの）」**の意味になり、これがこの言葉の語源と思われます。

62　コマタ（小股）

　美しい女の条件の一つに、**「コマタの切れ上がったいい女」**といわれるようにコマタが切れ上がっていることがあります。漢字では小股と書かれます。しかしながら、コマタとは、どんな股のことなのか分かっていないのです。当然のことながら、小さな股のことではありません。いくつかある語源本をみると、コを小のことと解釈してあるために訳の分からない説明になっています。

　一般的に、言葉の真の意味が分からなくなる原因の一つに、当て字の使用があります。この言葉の場合、コマタのコが漢字で「小」と書かれるので、コを「小さい」の意味と解釈してしまうと、謎はいつまで経《た》っても解けないのです。つまり、小股の小は当て字なのです。

　例えば、大言海には「**こまた**（名）小股〔こハ接頭語〕股ト云フニ同ジ」と書いてあります。しかしながら、なぜ、接頭語のコをつけるのか、コとはいかなる意味かという疑問があります。

漢語の一音節読みで股はコともクとも聴きなせるように読むことから、日本語の音読では股はコとも読み、股間《こかん》という熟語があります。コマタにおけるコとは股のことです。

日本語の訓読では、股はマタと読み、胴部から脚部にかけて二叉《ふたまた》に分かれていく境目の空間部分をいいます。

したがって、コマタとは、股の字を音読と訓読とで重ね読みした**股股**《コマタ》に過ぎないものであり、一字でいえば、大言海のいうように**股**《また》のことです。

これは**「日漢畳語」**ともいえるもので他の人体語についてもあります。例えば、頏は漢語の一音節読みでガンと読み首のことなので、首のことを「ガン首」ともいい、毀痩は漢語の一音節読みの多少の訛り読みでギスと読み「痩せている」の意味なので痩せていることや痩せている人のことを「痩せギス」といいます。

このようなことから、「コマタ（股股）の切れ上がった女」とは、「マタ（股）の切れ上がった女」と同義であり、股の位置が身体の上部に位置している女、つまり、**「腰高の女」**のことをいい、これがこの文句の語源と思われます。英語でいうところの「ヒップアップ（hip up）の女」ということになります。

「切れ上がる」という修飾句を使うのは、股の後側では左右の肉部がぴったりとくっ付いており、そこに切れ目を入れたような形になっていることと、その切れ目が股の後側で上方までせり上がっているからです。コマタが切れ上がると、足が長く見えるので外見上は美しく格好よく見えるということですが、実質は「足が長い」ということです。

63　コメカミ（顳顬・蟀谷）

大言海によれば、平安時代の和名抄に「針灸経《シンキュウケイ》ニ云フ、耳以上ノ髪際ニ入ルコト一寸半、二穴有リテ、嚼《シャク》ニ応ジテ動ク、之ヲ蟀谷《シュツコク》ト謂《イ》フ、古米加美《コメカミ》」と書いてあります。

この説明によれば、この言葉がつくられた当時においては、コメカミは、「二穴有リ」とあることから、左右の各一カ所、計二か所で「窪んでいる所」であり、蟀谷とは「美しい谷」の意味ですから、谷の形状から推測して、その一つ目の特徴は「窪んだ」の意味があると思われます。

「嚼ニ応ジテ動ク」とあることからその二つ目の特徴は「口で食物を噛んで咀嚼するときなどに動く所」と考えられていたようです。

一音節読みで､共はコンと読み「共に」の意味、没はメイと読み「陥没した所、窪んだ所」の意味があります。つまり、左右二個所あることからコメは共没で「共に窪んだ（部分）」の意味になります。磕はカと読み「噛み合せる」の意味があります。偭はミンと読み「懸命に働く」の意味ですが、ここでは「しきりに動く」程度の意味と思われます。つまり、カミは、磕偭であり「噛み合わせるとしきりに動く」の意味になります。したがって、コメカミとは、**共没磕偭**の多少の訛り読みであり、直訳すると**「共に窪んだ、噛み合わせるとしきりに動く（部分）」**の意味になり、これがこの言葉の語源と思われます。

なお､広辞苑（第七版）には､「**こめかみ【顳顬・蟀谷】**（米を噛むとき、動く所の意）耳の上部と目尻との間の、物を噛めば動く所。しょうじゅ。（和名抄三）」と説明してあります。しかしながら、和名抄三には、そんなことは書いてありません。

広辞苑の説明によると、コメカミは「米噛み」ということになりますが、米を噛むときだけに動くものではないので、コメカミのコメは米からきたものとは到底思われません。コメカミは、米でなくても、麦でも野菜でも果物でも肉でも食物の種類にかかわらず、或いは､食物を噛まなくても、顎を動かしたり歯を噛み合わせるときには動くのであり、特にコメでなければならない理由自体が納得できそうなものではありません。つまり、広辞苑説は、たまたま米はコメと読むので、その読みを単純に適用した説で、子供でもいいだしそうな幼稚な俗説になっています。

広辞苑の第五版が刊行されていた頃に、【広辞苑の嘘】（谷沢永一・渡部昇一共著。光文社・二〇〇一年十月三〇日発行）という本が出されています。その帯文には**「誤認、誤用、偏向、これでホントに辞書なのか」**とあり、本文の冒頭に「序にかえて　**警戒されよ　信ずるなかれ**　—『広辞苑』は間違いだらけである。記された語釈は要点から逸《そ》れている。うっかり信用したら恥をかく。『広辞苑』は勘違いした説明が多いから、真面目に受け取ろうものなら、手紙や講演などで、頓珍漢を演じるおそれがある。火の用心、広辞苑用心。」と書いてあります。

確かに、本書でも人体語についていくつか挙げていますが、広辞苑（第七版）の語源説は一般語のものも含めて殆んどすべてがインチキ・イカサマ・デタラメであるといっても過言ではないといえそうに思われます。

64　サカヤキ（月代）

漢字では月代と書かれます。大言海には、次のように説明してあります。「足利時代ノ末世ニ至リ、さかやきハ、広ガリテ、一種ノ頭髪風ノ称トナリテ、額髪ヨリ、頂ノ中央ニカケテ、悉ク剃リ去ルコトトナレリ」。

一音節読みで、毵はサンと読み「髪」のことです。髪は二字語にして毛髪ともいい、頭の毛のことをいいます。光はクァンと読み動詞では「なにも無くなる、すっかり無くなる、無くなる」の意味があります。漢語では「把頭髪剃光了」とは、直訳では「頭髪を剃《そ》ってすっかりなくなった」ということであり「頭をつるつるに剃った」ということです。つまり、サカヤキにおけるサカは毵光であり「髪がない、髪の無い」の意味です。

央はヤンと読み「中央」、瑰はキと読み「きれい、美しい、珍しい、美しくて珍しい、珍しくて美しい」などの意味です。つまり、ヤキは央瑰であり「中央の珍しくて美しい」の意味です。

したがって、サカヤキは**毿光央瑰**の多少の訛り読みであり直訳すると**「髪のない、中央の珍しくて美しい（部分）」**の意味になり、これがこの言葉の語源と思われます。

サカヤキは、武士の棟梁、つまり、江戸時代には殿様も結った髪形ですから、「珍しい」ということもありますが「美しい」の意味が含まれているのです。

65　シタ（舌）

舌について、大言海には「動物ノ口中ノ機関、喉ヨリ長ク出デ、物ヲ味フ用ヲナス。人ニアリテハ、兼ネテ、物言フ用ヲナス」と説明してあります。

平安時代の和名抄に「舌、之多」と書いてあります。

舌は、漢語の一音節読みでシェと読みますが、日本語の音読でゼツ、訓読ではシタと読みます。

一音節読みで、食はシと読み名詞では「食べ物」、耽はタンと読み「嗜《たしな》む」の意味があります。つまり、シタとは、**食耽**であり、**「食べ物を嗜む（部分）」**の意味になり、これがこの言葉の語源と思われます。食べ物の場合、「嗜む」とは「味わう」という意味です。

また、漢和辞典をみると、示は一音節読みでシと読み、「訓示する、告示する、啓示する、教示する、指示する」などの行為の際に「言う、話す、語る」の意味があると書いてあります。談はタンと読み「話す、語る」の意味があります。つまり、シタとは、**示談**の多少の訛り読みであり直訳すると「話す（部分）」、少し意訳すると**「話すときに用いる（部分）」**の意味になり、これもこの言葉の語源で掛詞になっていると思われます。ご承知のように、舌を切取ってしまうと、人間は音声による会話はできなくなります。掛詞をまとめると、「食べ物を嗜み、話すときに用いる（部分）」の意味になります。

66　シヌ（死ぬ）

「生命が絶える」、つまり、「死ぬ」という漢字に死と逝とがあります。一音節読みで死はス、逝はシと読みます。死はあらゆる生物に対して使われますが、逝は人間に対してのみ使われます。逝は、二字語にして、漢語では逝世《シシ》、日本語では逝去《せいきょ》といいます。

つまり、シヌとは**「逝《シ》ヌ」**で**「死ぬ」**の意味になり、これがこの言葉の語源と思われます。日本語で死をシと読むのは、逝の読みを転用してあるのです。

なお、関連した言葉で、屍はシと読み「死体」のことです。挪はヌオと読み「移動する」の意味なので、シヌは**屍挪**の多少の訛り読みであり**「死体に移動する」**、つまり、「死ぬ」の意味になり、これが語源かも知れません。

67　シビレ（痺れ）

シビレとは、簡単にいうと、体の各部神経が麻痺することをいいます。

大言海には、「**志びれ**（名）痺‖　シビルルコト。シビリ。」、および、「**志びる**（自動下二（一）痺・‖麻痺‖　病ニテ、人ノ、感覚、運動ノ力、無クナル。麻酔『脚気デ、指尖ガ志びる』（二）長座ノ脚ナド、一時、血ノ運行ヲ止メテ、感覚ヲ失ヒ、疼《ウツ》ク如ク痛ム。コレヲ、志びれヲキラス、志びれガキルル、ナド云フ。」と書いてあります。

神は、漢語の一音節読みでシェン、日本語の音読でシンと読み「神経」の意味、痺はビと読み「麻痺する」の意味があります。了は、レやラと聴きなせるようにも読み「完了」の意を表わします。

つまり、シビレは**神痺了**の多少の訛り読みであり、直訳すると**「神経が麻痺する（こと）」**の意味になり、これがこの言葉の語源と思われます。

68　シャックリ（噦・吃逆）

大言海には「さくり（名）吃逆・噦　呼吸運動ノ一変態。横隔膜ノ収縮ヲ急発シ、一種ノ吸息ヲ発ス。今、しゃくり、又、しゃっくりト云フ。」と説明してあり、また、平安時代の和名抄に「噦噫、逆気ナリ、佐久利」、医心方に「噦《サクリ》」と書いてあることが紹介されています。

一般的には、なにかの原因で横隔膜に痙攣が起き、不随意筋が収縮することによる発作とされています。不随意筋なので制御することが難しく、一定間隔で連続して「ヒック」のような音がでます。定期的に、或いは、不定期的に、しょっちゅう発作がでて苦しんだり悩んだりしている人もいます。

発作の都度、鼻から空気を急激に吸い込むので、吃逆や逆気はそのことを指していると思われます。

さて、語源の話に移りますと、シャックリはサクリの促音便読みと思われるので、この言葉がつくられた平安時代の「サクリ（佐久利）」の語源ということになります。一音節読みで嗓はサンと読み、動詞では「呑込む」の意味があります。滾はクンやコンと聴きなせるように読み、本来は「水が盛んに流れる」の意味ですが「続く、連続する」の意味でも使われます。漢語の滾雷《コンレイ》は、「鳴り続く雷」或いは「雷が鳴り続く」という意味の言葉です。また、水が湧き続けることを、「水がこんこんと湧きでる」のようにいいます。「雪やこんこん」（東くめ作詞・滝廉太郎作曲）という唱歌があり、ここでの「こんこん」は「滾滾」のことで、雪や霰《あられ》が「降り続ける」の意味です。日本の大辞典では混混や渾渾と書かれていますが、それはその音読を利用するための当て字です。なぜか、古来、日本語では、語源となる字はださないのです。

雪やこんこん　霰やこんこん
降っても降っても　まだ降りやまぬ
犬はよろこび　庭かけまわり
猫はこたつで丸くなる

戻はリと読み「元に戻る、元に返る」の意味があります。つまり、クリは滾戻の多少の訛り読みであり、直訳すると「連続して元に戻る」ですが、表現を変えると「繰返す」の意味になります。つまり、サクリは**嗓滾戻**であり、直訳すると「呑込みを繰返す」の意味になり、少し言葉を補足すると**「空気の呑込みを繰返す（発作）」**の意味になり、これがこの言葉の語源と思われます。

　この言葉が、なぜ吃逆や逆気と書かれるのかを考えてみます。先ず、吃逆における「吃」の繁体字は「喫」であり、「食べる、飲む」の意味で、喫茶（吃茶）という熟語があります。一音節読みで、吃逆はチニと読み直訳では「飲みが逆である」、表現を逆にすると、「逆に飲み込む」の意味、目的語を入れて意訳すると「空気を逆に飲み込む」になります。次に、逆気はニチと読み直訳では「逆の空気」になりますが、言葉を補足して意訳すると「逆に空気を飲み込む」の意味になります。

　結局のところ、吃逆や逆気とは、本来吐き出すべき空気が逆流している、つまり、「空気を吸込む（発作）」ということだと思われます。

69　シャリ（舎利）

舎利《シャリ》は、仏教語であり、死んだ人の**「火葬骨・遺骨」**のことで、仏様は火葬したと思われ、仏舎利とは仏様の火葬骨のこととされています。

　火葬骨・遺骨としての舎利《シャリ》について、大言海には「**シャリ**（名）舎利〔梵語 **Sarira**（舎利羅）ノ略、又、設利羅トモ書ス、訳シテ、骨身ト云フ〕（一）又、舎利。仏ノ、火葬ノ骨。（二）白キ石ノ名（三）

蚕ノ病ノ名。（四）米粒。秘蔵記、上『天竺ニ、米粒ヲ呼ビテ舎利ト為ス、仏舎利、マタ米粒ニ似ル、故ニ舎利ト曰フ也』（五）死骸ヲ火葬シタル残骨ノ、朽チズシテ、存スルモノ。」と書いてあります。

平安時代に撰述されたといわれる秘蔵記は、仏教書ですが、そこに書いてある舎利と米粒に関する記事は、到底ほんとうのこととは思われません。なぜならば、いくらなんでも、舎利（火葬骨・遺骨）が米粒に似ていることはないからであり、たとえ仏様の骨である仏舎利といえども米粒に似ている筈はないからです。秘蔵記は、シャリという音声が同じであることを奇貨《きか》として火葬骨・遺骨と米粒とを結び付けたのです。秘蔵記の記述を真に受けた形で、現在の大辞典では、「色や形が舎利に似ているところから、白い米粒のことをいう」のような説明になっていますが、これは明らかに詭弁《きべん》説明というべきものです。なぜ、日本の言語・国語学者が、このようなほんとうとも思われない説を採用するかというと、米粒としてのシャリの語源が分かっていないか、或いは、分かっていても明らかにしなくてよいからと思われます。米粒としてのシャリは、特に隠語というほどの言葉ではありませんが、その意味は日本語の大辞典では明らかにされていません。なぜならば、ほんとうの語源のことは明らかにしないというのが、日本の言語・国語学界のしきたりのようだからです。

本書では、秘蔵記に「天竺ニ、米粒ヲ呼ビテ舎利ト為ス。」とあるので、さしあたりの念のため、現在、日本の企業で働いている天竺の人たち、つまり、大学出のインド人たちに尋ねたら、現在のインドで米粒のことをSarira（火葬骨・遺骨）というとは聞いたことがないとのことでした。ただ、インドは広くて人口も多く言語の種類も多いということはあります。

大言海の記述については上述しましたが、その他の二、三の大辞典には、次のように書いてあります。

・広辞林：「**しゃり**【舎利】（本来は梵語）①仏陀または聖者の遺骨。仏舎利。さり。②死骸を火葬にして残った骨の、朽ちずにあるもの。③じゅうぶん成長したカイコが糸を吐き出さないで白く堅くなって死んだもの。④（色・形が①に似ているのでいう）「米つぶ」「白米の飯」の隠語。『銀―』」。

・広辞苑（第七版）：「**しゃり**【舎利】（梵語 **sarira** 遺骨の意）①仏陀または聖者の遺骨。塔に納めて供養し、広く信仰の対象とされた。仏舎利。②死骸を火葬にしたあとに残った骨。③俗に、米つぶ。また、米飯。『銀―』」。

・日本国語大辞典：「**しゃり**【舎利】（名）（梵 **sarira** の音訳。身体、身骨、遺骨などと訳す）①仏語。遺骨。普通、聖者の遺骨、特に仏陀の遺骨をいう。仏舎利。さり。②火葬の残りの骨で砕けたり腐ったりしないでいつまでも残っているもの。③（形が①に似ているところから）米粒。米。また、米飯」。

しかしながら、繰返しになりますが、米粒をシャリというのは、「舎利（火葬骨・遺骨）に似ているところから」とは思われません。なぜならば、ぜんぜん似ていないからです。したがって、米粒としてのシャリは、上述した秘蔵記の叙述にもかかわらず、そもそもは舎利《シャリ》（火葬骨・遺骨）とはなんの関係もないのです。

もし火葬骨・遺骨としての舎利であれば、いくら仏様のものであっても美味しいものも美味しくなくなってしまいそうであり、これは同音異義語であって、火葬骨としての舎利と米のシャリとはまったく関係がないのです。したがって、本来なら、白い米粒のことであるシャリは、漢字では火葬骨・遺骨のことである舎利と書くべきではなく、また、舎利の個所で書くべきでもなく、別項で書くべきものです。

本書で、わざわざ「シャリ」という言葉を取り上げたのは、なぜ白い米粒をシャリというか、その語源と意味とを明らかにしておきたいためでもあります。白い米粒のことであるシャリは、音感も非常によい言葉であり、非常によい意味の言葉なのです。

一音節読みで、香はシャンと読み「美味しい」の意味があります。アユのことを香魚といいますが、ほんとうは「香りのする魚」ではなくて「美味しい魚」という意味です。粒はリと読み「粒《つぶ》」の意味ですが、字体をみても分かるように、その本義は「米粒」のこととされています。

つまり、シャリとは、香粒《シャンリ》の多少の訛り読みであり、直訳すると**「美味しい米粒」**の意味になり、これがシャリという言葉の語源です。

したがって、本来ならば、米粒のシャリは、漢字では香粒と書いて、「**しゃり【香粒】**（美味しい米粒の意）白米。白飯。『銀しゃり』ともいう。」のように説明するとよいのですが、語源を出さないという日本語古来の慣習からすれば、例えば「**しゃり【謝里】**（美味しい米粒の意）白米。白飯。『銀しゃり』ともいう。」とでも書くべきものです。

「香」に「美味」の意味があることは、すべての漢語辞典には真っ先に挙げてあるにもかかわらず、なぜか日本語の殆んどの漢和辞典には挙げられていません。この字のことに限らず、日本の漢和辞典が必ずしも本来の漢語の意味を書いたものでないことは随所にみられます。外国語を学ぶときには、例えば、英語は英英辞典、漢語は漢漢辞典で学んだ方がよいという所以もその点にあると思われます。

70　**シラガ**（白髪）

万葉集に、次のような歌が詠まれています。

・黒髪《くろかみ》に白髪《しらかみ》交り老ゆるまで
かかる恋にはいまだ会はなくに
（万葉５６３）

日本古典文学大系「萬葉集一」(岩波書店)では、この歌での「白髪」に「しらかみ」と振仮名してあります。また、次のような歌が詠まれています。

・わが袂《たもと》まかむと思はむ丈夫《ますらを》は
　變水《をちみづ》求め白髪《しらが》生《お》ひにたり(万葉627)

・白髪《しらが》生《お》ふる事は思はず變水《をちみづ》は
　かにもかくにも求めて行かむ(万葉628)

日本古典文学大系「萬葉集一」(岩波書店)では、この二歌での「白髪」には「しらが」と振仮名してあります。變水《をちみづ》は「若返りの水」のこととされています。前の歌は「私の袂を枕にしようという男子は、若返りの水をお求めなさい、白髪がもう伸びておいでですよ」、後の歌はその返歌で「白髪が伸びているなどということは考えずに、とにかく、お言葉通り若返りの水を求めてから、あなたの許へ行きましょう」という歌意とされています。この二歌の歌意から判断すると、昔から、シラガは好ましいものではなかったらしいことを示しています。

平安時代の字鏡に、「白髪、志良加」と書いてあります。大言海には、「**志らが**(名)白髪(志らかみ(白髪)の略)(一)年老イテ、髪ノ色ノ、白クナレルモノ。シラカミ。白髪《ハクハツ》。」と説明してあります。

「日本語の起源」(大野晋著・岩波新書)には、「『毛《け》』という単語は、白髪《しらが》のカが古形と思われる」とありますが、カミ(髪)という言葉は、「頭を被う美しい毛」の意味ですから、音声も異なっている上に、お互いに反対の意味になるシラガのカがケ(毛)の古形になるとは思われません。

さて、シラガの語源の話に移りますと、一音節読みで、尬はガと読み「処理困難な、始末に負えない、困った」などの意味があります。つまり、シラガは**白尬**の多少の訛り読みであり、直訳すると**「白い困った（毛）」**の意味になり、これがこの言葉の語源と思われます。特に、いつまでも若く見られたい女性にとっては、シラガは困りものなのです。

71　シリ（尻・臀）

尻は、腰の下部にあたり、人が座ると地面や床面に接する身体の部分をいい、そこの重要な器官として肛門があります。したがって、大便（糞《くそ》とも）をする場所でもあります。大言海によれば、平安時代の和名抄に「尻、之利、臀也」と書いてあります。

一音節読みで、屎はシと読み「大便、糞」のこと、里はリと読み「所、場所」のことをいいます。つまり、シリとは**屎里**であり、直訳すると「大便の所」、少し表現を変えると**「大便をする所」**の意味になり、これがこの言葉の語源と思われます。

なお、オシリにおけるオは、単なる丁寧語の接頭語と考えられているためか、どの大辞典にもシリはあってもオシリの項はありません。それは、その編集者が、オシリの語源を理解していないからと思われます。しかしながら、オシリのオは単なる接頭語ではありません。一音節読みで、屙はオと読み、屎や尿を「排泄する」の意味です。つまり、オシリとは、**屙屎里**であり、直訳すると「排泄する大便の所」の意味、表現の順序を入れ替えていうと**「大便を排出する所」**の意味になり、これがこの言葉の語源です。したがって、正確にはシリというよりもオシリというべきものです。オナラやオシメやオムツにおけるオもすべて屙であり同じことがいえます。

72　シワ（皺）

シワとは、縦横に走った多数の細かい波状の凹凸のことをいいます。人の顔や手、衣類、紙類その他のさまざまの物について、例えば、シワシワの顔や手、シワシワの背広、紙をシワシワにする、のように使います。

大言海によれば、皺は、万葉集に「斯和」、古今集には「しわ」と書かれて、次のような長歌の中で詠み込まれています。

・何時《いつ》の間《ま》か　霜の降りけむ　紅の　面《おもて》の上に
何処《いづく》ゆか　斯和が来たりし・・・
（万葉８０４）

・なにはの浦に　たつなみの　なみのしわにや
おぼゝれむ　さすがにいのち
おしければ・・・(古今集　雑体)

大言海によれば、平安時代の和名抄に「皺、之和、皮細起也」、名義抄に「皺、シワ」と書いてあります。枕草子（能因本）二五段の「にくきもの」の欄に「火桶《ひおけ》、炭櫃《すびつ》などに、手のうらうち返しうち返し、しわおしのべなどしてあぶりをる者。」と書いてあります。

さて、語源の話に移りますと、一音節読みで、十はシと読み、「多くの、たくさんの」、細はシと読み「細かい」の意味です。つまり、シワのシは、十と細の掛詞で「たくさんの細かい」の意味になっています。窪はワと読み「窪《くぼ》み、窪んだ、低所のある」の意味です。

つまり、シワとは、十窪と細窪の掛詞なので、意味上は**十細窪**であり、直訳すると**「たくさんの細かい窪み」**の意味になり、これがこの言葉の語源と思われます。

シワを重ね式表現にしたのがシワシワです。漢字では皺と書きますが、この字を分解したときの旁《つくり》である皮は、皮のことであると共に波のことをも指しています。つまり、シワの形状は、波のものに似ていると見做されているのです。

73 スイゲツ（水月）

漢字では当て字で「水月」と書かれたりしますが、胸部にある急所のことで、ミゾオチ（鳩尾）ともいいます。急所とは、そこを害すると命にかかわる所をいい、人間の身体では数十か所があるとされています。

一音節読みで、突はツと読み「突く」、杙はイと読み「突き刺す」、剋はケイと読み「打つ」の意味があります。卒はツと読み「死ぬ」の意味があります。

つまり、スイゲツは突杙剋卒（ツ・イ・ケイ・ツ）の多少の濁音訛り読みであり、直訳すると**「突く、刺す、打つと死ぬ（部分）」**の意味になり、これがこの言葉の語源と思われます。

打撃の強さの程度にもよりますが、そこを打撃しても必ずしも死ぬとは限りませんので、「突く、刺す、打つと死ぬ恐れのある（部分）」程度の表現が適当かも知れません。漢語では、病気で死ぬことを「病卒」、暴力打撃を受けて死ぬことを「暴卒」といいます。

74 スジ（筋）

漢字では、筋と書きます。身体の筋について、大言海には「**すぢ**（名）筋‖ 肉ノ中ニ、直キ理《キメ》アリテ、堅クシテ、弾力アルモノ、骨ノ関節ナドニ絡《マト》ヒテ、屈伸、運用セシム。筋肉ノ繊維。」と説明してあります。また、平安時代の字鏡に「筋、肉之有力也、須知」、和名抄に「筋、須知」、名義抄に「筋、スヂ」と書いてあります。

大言海には、筋は「筋肉ノ繊維」、つまり、「筋肉の糸」と書いてあることに注目しますと、一音節読みで、糸はスと読み「糸、糸状のもの」、筋はチンと読み「筋肉」の意味です。したがって、スジとは、**糸筋**の多少の濁音訛り読みであり直訳すると**「糸状の筋肉」**の意味になり、これがこの言葉の語源と思われます。

75　スネ（脛）

漢字では脛と書きます。大言海には「**すね**（名）臑　はぎ（脛）ニ同ジ」と説明してあります。つまり、脛の字は、スネと読んでもハギと読んでもよいということです。

一音節読みで、豎はシュと読み「垂直である、縦にまっすぐである、直立する」の意味があり、粘はニィエンと読み「粘りのある」の意味があります。つまり、スネとは、**豎粘**の多少の訛り読みであり、直訳すると**「まっ直ぐで粘りがある（部分）」**の意味になっており、これがこの言葉の語源と思われます。

なぜ、このような意味になるかというと、そもそもの漢語では、脛はチンと読み「まっ直ぐである」の意味があり、また、「頑強な、頑丈な、堅固な」の意味もあります。つまり、脛は「まっ直ぐで頑強である」の意味の字とされています。漢語では、形容詞や副詞として使うときは、通常は、重ね式表現にして脛脛《チンチン》のように使われます。

漢和辞典の漢語林（大修館書店）には、脛《すね》について、「音符の巠は力強くてまっすぐの意味。肉体の中で力強くまっすぐな部分。すねの意味を表す。」と説明してあります。

語源での「粘りがある」という言葉の意味は、表現を替えると「弾力があって頑強である」の意味になります。脛は、歩行や走行運動をするには、最も肝心な部分であり、確かに、打撲したりすると痛みは激しいのですが、その割りには病気による故障も少なく、損傷に耐えられる頑強な部分といえます。

なお、「親のスネを齧《かじ》る」という文句におけるスネは、そもそもは脛《すね》とはなんの関係もないのです。つまり、この文句における脛は当て字になっています。一音節読みで、食は異読でスと読み「食べる」、齧はニエと読み「齧《かじ》る」の意味なので、**食齧**の多少の訛り読みはスネと読め、直訳すると「食べ齧る」の意味になります。したがって、「食齧《スネ》」と「齧る」とはほぼ同じ意味であり、それを「食齧《スネ》を齧《かじ》る」という二重表現の文句に仕立て上げたものです。したがって、「親の脛を齧る」とは「親の食齧を齧る」であり、直訳すると「親を食べる」や「親を齧る」と同じ意味ということになります。

76　セキ・シワブキ（咳・欬・嗽）

漢字では咳と書きます。セキについて、大言海には「**セキ**（名）咳（一）外ヨリ、器官ヲ侵スモノアルトキ、コレヲ塞キ止メムト、声ヲ立テテ気息《イキ》ヲナス、肺ノ作用《ハタラキ》。シハブキ。コワセリ。セキバラヒ。（二）病ニテ起ルハ、気道ニ、病ム所アリ、絶エズ、呼気、激動シテ、声ヲ成ス。」と説明してあります。特に、風邪を引いたときなどには、ひどく咳込むことがあります。

一音節読みで、涎はシィエンと読み「吐く、吐き出す、激しく吐く」の意味、氿はキと読み「噴き出す、ほとばしり出る」の意味があります。つまり、涎と氿とは、ほぼ同じような意味があります。したがって、セキとは、**涎氿**の多少の訛り読みであり、直訳すると**「激しく吐き出す（こと）」**の意味になり、これがこの言葉の語源と思われます。

シワブキについては、大言海によれば、平安時代の字鏡に「欬、嗽也、志波不支　又　己和豆久利」、和名抄の病類に「欬、嗽、之波不岐」とでています。

一音節読みで、息はシと読み「息《いき》」の意味があります。頒布は漢語の一音節読みではフェンブ、日本語の音読ではハンプと読み「配布する、散布する」の意味、上述したとおり氿はキと読み「噴き出す、ほとばしり出る」の意味があります。つまり、シワブキは、**息頒布氿**（シ・ハン・ブ・キ）

の多少の訛り読みであり、直訳すると**「息を散布し噴き出す（こと）」**の意味になり、これがこの言葉の語源と思われます。

77　セタケ（背丈）

セタケとは「身長」のことをいいます。漢字で背丈と書かれますが、ここでの背はその音読を利用するための単なる当て字です。一音節読みで丈はチャンと読み、そもそもは長さの単位を表わす字ですが、日本語ではタケと訓読して「長さ」という意味で使われます。

セタケの語源の話をしますと一音節読みで、身はシェンと読み「身体」のことです。端はタンと読み「まっすぐである、直立する」、亘はケンと読み、「延伸する、延びる、伸びる」の意があります。つまり、タケは端亘であり「直立して伸びる」の意味になります。したがって、セタケは**身端亘**の多少の訛り読みであり、直訳すると**「身体の直立して伸びた（もの）」**、つまり、**「身長」**のことになり、これがこの言葉の語源と思われます。

上述したように、丈をタケと読むのは「直立して伸びた（もの）」、つまりは「長さ」の意味になる端亘の読みを転用してあるのです。

身は訓読でミと読み、端亘のことである丈と合わせた身丈はミタケと読み身長のことです。日本書紀の仲哀天皇の条の原文に「天皇　容姿端正　身長十尺」とあり、岩波文庫の日本書紀では「身長《みたけ》」と振仮名してあります。

セイという言葉がありますが、これも「身長」のことをいいます。大言海には、セイについて「セタケ。身ノ丈。身長 身材」と説明してあり、室町時代の史記抄（文明）に「せい高ク、人物ヨイ夫ナリ」および「朱儒《シュジュ》デ、せいガ低イホドニゾ」、師門物語（室町時代）に「せいノ低キハ、見立テナシ」とあることが紹介されています。

ここの文献ではすべて平仮名で書かれています

が、現在では、この言葉にも「背」が当て字されて「せい」と読まれるようになっています。例えば、大正時代につくられた「背《せい》くらべ」（海野厚作詞・中山晋平作曲）という、今でも親しまれている童謡ではセイと読んであります。その一番の歌詞は次のようになっています。

柱の傷は　おととしの
五月五日の背《せい》くらべ
ちまきたべたべ　兄《にい》さんが
計ってくれた　背《せい》のたけ
昨日《きのう》くらべりゃ　何のこと
やっと羽織の紐《ひも》のたけ

「背《せい》くらべ」というのは、「座高くらべ」のことではなくて「身長比べ」のことです。したがって、「背《せい》くらべ」における「背」は適当とは思えない当て字になっています。それは、セナカは背中とも書くので、背はセとも読み得るのだという認識から、便宜上、セにイをくっ付けてセイと読んであるのです。しからば、セイとはなにかというと、一音節読みで、身はシェンと読み「身体」のことであることは上述しましたが、儀はイと読み「寸法」の意味があります。つまり、セイは**身儀**の多少の訛り読みであり、直訳では「身体の寸法」、つまり、**「身長」**のことになり、これがこの言葉の語源です。したがって、「せいくらべ」は「身儀くらべ」、つまり、「身長くらべ」の意味なのです。

78　セナカ（背・背中）

背の字は、現在ではセナカ、セ、セイなどと三通りに読まれていますが、語源上は、正しくはセナカと読むべきものです。現在では、セナカは、分かり易いように漢字では背中と書かれますが、この場合の中は当て字となっています。

平安時代の和名抄では、**「背　世奈加」**と書いてあります。このように、語源上からも、背はそもそもは三音節でセナカと読むべきものであり、セナカは漢字では背と書くべきものです。セナカを背中と書くのは、現在では、背はセやセイとも読まれることがあるので、便宜上、分かり易いように背中と書かれるものです。

そもそもは、漢語においても日本語においても、背の意味は胴体の裏側のことです。日本語では、そのことを明確に示す言葉がセナカです。背中における中《なか》とは、なんのことか分かりませんが、このようなときは、殆んどの場合その音読を利用するための単なる当て字になっています。

以上のことを踏まえて、背中の語源の話に移りますと、一音節読みで身はシェンと読みます。難はナンと読み「困難である、難しい、~し難《にく》い」の意味、看はカンと読み「見る」の意味がありま す。つまり、セナカのナカとは難看であり「見え難い」の意味になります。したがって、セナカとは**身難看**(シエン・ナン・カン)の多少の訛り読みであり直訳すると**「身体の見え難い(部分)」**の意味になり、これがこの名称の語源と思われます。

難という字は、後《あと》に動詞語を伴って、その語の意味することが困難であることを表現します。例えば、難解、難攻、難産、難治などがあります。

また、古くから背の字はセとも読まれてきました。一音節読みで、身はシェンと読みますが、背をセと読むのは、身の多少の訛り読みを転用したものです。したがって、背を**セ**と読むときは**「身体」**の意味です。ただ、背は、そもそもは身体の意味ではないので、意味上からすると、適当な読みとはいえないのですが、古くからそのようにも使われてきたということです。

身長を尋ねるときの「セタケはどれくらいですか」という場合に、漢字入りでは「背丈はどれくらいですか」と書かれますが、この場合の背は身体のことであり、その中味は「身丈はどれくらいですか」の意味であり、座高のことではなく身長のことです。

大言海には、背をセと読む使用例として、次のようなものが挙げられています。

（一）古事記の神代記の条に「猿田彦神、背長七尺余」、その孝徳記の条に「冠ノ背ニハ、漆羅ヲ張リテ」とあります。

（二）枕草子九五段の条に「御布の片身づつ……御背あはすれば、はやくたがひけり」とあります。

（三）平安時代の宇津保物語に「板屋形ノ車ノ、輪缺ケタルニ、せ垂リタル牝牛ヲ繋ケテ」と書いてあります。

（四）鎌倉時代の夫木（和歌）抄に「久方ノ　天ツ御空ハ　高ケレド　せヲ屈メテモ　我レハ世ニ住ム」という歌が詠まれています。

そもそもの漢字の背はペイと読み、セとは読めないのですが、古事記や枕草子では、背を敢《あ》えて身《シェン》の意味でセと読んで、当て字として使ってあるものと思われます。したがって、これらの諸文献における「背」や「せ」は、身《シェン》のことであり身体のことなのです。

なお、セタケは、背丈と書かれますが、上述したように背は当て字ともいうべきものであって、実際は身丈のことであり身長のことです。セタケ（背丈）については、その欄をご参照ください。

79 セムシ（傴僂）

傴僂病《くるびょう》というのがあり、脊柱《せきちゅう》が異常に彎曲して隆起する病気で、この病気をもった人を「セムシ」と呼び慣わしています。

一音節読みで、畝はムと読み、形容詞では「隆起した、盛りあがった、高くなった」、名詞では「丘、岡、小山」の意味があります。形はシンと読み「姿、形、姿形、姿態」の意味です。つまり、セムシとは、**背畝形**の多少の訛り読みであり、直訳すると**「背《せなか》が隆起した姿態の（人）」**という意味になり、これがこの名称の語源と思われます。

日本の大辞典、例えば、広辞苑（第七版）には「昔、背に虫がいるためになる病気と思われていたからいう」と書かれています。しかしながら、原則として、言葉は学者などの学識のある教養人によってつくられるものなので、このような迷信めいたことからつくられる筈もないのです。したがって、このような説明は、語源を隠蔽するために、この言葉に限らず広く行われていますが、「嘘である」ことに変わりはないので、**「嘘をつくな」**という倫理観からすれば、このような説明は問題があるのです。なぜならば、なにも説明しなければ、少なくとも「嘘をついた」ことにはならないからです。特に、広辞苑には多く、有名なものだけでも、チャンポン、ドザエモン、ヤオチョウ、ゴヘイタ、オイラン、ポンス、チャンコ（料理）など多数があります。

80　ソソウ（粗相）

ソソウという言葉は、いかなる古語辞典にも収録されていません。ということは、この言葉は室町時代以前には存在しなかったのかも知れません。現代の辞典では、漢字では「粗相」と書かれますが、漢語にはないもので、日本でつくられた漢字言葉のようです。

粗相は、一般的には「粗忽、迂闊、不注意、過ち」などの意味とされますが、特には高齢の老人や身体の不自由な人の用足しの不始末についていいます。つまり、大便や小便を「所定のところ以外で不用意に漏らす」ことをいい、「そそうをする」のように使われます。

漢語では、便所のことを「廁所」と書き「ソ・スゥオ」と読みます。もし、この言葉を語源と考えると、ソソウをするとは、直訳では「便所をする」の意味になり、便所に行って小便や大便をすることになります。しかしながら、このような意味では、粗相をするとはいえないので、他の語源があることが考えられます。

一音節読みで、松はソンと読み「締まりがない、緊張感がない、たるんでいる」などの意味があります。溲はソウと読み動詞では「大便や小便をする」、つまり、「便をする」という意味です。ソソウとは、この二字を合わせた**松溲**の多少の訛り読みであり、直訳すると**「締まりがなくて、便をしてしまう（こと）」**の意味になり、これがこの言葉の語源と思われます。

漢語では小便のことを尿や小水、持ち運び用の便器のことを馬児《マール》といい、糞や屎《し》、つまり、ウンコのことを把把《ババ》ともいいます。これらの言葉は、日本語にも取り入れられて、「お小水」、「おまる（お丸・お虎子）」、「ばば」ともいいます。なお、ババについては、その欄をご参照ください。

81　ソバカス（雀斑・雀卵斑）

大言海には「遺伝性ノモノト云フ。顔面、其他、手ノ甲ニ、雀ノ卵ノ斑ノ如キ、極メテ小サキ、黒キ、又ハ、黄ナル斑点ヲ生ズルモノ」と説明してあります。この斑点は肌色の白い白人では、特に目立つようです。

一音節読みで、素はスともソとも聴きなせるように読み「天性の、本性の、生まれながらの」の意味があります、斑はバンと読み「斑《まだら》」、尬はカと読み「手に負えない、処理困難な、困った」、死はスと読み「無用な、役に立たない」の意味があります。つまり、ソバカスとは、**素斑尬死**の多少の訛り読みであり、直訳すると「天性の、斑で、困った、無用な（もの）」、表現の順序を変えると**「困った、無用な、天性の斑」**の意味になり、これがこの言葉の語源と思われます。ここでの天性というのは遺伝性のことを指すものと推測されます。

なお、ソバカスにおけるカスは、米・麦・粟・蕎麦などの穀物におけるカス、いわゆる滓《かす》とはその意味が異なっています。穀物におけるカスは**糠死**のことであって**「中身が無くて無用な（もの）」**の意味になっているのです。一音節読みで糠はカンと読み「空の、空っぽの、中身のない」などの意味、上述したように死はスと読み「無用な、役に立たない」の意味があります。

82　タコ（胼胝）

手足その他の皮膚上への反復繰返しの摩擦や圧迫によって生じた、厚くて固くなった皮肉部分のことをいいます。具体的には、筆を使って物書きを続けることによってできる「ペンだこ」、靴擦れによってできる「靴だこ」、正座を繰返すことによって踝付近にできる「座りだこ」、手のひらで物を強く圧迫しての握りを繰返すことによってできる「握りだこ」などがあります。

大言海には、「**たこ**（名）胼胝〔堅凝《カタコ》ノ略〕肉ノ堅ク凝リタルモノ。又、物ニ常住摩《ス》レタルニ因リテ、其局部ノ皮肉ノ強ク固クナレルモノ」と説明されています。また、岩淵夜話の「家康公、右ノ御手ノ指ノ中節四ツナガラたこニナリ、・・・」の記事が紹介されています。

確かに、堅はカタ、凝はコと訓読するので、堅凝はカタコと読めて「堅く固まる、強く固まる」などの意味にはなりますが、堅をタと読んで堅凝をタコと略読するのは、少々無理筋のように思われます。他の辞典では次のように説明されています。

・広辞林：「刺激の繰り返しによって、皮膚が異常に厚く堅くなったもの。足の裏、手のひらなどに多い」。

・広辞苑：「刺激の反復、局部的な圧迫を受けてできる、表皮の堅く厚くなったもの。手のひらや足のうらに多くできる」。

一音節読みで、癉はタンと読み、薄の反対語で「厚い」の意味、固はクやコと聴きなせるように読み「固い」の意味があります。つまり、タコとは、**癉固**の多少の訛り読みであり、直訳すると**「厚く固くなった（部分）」**の意味になり、これがこの言葉の語源と思われます。

なお、タコは肉への刺激の反復繰返しによって生ずることから、何回も聞いたり聞かされたりすることを、「耳にタコができるほど聞いた」のような表現をします。

83　タダムキ（臂）

この言葉は、古事記にでており、八千矛神《やちほこのかみ》（大国主命のこと）の沼河比売《ぬなかわひめ》への求婚の下りの歌謡（歌番四）に「・・・たく綱の　白き多陀牟岐沫雪《あわゆき》の　若やる胸を・・・」とあります。また、須勢理毘売命《すせりびめのみこと》の下りの歌謡（歌番六）に「若やる胸を　たく綱の　白き多陀牟岐　そだたき・・・」とあります。また、仁徳天皇の下りの歌謡（歌番六二）に「・・・根白の　白多陀牟岐　枕《ま》かずけばこそ・・・」とあります。また、雄略天皇の下りには「・・・虻《あむ》、御腕《みただむき》を咋《く》ふ・・・」とあります。

ここでの多陀牟岐は、岩波書店の古事記（倉野憲司校注・岩波文庫）ではすべて「腕《ただむき》」と書替えて振仮名してあり、雄略天皇の下りにおける腕には「腕《ただむき》」と振仮名されています。

日本書紀では、神代上（第六段）の素戔嗚尊《すさのをのみこと》の昇天時の下りに「・・・、便ち八坂瓊《やさかに》の五百箇《いほつ》の御統《みすまる》 御統、此をば美須磨屢《みすまる》と云ふ。を以て、其の髻鬘《みいなだき》及び腕《たぶさ》に纏《まきつ》け、又背に千箭《ちのり》の靫《ゆき》 千箭、此をば知能梨《ちのり》と云ふ。と五百箭《いほのり》の靫《ゆき》とを負《お》ひ、臂《ただむき》には稜威《いつ》の高鞆《たかとも》 稜威、此をば伊都《いつ》といふ。を著《は》き、・・・」とあり、「既にして素戔嗚尊、天照大神の髻鬘《みいなだき》及び腕《たぶさ》に纏《ま》かせる、八坂瓊《やさかに》の五百箇《いほつ》の御統《みすまる》を乞《こ》ひ取りて、・・・」とあります。

応神天皇の即位前紀の下りに「・・・、宍《しし》（＝肉のこと）、腕《ただむき》の上に生《お》ひたり。」とあります。

仁徳天皇四十三年の秋九月の下りに「小鈴を以て其の尾に著《つ》けて、腕《ただむき》の上に居《す》ゑて、天皇に献る。」とあります。

雄略天皇四年八月の下りに「虻《あぶ》、疾く飛び来て、天皇の臂《ただむき》をくふ。」とあります。

これらの記述での腕と臂について、岩波書店の日本書紀（岩波文庫）（坂本太郎・家永三郎・井上光貞・大野晋校注）では、腕は、素戔嗚尊と天照大神の下りでは「たぶさ」、天照大神と応神天皇以下の下りでは「ただむき」と振仮名してあります。臂は、すべて「ただむき」と振仮名してあります。

大言海によれば、平安時代の字鏡に「臂、太太牟支」、和名抄に「腕、太太無岐、一云、宇天」、名義抄に「腕、ウデ、タダムキ。臂、タダムキ」、医心方に「椀、タタムキ、ウデ」、華厳経音義私記に「臂、手上也、多太牟岐」と書いてあります。

以上の記紀を始めとした文献の記述からすると、日本語では、腕と臂とは同じ意味であり、ウデともタダムキとも呼んだとされています。ということは、ウデとタダムキとは同じ意味だとされていることになります。華厳経音義私記に「手上也」とあるので、手首の上部分を指すと思われますが、それがどこまでかについては書いてありません。

漢語では、臂《ピ》は「肩から手首まで」の部分を指すとされています。したがって、日本語のタダムキ、つまり、ウデもまた「肩から手首まで」の部分を指すものと思われます。

さて、以上のことを踏まえて語源の話に移りますと、その語源はタダムキがどのようなものと見做されていたかによると思われますが、これがなかなか難しいのです。したがって、この言葉についての語源が語られたことはないようです。

タダムキ、つまり、ウデは、肩下から垂れているものであり、身体の中では最もいろんな任務を担う部分です。一音節読みで、奋はタと読み「下垂する、下に垂れる」の意味、担はダンと読み「担当する、仕事を担当する」の意味があります。務はウともムとも聴きなせるように読み「務《つと》める、任務をする」の意味です。漢語辞典には、貴はキと読み「重要な、大切な」の意味もあると書いてあります。つまり、タダムキとは、**奋担務貴**であり直訳すると**「下に垂れている、仕事を担当し、務める、重要な（部分）」**の意味になり、これがこの言葉の語源と思われます。

タダムキ、つまり、ウデは、極めて色んな任務を担当するので、このような意味になるようです。

84　タナゴコロ（掌）

大言海には、「**たなごころ**（名）掌‖〔手之心ノ義〕手ノ裏面《ウラ》。タナソコ。タナウチ。タナウラ。テノヒラ。」と説明してあります。また、次の古典の記事が紹介されています。

- 倭名抄（手足類）:「掌、太奈古古呂、手心也」。
- 名義抄:「掌、タナココロ、タナウラ、タナソコ」。
- 徒然草（百九十四段）:「アキラカナラン人人（まま・原文では人）ノ、マドヘル我ラヲ見ンコト、たなごころノ上ノ物ヲ見ンガ如シ」。

和名抄（倭名抄）に「手心也」、つまり、「手の中心なり」と書いてあることから、この言葉は、手のひらの中心部のやや凹んだ所を対象にしてつくられた名称のように思われます。また、タナゴコロのタは「手」のこと、ナは「の」のことのようです。そうしますと、タナゴコロにおけるゴコロは、いかなる意味かということが問題になります。

一音節読みで、埂はゴン、坑はコンと読み、共に「窪み、凹み、穴」の意味があります。肉はロウと読み「肉」のことです。つまり、タナゴコロは、**手之埂坑肉**の多少の訛り読みであり、直訳すると**「手の窪んだ肉（部分）」**の意味になり、これがこの言葉の語源と思われます。

テノヒラの凹みは、埂や坑というほどのものではありませんが、語源上は、そのようになっているようです。なお、そもそもは、テは手首を含まない「手首から指先まで」の部分を指します。

85　タブサ（腕の部分）

タダムキ欄でもいいましたが、日本書紀の神代上（第六段）の素戔嗚尊の昇天時の下りの記事にでており、岩波書店の日本書紀（岩波文庫）では、「八坂瓊《やさかに》の五百箇の御統《みすまる》を以て、其の髻鬘《みいなだき》及び腕《たぶさ》に纏《まきつ》け・・・」、また、「既にして素戔嗚尊、天照大神の髻鬘《みいなだき》及び腕《たぶさ》に纏《ま》かせる・・・」のように記述してあります。つまり、ここでの腕をたぶさと読んで、腕《たぶさ》と振仮名してあります。

応神天皇の即位前紀の下りの記事に、岩波書店の日本書紀（岩波文庫）では、「・・・宍《しし》（＝肉のこと）、腕《ただむき》の上に生《お》ひたり」、また、仁徳天皇四十三年の秋九月の下りに、「小鈴を以て其の尾に著《つ》けて、腕《ただむき》の上に居《す》ゑて、天皇に献る。」と記述してあります。つまり、ここでの腕をただむきと読んで、腕《ただむき》と振仮名してあります。

岩波書店の日本書紀において、腕という字についてタブサとタダムキの読み分けがされていますが、どうしてそれができるのかという疑問があります。日本書紀での解説者の記述から判断すると、タブサの方が古い言葉とされているようです。以上の日本書紀の解説から判断するところでは、古くは腕の字はウデやタダムキの外に、**タブサ**とも読まれていたようです。つまり、ウデとタダムキとタブサとは、からだの同じ部分を指す同じ意味の言葉のようなのです。

大言海によれば、平安時代の名義抄に「腕、タフサ、ウデ」、天治字鏡に「椀、太不佐」と書いてあります。

このことを踏まえて、語源の話に移りますと、一音節読みで、耷はタと読み「下垂する、下に垂れる」の意味があります。漢語辞典によれば、布はブと読み「伸開する、伸び開きする」の意味、撒はサと読み「曲がる」の意味があります。つまり、タブサとは、**耷布撒**であり、直訳すると**「下に垂れる、伸び開きができ、曲がる（部分）」**の意味であり、これがこの言葉の語源と思われます。

この意味であれば、ウデやタダムキと同じ部分を指す言葉として適合することになります。

86　タンコブ（大瘤）

コブ（瘤）の一種に、タンコブというのがあります。大日本国語辞典や大言海には「こぶ（瘤）ト云フニ同ジ」と書いてあります。医学上の病理的には変わりはないという意味ですが、この二冊の大辞典の著者である高名な国語学者たちに、タンコブにおける「タン」の意味がほんとうに分からなかったのかどうかは不明です。

一音節読みで、唐はタンと読み、形容詞では「大きい」の意味があります。つまり、タンコブは、**唐瘤**であり**「大きな瘤」**の意味になっており、これがこの言葉の語源と思われます。タンコブはコブであることに変わりはありませんが、その大きなものをいうのです。

鎌倉時代の作とされる宇治拾遺物語に「鬼にこぶとらるること」という記事があり、「これもいまはむかし　右のかほに大なるこぶあるおきなありけり・・・」と書き始められていますが、このような大きな瘤が、いわゆるタンコブなのです。タンコブは、「大なるこぶ」を一言で簡潔にいい表わす言葉として、この物語が書かれた以降につくられたと思われるものです。

この言葉が初出する文献は、本書では今のところ分かりませんが、この言葉の語源と意味程度のことは、言語・国語学者ならば、音声を聴いただけで分かる筈であり、また分からなければならないものです。しかしながら、この言葉の意味さえも分からないとされるところに、現在の言語・国語学界の実力と闇があるのです。広辞苑(第七版)には、「瘤(こぶ)の俗っぽい言い方。『こぶたん』とも」などと、例によっての、惚けたことが書いてあります。なお、コブについては、その欄をご参照ください。

87 チ(血)

血について、大言海には「動物ノ体中ニ在リテ、常ニ心臓ヨリ動脈、静脈ニ通ジ、全身ヲ循環運行スル紅ナル液ノ名。人、獣、鳥、等ニアリテハ温ニシテ、魚ナルハ冷ナリ。」と説明してあります。

ご承知のように、血液が赤いのは、血液中にヘモグロビン(hemoglobin)という赤色の鉄分含有の蛋白質が含まれているからです。ヘモグロビンは酸素と容易に結合し、血液の循環を通じて身体の各部分に酸素や栄養などを運搬供給する大切な役目を果しています。

大言海によれば、平安時代の和名抄に「血、知、肉中赤汁也」と書かれています。

血の字は、そもそもの漢語の一音節読みではシュエと読みますが、日本語の音読ではケツ、訓読ではチと読みます。なぜ、血液という熟語におけるように、血をケツと読むかというと、亘はケンと読み「絶えない、連綿と続く」の意味、滋はツと読み「栄養を供給する」の意味があるからです。つまり、ケツとは、**亘滋**の多少の訛り読みであり、直訳すると**「絶えず栄養を供給する(もの)」**の意味になっています。したがって、血液は、**亘滋液**であり**「絶えず栄養を供給する液体」**の意味になっています。

また、赤の字は一音節読みでチと読みますが、血は赤いので、日本語ではその読みを転用して血の字をチと読みます。つまり、チ（血）とは**赤**であり**「赤い（もの）」**の意味になり、これがこの言葉の語源と思われます。したがって、チという音読言葉がつくられたときの語源上からすると、赤くないものは、ケツエキ（血液）ではあってもチ（血）ではないということになります。

88　チチ（乳）

漢字では乳と書きます。乳は、漢語の一音節読みではルと読み、日本語の音読でニュウ、訓読でチチと読みます。そもそもは、哺乳動物の雌から子供が生まれると出てくるものであり、母親から与えられてその赤子が飲むものです。乳は、動詞では「乳を飲ませる、哺育する」の意味があり、英語でいうところのsuckle（サクル）の意味です。

麻雀をやる人はご存知のとおり、喫は繁体字でありその簡体字は吃と書き、漢語の一音節読みでは共にチと読み「食べる」の意味ですが、液体物を口にするときは「飲む」の意味になります。日本語では喫茶をキッサ、漢語では吃茶（喫茶）をチチャと読み、共にお茶を飲むことをいいます。

一音節読みで赤はチと読み、名詞では「赤子《あかご》、嬰児《えいじ》」の意味があり、「赤ん坊」や「赤ちゃん」ともいいます。漢語辞典をみると、嬰児とは「一才未満の子」と書いてあります。大言海には「**えいじ**（名）嬰児‖ミドリゴ。チノミゴ。嬰孩」、広辞林には「**えいじ【嬰児】**あかんぼう。ちのみご。」と書いてあります。つまり、嬰児は乳飲み子なのです。赤ちゃんは、通常、生後五か月程度で歯が生え始め、二歳半で全部が生え揃うとされています。乳離れは平均的には一歳半であり、満一歳から満二歳の間とされているので、日本では生まれてから乳離れするまでの間が赤子、つまり、嬰児ということになります。

また、早い子は生まれてから九か月後から一人歩きを始め、一年後には六〇%、一年半後には特に身体障害がない限り一〇〇%の子が一人歩きをできるとされています。

広辞苑（第七版）には、「**えいじ【嬰児】**①生まれたばかりの子。あかご。ちのみご。みどりご。②生時から三歳位までの子供。」と書いてあります。その家族と昵懇でない人には生まれてからどれくらい経つか分からないし、言葉の意味を知らない人もいるので、そういうことがあるかも知れませんが、②の「三歳位までの子供」というのは言葉の定義上は完全な誤りです。なぜならば、上述したように、嬰児はチノミゴのことであり、乳離れは平均的には満一歳半であって満一歳から満二歳の間とされているからです。広辞苑というのは、他所の至るところでも勝手なことを書いて、日本語を誤ったものにしている辞典といえます。

さて、語源の話に移りますと、上述したように、赤はチと読み「赤子」のこと、喫（吃）はチと読み液体の場合は「飲む」の意味があります。つまり、**チチ**は**赤喫**（**赤吃**）であり、直訳すると「**赤子の飲む（もの）**」の意味になり、これがこの言葉の語源と思われます。

89　チョンマゲ（丁髷）

チョンマゲは、天下太平となった江戸時代の中期頃から流行した男性の髪形の一つとされ、特には、大名家に仕官している武士階級に重宝されたものです。一般的には、頭の中央部を前頭部から後頭部にかけて深く剃り上げ、残った頭髪を後頭部で束《たば》にし、その束先を前方に向けて結わえ上げた髪形です。

現代人からすると、なぜ、そのような髪形が長期間にわたって流行したのか不思議ですが、なにか利点があったのかも知れません。髪形といえば、満州民族の弁髪《べんぱつ》もまた、日本人から見ても世界中の人から見ても珍妙なものでした。

一音節読みで、拯はチョンと読み「上に挙げる」、鬘はマンと読み「美しい頭髪」、根はゲンと読み「頭髪の束《たば》」の意味があります。したがって、チョンマゲとは、**拯鬘根**の多少の訛り読みであり、直訳すると**「上に挙げた、美しい、頭髪の束」**の意味になり、これがこの言葉の語源と思われます。漢語辞典には「拯、挙也」と書いてあります。

また、整はチョンと読み「整《ととの》える」の意味なので、チョンマゲは**整鬘根**であり**「整えた、美しい、頭髪の束」**の意味でもあります。掛詞と見做してまとめると、意味上は**拯整鬘根**であり**「上に挙げて、整えた、美しい、頭髪の束」**になります。

大正時代刊行の大日本国語辞典には、次のように書いてあります。「**ちょんまげ**　丁髷（名）男の結ぶ小さきまげ。又、其のまげに結ひたる人」。

昭和初期刊行の大言海には、次のように説明してあります。「**ちょんまげ**（名）丁髷〔ちょんハ、ちょう（丁）ノ音便ノ誤〕男子ノ結ブ小サキマゲ。又、其マゲヲ結ヒタル人」。しかしながら、チョンは拯のことであって、漢語では丁はティンまたはチョンと読むので、丁は単なる当て字として使われていると理解するのが正当です。

広辞林には、次のように書いてあります。「**ちょんまげ**【丁髷】男の髪の結い方。髪を頭の上でたばね、もとの方をむすんで、先を額の方へ向けて曲げたもの。またその髪を結った人」。

広辞苑（第七版）には、次のように書いてあります。「**ちょんまげ**【丁髷】（チョンは髷が『ヽ』の形に似ているところからという）男の髪の結い方。江戸中期以降、額髪を広く剃りあげ髻（もとどり）を前面に向けてまげた小さい髷。のち男髷の汎称。『─あたま』」。

広辞苑説は、例によって「～からという」のような伝聞形式になっていて、「チョン」は「ヽ」の読みからでたかの如くに書いてあります。しかしながら、いつ、どこで、だれから伝聞したのかを説明すべきだと思われます。なぜならば、「ヽ」をチョンと読むのは広辞苑によって始めて生まれたもののようであり、はたして正式に「∧」はチョンと読めるのかという疑問があるからです。また、チョンマゲという言葉ができた頃にすでに「∧」はチョンと読まれていたのかなどの疑問もあります。

90　チンバとビッコ（踦・跛と躄）

病気や怪我その他の原因で足に欠陥があり、正常な歩きができない、つまり、不自由な歩き方をすることをアシナエといいます。

アシナエにはチンバとビッコの区別があります。アシナエの意味の漢字には、蹇《チィエン》、蹩《ピエ》、踦《チ》、跛《ポ》、躄《ビ》の五字があり、蹇、蹩には片足、両足の区別はありませんが、踦《チ》、跛《ポ》、躄《ビ》には区別があり、踦と跛は「片足に欠陥があること」、躄は「両脚に欠陥があること」をいいます。このことは、漢語辞典はもとより、漢和辞典にも書かれています。漢語辞典には、踦《チ》＝一只脚行走不便、跛《ポ》＝一脚残廃的、躄《ビ》＝両脚残廃的、と書いてあります。

チンバは、片足に欠陥のある人のことですが、片足だけがナエているので、歩く度に身体が傾き、釣合いのとれない歩き方をします。

一音節読みで、踦はチ、跛はポと読むので、多少の訛り読みをすると、踦跛はチポと読め、その撥音便読みはチンポになりますが、それは、男性の一物と紛らわしいので、訛り読みをしてチンバと濁音で読むことになっています。跛の旁《つくり》である皮は、波のことを心象するのでバと読んでもさほど可笑しくないのです。つまり、チンバとは片足の不自由な人のことを指す踦と跛とを組み合わせた**踦跛**の撥音便読みであり**「片足に欠陥がある（こと）、または、そのような（人）」**の意味になり、これがこの言葉の語源と思われます。チンバが、片足だけに欠陥があることを覚え易くするために「片《カタ》チンバ」ともいい慣わしています。

ビッコは、両足の不自由な人のことで、両足がナエているので、片方だけに傾くことはありませんが、歩く度に身体が左右に揺れる歩き方をします。

一音節読みで躄はビと読み「両脚に欠陥があること」をいいます。疵はツと読み、その弟一義は「病気」、弟二義は「欠陥」とされています。痾は、カやコと聴きなせるように読み「病《やまい》、病気」の意味です。つまり、ビッコは**躄疵痾**の促音便もどきの読みであり、直訳すると「両足に欠陥のある病、または、そのような病のある（人）」の意味になりますが、簡潔にいうと、**「両足に欠陥がある（こと）、または、そのような（人）」**の意味になり、これがこの言葉の語源と思われます。

チンバとビッコの区別は、**「チンバ片足、ビッコ両足」**と覚えるようにしたらよいと思います。漢語では、チンバで歩くことを引跛《インポ》、ビッコで歩くことを引躄《インビ》というので、日本語では「チンバを引く」、「ビッコを引く」のようにいいます。

なお、大言海には、チンバについて「**ちんば**（名）跛‖〔ちぐはぐノ語ニ出ヅルカト云フ〕（一）不具ノ名。片足蹇（ナ）ヘテ、歩ムニ正シカラザルモノ。カタチンバ。ビッコ。アシナヘ。甲陽軍艦『一眼、指モ叶《カナ》ハズ、足ハちんばナリ』（二）転ジテ、俗ニ、スベテ対ノ物ノ揃ハヌコト〕と書いてあります。また、ビッコについては「**びッこ**（名）躄‖〔足ヲ引ク意ノ語カ〕アシナヘ。チンバ。」と書いてあります。つまり、この辞典では、チンバとビッコの区別が分からなかったようであり、現在の他の大辞典においても同様のことがいえます。

広辞苑（第七版）には、「**ちんば【跛】**①足の具合がわるくて歩行の釣合がとれないこと。また、その人。②対であるべきものの形や大きさが揃わないこと。かたちんば」。「**びっこ【跛】**①足の故障によって歩行の釣合がとれないこと。また、その人。『—をひく』②対であるべき物の形や大きさがそろわないこと。かたびっこ」などと、出鱈目の誤りだらけのことが書いてあります。

第一に、チンバとビッコについて、同じ跛の漢字が使われていますが、これは誤りです。チンバは片足に欠陥があることなので「踦」や「跛」、ビッコは両足に欠陥があることなので「躄」の漢字を使うべきなのです。

第二に、チンバは片足、ビッコは両足に欠陥があることなのに、チンバについて「足の具合が悪くて歩行の釣合がとれないこと。また、その人」、ビッコについて「足の故障によって歩行の釣合がとれないこと。また、その人」と、同じような説明になっており、肝心の片足と両足の区別がされていません。

第三に、ビッコは両足に欠陥があることなので、「対であるべき物の形や大きさがそろわないこと」という説明は不適切で誤りです。

第四に、ビッコは両足に欠陥があることなので、「カタビッコ」などという言葉はあり得ません。

第五に、言葉の意味も分かっていない人が、「カタビッコ」のような勝手な誤った造語をすべきではありません。

以上のように記載全部が滅茶苦茶なのです。「最近、言葉使いが乱れている」というような言説を耳にしますが、そもそも広辞苑のような大辞典が乱している場合も多いのです。

広辞苑の巻末には何百人という編集学者の名前が挙げられており、その中には複数の言語・国語学者も挙げられているのに、こんな具合なのです。つまり、この辞典の言語・国語関係の編集学者は、チンバとビッコの語源とその意味さえも分かっていないらしいということです。大辞典がこういうふうですから、今の若い人たちは、チンバとビッコという言葉の存在は知っていても、その区別を知っている人は殆んどいない状況になっています。つまり、広辞苑のような大辞典のせいもあって言葉が乱れているのです。

91　チンポ（男性陰部）

男性陰部の生殖器は、陰茎と呼ばれる棒状物と陰嚢と呼ばれる袋状物からなっています。陰嚢には精巣または睾丸と呼ばれる玉状物が二個含まれています。

平安時代の和名抄には、陰茎は玉茎《ぎょくけい》ともいうと書いてあります。女性の陰部は玉門《ぎょくもん》といいます。

男性生殖器のことを指す「チンポ」という言葉があります。しかしながら、生殖器のどの部分を指すのか必ずしも明確ではありません。いつ頃できた言葉か分かりませんが、大言海（昭和七年〜九年刊）にはこの言葉は収録されていません。広辞林には「**ちんぽ**（児童語で）陰茎。―**こ**　ちんぽ。」、広辞苑（第七版）には「**ちんぽ**（幼児語）陰茎。ちんこ。ちんぽこ。」と書いてあります。

このことを踏まえて、語源の話をしますと、一音節読みで茎はチンと読み「茎、茎状物」の意味、棒はパンと読み「棒、棒状物」の意味です。日本語では棒はボウと読みます。したがって、チンポは**茎棒**（チンパン）、日本語読みでチンボウの多少の訛り読みであり、直訳すると**「茎棒状物」**、つまり、具体的には**「陰茎」**の意味になり、これがこの言葉の語源と思われます。

チンポは、そもそもは大人が使う言葉であって、幼児語ではありません。幼児語とは、正しくは、「幼児が使う語」のことではなくて、「大人が幼児に向かって使う語」のことをいいます。

幼児語として使うときは、畳語《じょうご》にしてチンチン、それを丁寧語にして「おチンチン」といいます。更に地方によっては、いろいろないい方があり、チンコ、チンポコなどともいいますが、このようないい方は、幼児語にしてしまうと、言う方にも聞く方にも、とても清潔で愛らしい感じを与えるからです。チンチンは茎茎、おチンチンはお茎茎、チンコは茎子、チンポコは茎棒子のことと思われます。

大辞典では、ややもすれば、幼児語には意味がないかの如くに取扱われていますが、大人語に劣らずというよりも大人語にも増してちゃんとした語源と意味がなければならないのです。

なお、上述したように、広辞林や広辞苑には、チンポは陰茎のこととされていますが、そうでない可能性もあります。上述したように、一音節読みで茎はチンと読み「茎、茎状物」の意味です。包はパオと読み名詞では「包み、嚢《ふくろ》、嚢状物」の意味があります。日本語では包はホウと読みます。つまり、チンポは**茎包**（チンパオ）、日本語読みでチンホウの多少の半濁音訛り読みであり、直訳すると「茎状物と嚢状物」、つまり、具体的には**「陰茎と陰嚢」**の意味になり、音声上からもこれがこの言葉のそもそもの語源かも知れません。この場合、チンポは陰茎だけではなくて陰嚢を含めた男性生殖器の全体を指す言葉になります。

92 ツバ（唾）

大言海によれば、古くはツバシルやツバキと呼ばれたようで、平安時代の字鏡に「唾、豆波志留」、和名抄に「唾、豆波岐」と書いてあります。

日本人にとって、普通には、他人の唾はとても汚いものと見做されています。しかしながら、テレビ映像などで野球試合をみていると、アメリカ人選手は打席や守備位置でよく唾を吐いているのが見られます。また、シナ人は至るところで、食事中でさえも側に平気で唾を吐きます。ということは、日本人と異なり、アメリカ人やシナ人は唾をさほど汚いものとは思っていないようなのです。

一音節読みで、嘴はツゥイと読み、そもそもの漢語では「人間の口」の意味です。拌はバンと読み、漢語辞典には「拌ハ棄ナリ」と書いてあり、拌には「棄てる、放棄する、放出する」の意味があるとされています。つまり、ツバとは、**嘴拌**の多少の訛り読みであり、直訳すると「口から放出する

（もの）」ですが、具体的には**「口から放出する（液体）」**の意味になり、これがこの言葉の語源と思われます。

　棄は、漢語のそもそもの一音節読みでは、チと読むのですが、日本語では古くからキと読まれており、万葉仮名ではキと読まれています。つまり、ツバキは**嘴拌棄**であり、**「口から放出し放棄する（液体）」**の意味になり、二音節語が三音節語になっただけで嘴拌とほぼ同じ意味になります。

　ツバという言葉に液体の意味があることは、上述の字鏡に豆波志留（唾汁）と書いてあること、放出するの意味があることは、和名抄に豆波岐（唾棄）と書いてあることから明らかです。

93　ツムジ（旋毛）

　大言海によれば、平安時代の和名抄の馬体の条に「廻毛、旋毛、都無之」と書いてあります。大言海自身では「**つむじ**（名）廻毛・旋毛　馬ナドノ毛ニ、旋《メグ》リ生ヒテ、渦ノ形シタル処。人ナルハ、頂《イタダキ》ノ百会《ヒヤクエ》ノ傍ニアリ」と説明してあります。

　つまり、ツムジというのは、人間の頭頂だけにあるものではないということです。百会とは、人間の頭の中央部のことをいいます。

　ツムジという言葉の意味は「廻っている毛」ということで分かっているのですが、その語源となると極めて難しいのであり、語源説も少ない上に、ましてや正しいと思われる語源説にはお目にかかれません。したがって、いうならば、本書の語源説は本邦初めてのものといえます。

　一音節読みで、恣はツと読み「ほしいままに、気ままに、勝手に」などの意味があり、毛はマオと読みます。経はジンと読み「めぐる」の意味があります。例えば、女性の月経は「毎月めぐってくるもの」の意味になっています。「めぐる」は漢字を入れて書くと、通常は、「廻る、旋る、巡る、回る」などと書き「ぐるぐるまわる」ことをいいます。つまり、ツムジとは、**恣毛経**（ツ・マオ・ジン）の多少の訛り読みであり、直訳すると「勝手に毛がぐるぐる廻っている（もの）」の意味になりますが、少し表現の順序を変えると**「勝手にぐるぐる廻っている（毛）」**の意味になり、これがこの言葉の語源と思われます。

「勝手に」というのは、ツムジは、人間が制御できるものではないということです。したがって、人間が自由に、右巻きのものを左巻きにしたり、左巻きのものを右巻きにしたり、一つ巻きを二つ巻きにしたり、二つ巻きを一つ巻きにしたりはできないのです。

なお、**ツムジカゼ**（旋風）という言葉がありますが、毛のツムジ（旋毛）とは直接の関係はなく、「廻る」という意味の経《ジン》だけが同じになっています。

大言海によれば、平安時代の字鏡に「飆、飄、豆牟志加世」、和名抄に「飆、飄、豆無之加世」、日本書紀の神功（皇后）摂政前期の条に「飄風《ツムジカゼ》忽ニ起ル」と書いてあります。

大言海自身では「**つむ志風**（名）旋風〔つむハ屯ノ意、志ハあら志（暴風）ノ志ナリ〕地球ノ一局部ニ於テ、急ニ低気圧ノ生ズル時、其周囲ノ空気ガ気圧ノ平衡ヲ得ントテ、急激ニ此点ニ向ヒテ、螺旋状ニ吹キ来ルヨリ起ル風。暴風ノ旋リテ吹クモノ。略シテ、ツムジ。」と説明してあります。

しかしながら、屯には「急に、急激に」の意味はなく、志には「暴風」の意味はありません。

万葉集の長歌には、次のように詠まれています。

・み雪降る　冬の林に　飇《つむじ》かも
　い巻き渡ると　思ふまで・・・(万葉199)

ツムジカゼの語源については、一音節読みで、猝はツ、驀はムともモとも聴きなせるように読み、共に「急に、突然に」の意味があります。経については上述したとおりジンと読み「廻る、旋る、巡る、回る」などの意味です。つまり、ツムジ風におけるツムジは、**猝驀経**（ツ・ム・ジン）の多少の訛り読みであり直訳すると「突然に廻る」の意味になります。したがって、ツムジ風とは、**猝驀経風**であり、**「突然に廻って吹く風」**の意味になり、これがこの言葉の語源です。

94　ツメ（爪）

大言海には、ツメとは「指ノ尖ニ生ズル堅キ角質ノモノ」と説明してあります。

平安時代の和名抄の手足類に「爪、豆米」、その毛群体に「蹄、爪甲、豆米」と書いてあります。

竹取物語に「長キ爪シテ、マナコヲ摑ミ潰サン」、土佐日記十二月廿九日の下りに「爪イト長ウナリニタルヲ見テ、・・・」と書いてあります。

漢語辞典によれば、漢語の一音節読みでは爪はチャオ、口語ではチュアと読みそもそもは「鳥の爪」のことですが、獣にも爪があるので「鳥獣の爪」のことでもあり、とりわけ動物の脚先の尖鋭《せんえい》で湾曲した指甲のことと説明してあり、鷹爪、猫爪、虎爪などの言葉が例示されています。ということは、爪は人間や牛、馬、羊などのものというよりも、そもそもは鳥や獣の鋭い曲がったものを指すことのようです。したがって、日本語のツメという言葉も、そのようなものとして作られている可能性があります。甲とは、亀などの甲羅や、貝殻などのように堅い角質のものを指します。

漢和辞典をみると、「爪は、象形文字であり、手を上からかぶせて、下にある物をつまみ持つ形にかたどり、つめの意を表す」と書いてあります。

一音節読みで、刺はツと読み「とげ、とげ状物」の意味、丏はミィエンと読み「蔽う、覆う、被う」の意味があります。つまり、ツメとは、**刺丏**の多少の訛り読みであり直訳すると「とげ状物の蔽う（もの）」、表現を逆にすると「蔽うとげ状物」、対象物を入れて表現すると**「指先を蔽うとげ状物」**の意味になり、これがこの言葉の語源と思われます。

「蔽う」というのは、爪は指先を蔽っているからです。人間の爪はそもそもは他の動物と同じような役割であったと思われますが、人間の場合、さまざまの道具が爪の役割をするので、他の動物のそれのように鋭い刺状物ではなくなっているのです。

なお、**「爪に火を灯す」**という文句があります。大辞典によれば、例えば、広辞苑（第七版）には「（蠟燭《ろうそく》のかわりに爪に火をともすほど）過度に倹約する」と書かれています。

しかしながら、蠟燭の代わりに爪に火を灯して明かりをとるなどということが、現実的にも空想的にもあり得るのかという問題があります。指の爪は焼けはしても燃えるとは思えないのであり、たとえ、燃えることがあったとしても、一瞬のうちに燃え尽きて役に立たないであろうし、それにも増して、拷問刑の一つにも挙げられそうな耐え難い苦痛に見舞われて明かりどころの騒ぎではないと思われるのです。ということは、爪に火を灯すことなどあり得ないということです。ということは、広辞苑の説明は可笑しいということになります。つまり、この文句における爪は当て字なのです。

一音節読みで、粗はツと読み「粗悪な」の意味があり、煤はメイと読み「石炭」のことです。つまり、ツメとは、**粗煤**の多少の訛り読みであり、**「粗悪な石炭」**の意味で、これがこの文句におけるツメの語源です。

ご存知のように、石炭は非常によく燃えて火力も強いので製鉄所の溶鉱炉における燃料とされています。比較的に燃えにくく火力のでない粗悪炭が粗煤であり、これが捨てられてできた山を「ボタ山」といいます。粗悪であるといっても、まだ、燃える余裕のあるものは沢山あり、倹約する家庭では、ボタ山から拾ってきた粗煤が使われていたことから、このような文句ができたのです。

つまり、「爪に火をともす」とは、「粗煤に火をともす」で**「粗悪な石炭に火をともす」**の意味であり、これがこの言葉のほんとうの語源です。したがって、炊事場での煮炊きや、風呂を沸かしたり、暖房をとるために「粗悪な石炭を燃やす」ということです。

95　ツラ（頬）

日本書紀（神代上八段）の大己貴神《おほあなむちのかみ》の条に「小男《をぐな》ありて・・・跳りて其の頬を囓《く》ふ」とあり、その解説書である日本書紀（岩波文庫）では、頬《つら》と振仮名してあります。

大言海によれば、平安時代の字鏡に「頬、豆良」、和名抄に「頬、豆良、一云、保保、面旁目下也（面ノ傍ノ目下ナリ）」と書いてあります。このように、そもそもツラとは頬《ほほ》のことをいったのです。

枕草子（能因本）の六二段に「つらいと赤うふくらかなる」とあり、その解説書では、「つら」を漢字の「面」に書替えて面《つら》と振仮名してありますが、漢字では頬と書いて頬《つら》と振仮名すべきではなかったかと思われます。なぜならば、上述したように、平安時代の字鏡や和名抄に「頬をツラ（豆良）という」と書いてあるからです。学者は「一定の年月の経過で言葉は変わる」といいますが、学者の誤解と思われる解説によっても変わるのです。

面については、同時代の名義抄に「顔、面、オモテ」と書いてあり、当時は面はオモテと読んだのです。つまり、歴史上は、頬はホホやツラ、面はオモテと読むべきものだったのです。にもかかわらず、現在では、頬の字はホホ（ホオ）とだけ読まれて、面の字がツラとオモテの双方で読まれるようになっています。

頬は、顔の中にあり、身体の中でも美しい部分の一つであることは、誰もが認めることと思います。一音節読みで、姿はツ、孌はランと読み、共に「美しい」の意味があります。つまり、ツラとは、**姿孌**の多少の訛り読みであり、直訳すると**「美しい（部分）」**の意味になり、これがこの言葉の語源と思われます。

このような意味だからこそ、「頬《つら》汚し」などの文句が生きてくるのです。

96　ツンボ（聾）

耳の聞こえないことをツンボといい、そのような人をも指します。

大言海には「ミミシヒ。不具ノ名。耳ニ声ヲ聞クベキ、感覚ヲ失ヘルモノ。ツンバウ」と説明してあり、また、江戸時代の狂言記に「身共ノ仕《ツカ》フ者ハつんぼデゴザル」と書いてあることが紹介されています。

一音節読みで、刌はツンと読み「切る、切断する、断《た》つ」、播はボと読み「伝播する、伝える」の意味があります。つまり、ツンボとは**刌播**であり、直訳すると**「伝播を断つ（病）」**の意味になり、これがこの言葉の語源と思われます。

伝播とは音声を伝えることで、漢語では放送を広播（クアンポ）といい、ラジオ放送を播送（ポソン）、テレビ放送を播放（ポファン）といいます。

97　テ（手）

手と足のことを肢といい、おのおの左右に二本づつあるので、全部を合わせて四肢といいます。人間以外の動物を見れば分かるように、本来は、前肢と後肢だったものを、分離した言葉にしたものが手と足なのです。

漢和辞典をみると、手と足は象形文字であり、手は五本の指と掌をかたどったもの、足は膝と足首をかたどったものと説明されています。また、手は、そもそもは上肢の先端で物を摑むことのできる部分（上肢前端能拿東西的部分）、つまり、「手首から指先まで」の部分をいい、手首を含まないとされています。ただ、現在では、上肢の総称（上肢的総称)、つまり、「肩から指先まで」の部分もいうことがあると書いてあります。

手は漢語の一音節読みではショウと読みますが、日本語では音読でシュ、訓読でテと読みます。音読のシュはショウの多少の訛り読みであるとして、訓読のテと読む所以はどこからでたものでしょうか。それは、古い時代において、手と足とが置かれた通常の状態の比較からでたもののようです。

一音節読みで、腆はティエンと読み「美しい」の意味があります。つまり、テとは**「腆」**の多少の訛り読みで**「美しい(肢部分)」**の意味であり、これがこの言葉の語源と思われます。

古い時代には、庶民である殆んどの人たちは裸足であり、道路や地面はさほど舗装されていなかったので、特に雨でも降るとぬかるみになり、外で歩くと足は泥まみれになって汚れていたのです。これとは反対に、手は地面に触れる必要はないので、泥まみれになることもなく、清潔で美しいままにしておれたのです。手と足とは、反対の意味の言葉ですから、足は「汚い肢」の意味になっています。反対語の関係上、アシ(骯肢)(=汚い肢)に対して、テはそもそもはテシ(腆肢)であり「美しい肢」の意味だったと思われますが、肢の読みを省略した腆の読みだけの一音節言葉になっています。

上述したように、そもそもの漢語における「手《ショウ》」とは、手首は含まず「手首から指先まで」の部分を指します。しかしながら、現在では、上肢の総称のことをも指すとされています。日本の大辞典では、手について次のように説明されています。

・大言海:「**て**(名)手‖(一)人類ノ両肩ヨリ左右へ出デタル肢《エダ》。即チ、肩ヨリ指ニ至ル総名。人間ノ上肢。(二)手首。『手ニ手ヲ取ル』『手ヲ握ル』(三)タナゴコロ。テノヒラ。掌‖今昔物語『年七歳ニ成ニ、始テ其手ヲ開テ、云云、開タル掌ノ中ニ』『手ヲ打ツ』『手ヲ叩ク』『手ヲ合ハス』」。

・広辞林：「**て**［手］（名）①人間の両肩から左右に出た長い部分。②てくび。うでくび。『―を握る』。③てのひら。たなごころ。④ゆび。てさき。『―を折って数える』」。

・広辞苑：「**て【手】**（名）●人体の左右の肩から出た肢。①肩から指先に至る間の総称。②手首。記(下)『我が―取らすも』③手のひら。日葡『テヲアワスル』④手の指。源（橋姫）『―を折りて数へ侍れば』」。

つまり、日本語の大辞典では、テ（手）とは、その第一義は「肩から指先までの部分」、第二義は「手首」、第三義は「手のひら」、第四義は「手の指」のこととされています。

しかしながら、手には、単体としての「手首」の意味はなく、また、「手のひら（たなごころ）」や「指」の意味もないと考えるべきものと思われます。大言海における「手ヲ打ツ」「手ヲ叩ク」「手ヲ合ハス」というのは、手首から指先までの部分における接触面が手のひらというだけのことであり、源氏物語（橋姫）に「手を折りて」とあるのは、「指を折りて」と書くべきところをそのように書いてしまったと見做すべきもので、一般的に、手に、手のひらや指の意味があると解釈するのはどうかと思われます。

したがって、日本語においては、大辞典の記載にもかかわらず、手の説明は次のようなものになると思われます。

「**て【手】**（名）そもそもは①手首から指先までの部分（手首を含まない）を指す。現在では②肩から指先までの部分（上肢の全体）を指すこともある」。

98　デブとギス

普通と比較して、かなり肥っている人のことを「デブ」、かなり痩せている人のことを「ギス」といいます。

デブについては、漢語では、からだが肥っていることを「身体福福」といいます。日本語ではこれを縮小して二字語の「体福」にして言葉をつくってあります。一音節読みで、体はティ、福はフと読みます。つまり、デブとは、**体福**の多少の濁音訛り読みであり、直訳すると**「体が肥っている（こと）」**、人を指すときは**「体が肥っている（人）」**の意味になり、これがデブという言葉の語源と思われます。

福の字に「しあわせ」の意味があるのは、昔は、太っていることは、充分な食事にありつけて平穏無事な生活を送っていることの証《あかし》だったからです。したがって、「福々《ふくぶく》しい」や「ふくよかな」という表現にも見られるように、福の字は良い意味での「ふとっている」という意味を含む言葉になっています。

「ふとる」は、漢字では「肥る」や「太る」と書きます。福はフ、太はタイと読むので、福太はフタイと読め、その多少の訛り読みが「フト」になり、肥や太の漢字を訓読で「肥《ふと》る」や「太《ふと》る」と読むのは、福太の読みを転用してあるのです。また、ふとった人のことを「でぶっちょ」や「ふとっちょ」ともいいます。「ちょ」とは、一音節読みでチォと読む「者」のことなので、「でぶっちょ」や「ふとっちょ」とは、体福者や太者の読みのことであり、「でぶの者」や「太った者」のことです。

ギスについては、毀は漢語ではフイ、日本語の音読ではキと読み「痩せる、痩せている」の意味のある字です。例えば、漢語では、毀慕は「故人を慕うあまり痩せる」、哀毀は「人の死を悲しむあまり痩せる」という意味の言葉です。

痩は痩身《そうしん》という熟語でも使われている字で、漢語ではショウ、日本語の音読でソウと読み「痩せる、痩せている」の意味です。つまり、日本語の音読で毀はキ、痩はソウと読み同じ意味なので、ギスとは、**毀痩**の多少の濁音訛り読みであり、直訳すると**「痩せている（こと）」**、人を指すときは**「痩せている（人）」**の意味になり、これがギスという言葉の語源と思われます。言葉として分かり易いように、ギスの前に、同じ意味の「痩せ」を付加して「痩せギス」のようにもいいます。

デブやギスは、そもそもは一言でいえる簡潔で便利な言葉であり、単に「肥っている」や「痩せている」という意味に過ぎないもので、しっかりした語源が存在するまともな言葉なのです。にもかかわらず、現在では、オシ、ツンボ、メクラ、チンバ・ビッコ、ノッポ・チビなどの簡潔で意味の明確な言葉が、差別用語とされて使いにくくなっています。なぜ、このようなことになるかというと、これらの言葉についてその語源と意味が明らかにされていなくて、過去に大辞典などで**「あざけったり、ののしったり、からかったり、軽んじたりしていう卑語」**などの説明がされてきたので、その語源も分からずになにか悪い意味があるのではないかと理解されてしまい、次第に差別用語と見做されるものになってしまっているのです。つまり、このような言葉が「差別用語になる」のは、大辞典の説明」にも責任の一端があるといえます。

広辞苑（第七版）には、デブについては、「**でぶ**　肥えていること。また、その人をあざけっていう語。」と書いてあり、ギスという言葉は収録されていません。

99　ドモリ（吃）

大言海には「言語ヲ平滑《ナメラカ》ニ発シ得ズシテ、時時、ツカエ促《ツマ》ルコト。又、ソノモノ。ドモルコト。ママナキ。特ニ、カキクケコ、タチツテト、ノ音ヲ発セムトシテ能ハズ、重ネテ言ヒテ、始メテ発シ得ルモノ多シ。略シテ、ども」と説明してあります。また、江戸時代の狂言記の「どもり」の条に「此方ニ申シテ、キ、キカシマショ、わ私ハ、ど、どもりデ、モノガユヒニクク御座リマス」と書いてあることが紹介されています。

一音節読みで、兜はドウ、蒙はモンと読み、動詞では共に「混乱する、乱れる」の意味があります。戻はリと読み「戻《もど》る」の意味がありますが、ドモリという言葉では同じ発音に戻ることになるので、実際は同じ発音を繰返すことになります。したがって、ドモリは、**兜蒙戻**の多少の訛り読みと思われ、直訳すると「乱れて繰返す」の意味になります。実態に即して主語を入れていうと**「発言が乱れて繰返す（症状）」**の意味になり、これがこの言葉の語源と思われます。

ドモリは、漢字で「吃」と書かれますが、吃には「食べる」という意味もあり、その場合には繁体字では喫と書かれます。

100　ナミダ（涙・涕・泪）

ナミダ（涙・涕・泪）について、大言海には「眼ノ内部ノ腺ヨリ分泌シ出ヅル水」と説明してあります。また、万葉集の長歌では、奈美太と書かれて、次のような歌が詠まれています。

・早還《かへ》り来《こ》と　眞袖《まそで》持ち　奈美太をのごひ
むせひつつ　語らひすれば・・・

（万葉４３９８）

平安時代の和名抄に「涕、涙、奈美太」、名義抄に「涙、ナミダ」と書いてあります。

一音節読みで、吶はナと読みそもそもは「声をだす、声をあげる」の意味ですが、「泣く」の意味もあります。瀰はミと読み「水」、耷はダと読み「垂れる」の意味があります、つまり、ナミダとは、**吶瀰耷**であり直訳すると「泣いた水で垂れる（もの）」ですが、表現を変えると**「泣いて垂**

れる水」の意味になり、これがこの言葉の語源と思われます。

また、ナミダは、漢字で奈美太と書かれていることから、「美しいもの」の心象があります。娜はナ、靡はミと読み共に「美しい」の意味です。大はダと読み「大いに、とても、非常に」の意味があります。つまり、ナミダは、**娜靡大**であり、下から訳すると**「とても美しい（もの）」**の意味になり、これもこの言葉の語源で掛詞かも知れません。そのように見做して掛詞をまとめると**「泣いて垂れる、とても美しい水」**になります。

現代では、昭和四〇～六〇年代に大変に人気のあった流行歌に「上を向いて歩こう」（永六輔作詞・中村大八作曲・坂本九歌）というのがあり、次のような歌詞の中に涙が詠み込まれています。

上を向いて歩こう　涙がこぼれないように
思い出す春の日　一人ぼっちの夜
上を向いて歩こう　にじんだ星をかぞえて
思い出す夏の日　一人ぼっちの夜
幸せは雲の上に　幸せは空の上に
上を向いて歩こう　涙がこぼれないように
泣きながら歩く　一人ぼっちの夜

101　ニキビ（面皰）

漢字では、面皰と書きます。というのは、背中などにもできますが、普通には、顔面にできるものを指すからです。ニキビにつき、大言海には、「体内ノ脂《アブラ》ノ腺ヨリ、絶エズ皮膚ニ脂ヲ出ス。ソレガ流レズ、皮膚ノ表ニ溜リテ隆《タカ》クナリ、時ニ膿ヲ持ツモノ。又、塵埃《ジンアイ》、其他ノ垢《アカ》ノ、皮脂ノ孔ヲ塞《フサ》ギ、或ハ貧血ナドニヨリ、粟粒、又ハ、小豆大ノ、小サキ隆起ヲ生ジテ、其尖ニ黒キ点ヲ生ズルモノ。此生ズルハ、十七八歳ヨリ、三十歳マデノ年齢ニアリト云フ」と説明してあります。また、江戸時代の書言字考節用集に「面皰、粉刺、ニキビ」と書いてあります。

ニキビは、人によって差がありますが、特に、妙齢の娘さんには、困ったものになっています。

一音節読みで、膩はニと読み「脂《あぶら》」、亀はキと読み「隆起した、盛り上がった、高くなった」、病はビンと読み「病気、病《やまい》」の意味です。つまり、ニキビとは、**膩亀病**の多少の訛り読みであり、直訳すると**「脂の隆起した病」**の意味になり、これがこの言葉の語源と思われます。病の意味になるのは、膿をもったり、人によってはかなりの量ができニキビ痕が残ったりすることがあるからです。

102 **ニク**（肉）

漢字では肉と書きます。漢語の音読ではロウと読み、日本語では音読はなく、訓読でニクと読みます。このように、日本語には音読のつくられなかった漢字があるのです。例えば、草の「菊」は、日本語では音読のない漢字として有名なものです。

肉について、大言海には「(一) 動物ノ体ノ大半ヲ成スモノ。紅ニシテ柔キ固形ノ物ナリ。筋ト共ニ骨ヲ包ミテ皮ニ被ハル。(二) 厚さ、厚み。『板ノ肉』(三) 果実ナドノ柔軟質ノ部分。種子ヲ包ムモノ。(四) 印肉ノ略。(五) 牛肉ノ略」と説明してあります。

肉というときは、普通には、動物肉のことを指し、ここでは、特には「美味しいもの」とは説明されていませんが、動物性の蛋白質と脂肪の含まれた、とても美味しい食べ物といえます。

漢語では、肉食は第一義では「肉を食べること」ですが、第二義では「美食すること」とされており、肉食者は「高禄で肉のような美味しいものを食べている人、つまり、役人のこと」をいうとされています。

漢語辞典によれば、旎はニと読み「柔美」の意味、つまり「柔らかで美しい」の意味と書いてあります。穀はクと読み「よい、良好な、美しい」などの意味があります。つまり、ニクとは**旋穀**であり直訳すると「柔らかで美しい良好な（もの）」の意味ですが、美には美味の意味があり、食べ物について良好というのは美味ということなので**「柔らかで美味しい（食べ物）」**の意味になり、これがこの言葉の語源と思われます。

したがって、そもそもは食べる動物肉、つまり、食肉に対してつくられた名称のようです。

103　ノッポとチビ

背丈について、普通よりかなり背の高い人のことをノッポ、普通よりかなり背の低い人のことをチビ、といいます。

大言海には、「**のっぽう**（名）〔延坊《ノビバウ》ノ急呼転〕身長ノ高キ者ヲ嘲リ呼ブ語。」、「**ちび**（名）身長ノ矮小ナルモノヲ、嘲リテ云フ語。」と書いてあります。

ノッポについては、一音節読みで、努はヌ、突はツ、破はポと読み、いずれも「突き出る、突き出ている」の意味があります。つまり、ノッポとは、**努突破**（ヌツポ）の多少の訛り読みであり、直訳すると**「突き出ている（人）」**の意味になり、これがノッポという言葉の語源と思われます。とても背の高い人は、普通の背丈の人に比べて、頭一つ、或いはそれ以上に抜け出ているので、このような意味になるのです。

チビについては、まだ幼少の子供の愛称として「おチビちゃん」とか、小学校の低学年程度までの子供に対しても「チビッ子の集まり」や「チビッ子大会」などと親しみを込めても使われます。

一音節読みで、尺はチィと読み「短かい、小さい、短小である」、庳はビと読み、「短小である、背が低い」の意味があります。つまり、チビとは、**尺庳**の多少の訛り読みであり、直訳すると「小さい背が低い」の意味ですが簡潔にいうと**「背が低い（人）」**の意味になり、これがこの言葉の語源と思われます。

104　ノド（喉・咽喉）

漢字では、喉や咽喉と書きます。ノドについて、大言海には、次のように説明してあります。「**のど**（名）咽喉（一）口ノ奥ノ、飲食、呼吸ヲ通ズル所。即チ、胃管、気管ノアル所。易林節用集（慶長）『喉、咽、ノド。』」、宇治拾遺（物語）に『徒ヨリ参リケル女房ノ歩ミ困ジテ、タダ立テリニ立テリ居タルガ、のどノ乾ケバ水飲マセヨトテ』。（二）唄フ声。萬葉集、長歌『鵺鳥《ヌエドリ》ノ能杼《ノド》呼ビ居《ヲ》ルニ』『のどガイイ』『のどヲキカセル』」。

ノドは、飲食と呼吸の外に、そこに声帯があって人間のもつ重要な機能である音声をつくる所でもあります。

大言海に紹介されている万葉集の長歌（万葉892）の原文では「能杼与比居尓」と書かれているのですが、大言海では「能杼《ノド》呼ビ居《ヲ》ルニ」、日本古典文学大系「萬葉集一」では「呻吟《のどよ》ひ居るに」と翻訳されています。

・鵺鳥《ぬえどり》の　呻吟《のどよ》ひ居《を》るに　いとのきて
　短き物を　端《はし》截ると・・・（万葉892）

日本古典文学大系「萬葉集一」の万葉892の補注では「ノドということばは、元来、ノミト（飲み門）で、トは甲類のトであった。奈良朝末期の新訳八十巻華厳経音義私記に乃美土の例がある。それが nomito → nomto → nondo → nodo という変化を経て、ノドという形になったものである。」と書いてあります。

しかしながら、「能杼与比」が呻吟《しんぎん》のことならば、それは「苦しんで声を出すこと」、つまり、「うなること、うめくこと」ですから、この歌でのノドという言葉は「ノミト（飲み門）」というよりも「声帯から声を出す」ことに重点があるらしいことになります。

　また、万葉仮名一覧表を見ると、万葉仮名九七三字の中では、門は甲類、乙類を問わず「モ」とだけ読むとされています。つまり、万葉仮名では、門は「ト」とは読まないようなのです。また、字義からすると、ノミト（飲み門）は、「飲む入り口」のことですから口のことでなければならないのであり、ノドはクビ（頸）の場所にあるので「そもそもノミト（飲み門）」である筈がないのです。更に、なぜ、ノミトがノドまで変化するのかという問題もあります。したがって、補注での、ノドがノミトからきたとの説には疑問があります。

　さて、語源の話に移りますと、ノドという二音節の短い言葉の語源は、なかなか難しいのです。なぜならば、飲食をつかさどる食道、呼吸をつかさどる気道、音声をつくる声帯機能の中で、どの特徴に注目してつくられたのか分からないからです。

　一音節読みで納はナと読みますが、日本語では少し訛ってノウと読み「納《おさ》める、収納する、納入する」などの意味があります。道はドウと読み、名詞では「道《みち》、道路、通路」などの意味があります。つまり、ノドは、**納道**の多少の訛り読みであり、直訳では**「納入する通路（部分）」**の意味になり、これがこの言葉の語源と思われます。なにを納入するかというと、飲食物や空気を納入するのです。

　また、人間が他の哺乳動物と最も異なる点は、声帯から音声を出して複雑な話ができるということです。したがってそのことからつくられている可能性があります。一音節読みで、能はノンと読み「できる」の意味があります。漢和辞典をひもといて頂くとお分かりのように、道はドウと読み、動詞では「話す、語る、言う」などの意味があります。つまり、ノドは、**能道**の多少の訛り読みであり、直訳すると**「話のできる（部分）」**の意味になり、これもこの言葉の語源で掛詞と思われます。

　掛詞を合わせていうと「（飲食物や空気を）納

入する通路のある、(声帯があって)話のできる(部分)」になります。

105 ノドボトケ（喉仏）

ノドボトケについて、大言海には「喉ノ外部ノ中間ニ、凸《タカ》ク突キ出タル所ノ称。即チ、甲状軟骨ノ俗称。ノドボネ。結喉」と説明してあります。

漢字では、喉仏と書きますが、この身体器官が仏様である筈もないので、この仏は単にその音読を利用するための当て字になっています。

一音節読みで、勃はボと読み「勃起する」、凸と突は共にトと読み「突出する、突き出る」の意味があります。肯はケンと読み、名詞で使うときは「骨付き肉」のことをいいます。

つまり、ボトケとは、勃突肯の多少の訛り読みであり直訳すると「勃起して突き出た骨付き肉」ですが、骨付き肉を骨肉と見做して表現を変えていうと「勃起して突き出た骨肉」の意味になります。したがって、ノドボトケは、**喉勃突肯**であり**「喉にある勃起して突き出た骨肉」**の意味になり、これがこの言葉の語源と思われます。

ノドボトケは、外形上は骨だけが突き出ているのではなく、骨と肉とが一緒になって突き出ているので骨付き肉の意味である「肯」を語源に使ってあるものと思われます。

106 ハ（歯）

漢字では、歯と書きます。歯は、音読では漢語の一音節読みでチと読み、日本語では音読でシ、訓読でハと読みます。

大言海によれば、平安時代の和名抄に「歯、波・」と書いてあります。波とは、皺《しわ》状の水のうねりのことですが、歯並びの凹凸《おうとつ》を、そのうねりに見立てての字と思われます。波は、漢語の一音節読みでポと読むのですが、日本語の音読ではハと読み、すでに万葉仮名ではそのように読まれています。したがって、ハ（歯）は**波**であり直訳すると**「波状をした（部分）」**の意味になり、これがこの言葉の語源の一つかも知れません。

大言海には、「**は**（名）歯‖〔平ノ約、端ノ義〕（一）動物ノ上下ノ顎、即チ、口腔内ニ生ズル骨ノ如キモノ。物ヲ噛ミ砕ク用ヲナシ、人ニアリテハ、兼ネテ、言語ヲ明白ナラシムル用ヲモナス。（二）スベテ、器具等ニ、細カキ刻ミノ竝《ナラ》ビ出デタルモノ」と説明してあります。また、「**は**（名）刃‖〔歯ノ義〕刀、小刀ナド、切物ノ縁ノ、薄ク鋭クシテ物ヲ切ルベキ処」と説明されています。つまり、大言海には、歯は刃物であると書いてあるようです。

一音節読みで伐はファと読み、①「殺す」、②「討伐する」、③「伐採する」などの外に、④「叩き切る、砕《くだ》き切る」の意味があります。つまり、ハ（歯）とは、**伐**の多少の訛り読みであり、直訳すると**「砕き切る（部分）」**の意味になり、これがこの言葉の語源と思われます。

歯の場合などは、「砕き切る（器官）」といった方がよいのかも知れませんが、本書では「部分」に統一しています。掛詞をまとめると**「波状をした、砕き切る（部分）」**になります。

107 ハイ・フクフクシ（肺）

肺は、漢語の一音節読みではフェイ、日本語ではハイと読み、胸腔内の左右にある呼吸器官のことをいい、空気を吸引・放出することによって血液内の酸素と二酸化炭素（炭酸ガス）を交換する役目を受け持っています。

大言海には、「**はい**（名）肺‖　古名、フクフクシ。動物体内ノ呼吸ノ器官。左右ニ各一個アリテ、胸腔ノ両側ニアリ、状、柔クシテ、海綿ノ如クニシテ弾力ニ富ム。心ノ臓ヨリ、暗赤、不潔ナル静脈ノ血、送ラレテ此ニ来レバ、呼吸ニ因リテ一新セラレ、鮮赤、清潔ナル血トナリテ再ビ心の臓へ還リ動脈血トナル。肺臓。」と説明してあります。

この記述を根拠にして、語源を考えてみますと、一音節読みでは、含はハンと読み「含む」、臆はイと読み「胸、胸腔」の意味があります。つまり、**ハイ**とは**含臆**の多少の訛り読みであり、直訳すると**「胸に含まれる（部分）」**の意味になり、これがこの言葉の語源と思われます。

また、放はファンと読み「放出する」、引はインと読み「吸引する」の意味があります。つまり、ハイとは、**放引**の多少の訛り読みであり、直訳すると「放出し吸引する（器官）」の意味になりますが、器官を統一して用いることにしている部分に替え、目的語を補充していうと**「空気を放出し吸引する（部分）」**の意味になり、これもこの言葉の語源と思われます。ハイが、「放引」になっているのは、先ずは炭酸ガスの含まれた空気を「放出」して、その後で酸素の含まれた空気を「吸引」するの意味ではないかと推測されます。

掛詞をまとめていうと**「胸に含まれる、空気を放出し吸引する（部分）」**になります。

大言海によれば、平安時代の字鏡に「肺、不久不久志」、和名抄に「肺、布久不久之」、天治字鏡に「肺、布久布久志」、華厳経音義私記に「肺、布久布久之」と書いてあります。つまり、平安時代には、ハイ（肺）はフクフクシと呼ばれていたようです。

一音節読みで、乎はフと読み「（空気・息などを）吐き出す」、鼓はクと読み「鼓動する」の意味があります。息はシと読み「息《いき》」のことです。つまり、フクは乎鼓であり直訳すると「吐き出し鼓動する」、フクシは乎鼓息であり、直訳すると「息を吐き出し鼓動する」の意味になります。したがって、フクフクシは重ね式表現の**乎鼓乎鼓息**であり**「息を吐き出し鼓動する（部分）」**の意味になり、これがこの言葉の語源と思われます。

108　バカ（馬鹿）

バカは日本語としてつくられた仮名言葉であり、漢字で馬鹿と書かれますがこれは単なる当て字です。日本でこの言葉がつくられてから、シナの古い歴史書である史記に記載されている秦の二世幼帝胡亥《こがい》と重臣趙高《ちょうこう》とのやりとりから生れた言葉とされるようになったのですが、この話は、趙高の権力が強かったことを示すための単なる馬鹿《うましか》問答の話に過ぎないのであって、人間が「愚かである」という意味でのバカとはなんの関係もありません。

一音節読みで糠はカンと読み、そもそもは籾殻《もみがら》のことですが、形容詞では「空の、空っぽの」の意味があります。

バカは、糠の字を使った棒糠や板糠のことです。棒はバンと読み副詞で使うときは「とても、非常に、著しく、まったく」などの意味、板はバンと読み形容詞や副詞で使うときは「あほ、ばか、まぬけ」の意味がありますから、直訳すると**棒糠**は**「まったくの空っぽ（の人）」**、**板糠**は**「あほで空っぽ（の人）」**の意味になり、これらがこの言葉の語源と思われます。意味上からは後者の方が空っぽの意味も明確で適当かも知れません。「空っぽ」というのは、脳味噌について「空っぽ」という意味です。

バカの語源説として、上述の史記での話の外に、インドのサンスクリット語からきたというのもありますが、殆んど信じられないことです。サンスクリット語には、「あほ、ばか、まぬけ」という意味でのバカという発音の言葉はないようなのです。

仏教語源散策（中村元編・東書選書）には、次のように書いてあります。「サンスクリット語にバカ（baka）という言葉はあるにはあるが、一つはアオサギの一種で、学名はArdeanideaで、バカどころではなく、大へん用心ぶかく、賢い鳥として知られ、ずる賢い人、偽善者をこの鳥にたとえる。中略。さらにバカという名の有名な悪魔が二名ほどしられている。また、バカという聖者もいたが、いずれも馬鹿とは無関係であろう」。サンスクリット語のモーハ（moha）は、漢語で愚、癡、愚癡や無明と訳されているようですが、音声が異なり過ぎており、バカの語源などには到底なり得ません。

　そもそもバカの語源を云々するに際して、漢字言葉ならともかく、仮名言葉について日本人自身がつくったものとの思考の欠如そのものが問題なのであり、極めて残念なことといわざるを得ません。

109　ハギ（脛）

下肢のうち、「膝《ひざ》から踝《くるぶし》まで」の部分を指して、ハギ（脛）やスネ（脛）といいます。

大言海によれば、平安時代の字鏡に「腨、波支」、同「髐、骹字同脛也、波支」、和名抄に「胻、波岐、脛也」、今昔物語に「山人コレヲ聞キテ、男ノ袴ヲ褰《カカ》ゲテ見レバ、はぎ爛《タダ》レテ、骨現《アラ》ハニ見ユ」と書いてあり、また、江戸時代中期の書言字考節用集（一七一七年刊）に「骹、胻、脛、ハギ」と書いてあります。大言海自身には、「**はぎ**（名）脛‖膝ヨリ下、踝《クルブシ》ヨリ上ノ部。今、スネ。ムカフズネ」と説明してあります。

　ハギ（脛）を全体として見たときの特徴は、その裏側部分がふっくらと隆起していることにあります。その裏側部分だけを指すときは「フクラハギ」といいます。

　一音節読みで、胖はパンと読み「肥っている、ふっくらとしている」の意味、亀はキと読み形容詞では「隆起している、盛り上がっている、高くなっている」の意味があります。つまり、ハギとは、**胖亀**の多少の訛り読みであり**「ふっくらと隆起している（部分）」**の意味であり、これがこの言葉の語源と思われます。つまり、ハギという言葉は、裏側部分の特徴に注目して付けられているようです。

　したがって、スネはムコウズネ、ハギはフクラハギともいうことを考慮すると、スネとハギとは同じ「膝《ひざ》から踝《くるぶし》まで」を指すといっても、スネは表側部分、ハギは裏側部分を指す名称として付けられたのではないかとも推測されます。

　余談をしますと、「日本語の起源」（大野晋著・岩波新書）という本の一九六頁には、次のように書いてあります。「**アルタイ語の受け入れ方**　アルタイ語には二重子音の例がある。しかし、日本で行われていた言語の音韻体系は二重子音を許さなかった。その結果、アルタイ語を受け入れるようになった場合、二重子音を持つアルタイ語の単語を、日本語がどのように変えたか、という例を、あげてみよう。まず、人体語の脛（ハギ）である。日本語のハギは古形pagiと考えられる。これは朝鮮語palと対応しそうである。朝鮮語の、語中・語末のl《エル》は日本語のgまたはkと対応するらしく見えるものがあるから、palがpagiに対応すると考えることもできなくはない。然し、アルタイ語を見て行くと、足にpalganという形を持ったものが少なくない。例えば、ツングース語ゴルヂ方言palgan（足）、オルチャ方言falzaなどである。こうした例を見ると、朝鮮語ではそれをpalの形で受け入れ、日本ではpalgのl《エル》を落としてpagiとして受け入れたのではないか。つまりlgという二重子音を避けて、lを落としたのであろうと思われる」。

　しかしながら、ここに書いてあることは、仮定だらけであり、ハギという言葉がアルタイ語からきたなどとはとてもありそうにないことと思われます。大体、日本語の人体語の多くが、アルタイ語からきたという仮定そのものが可笑しいのです。

　また、そもそもはイギリス人学者が提唱した「**ピー音考**」という学説があります。その説によれば、昔はハ行音は半濁音で読まれていた。つまり、ハヒフヘホはパピプペポと読まれていた。したがって、**「昔はハハはパパだった」**という学説のようで、日本の学者がこぞって賛同しています。他に、身体語についていうと、ハラはパラ、ヒジはピジ、ホネはポネ、ホホはポポ、ヒゲはピゲ、ヒザはピザが挙げられています。

　しかしながら、平安時代の和名抄には「母、波波」と書いてあり、日本古典文学大系「萬葉集一」の音韻の項では、波という字は万葉仮名では「ハ（fa）」と読んだとされています。つまり、昔は母はハハ（波波）と読まれたのです。

　また、漢語漢字の読みにおいては、昔はではなくて、昔からずっと現在でも、日本語でのハ行音は漢語では半濁音で読まれる場合が極めて多いのです。例えば、日本語としてよく使われている漢字でいえば、「派、爬」などは、日本語ではハと読みますが、漢語ではパ（pa）と読みます。「覇」は、日本語ではハと読みますが、漢語ではパ（ba）と読みます。「攀、判、拌、叛、畔」などは、日本語ではハンと読みますが、漢語ではパン（pan）と読みます。「頒、阪、坂、半、伴」などは、日本語ではハンと読みますが、漢語ではパン（ban）と読む、といった具合です。原則として、漢語には濁音読みはないので、baやbanはパやパンと読みます。つまり、「ピー音考」というのは、どの程度の信用が置けるのか極めて疑問のある説といえます。

110
ハゲ（禿）

ハゲとは、いろんな原因で、頭の一部または全部に毛が生えていないことをいいます。乏は、一音節読みでファと読み「乏しい、欠けている」の意味の外に「な（無）い」の意味があります。つまり、ハゲとは**乏毛**の多少の訛り読みであり、直訳すると「無毛、毛がない」のこと、実態に即して頭という言葉を補足していうと**「頭に毛がない（部分）」**の意味になり、これがこの言葉の語源と思われます。

　大言海によれば、鎌倉時代の宇治拾遺物語に「イタダキはげタル大童子」、「見レバ髪はげタル六十バカリナルガ」とでています。

　漢字では、ハゲは禿と書きます。漢語の一音節読みで禿はツと読み、ハゲ頭のことを禿頭《ツトウ》、頭の禿げた人のことを禿人《ツレン》といいます。

　すっかり禿げていることを日本語で「つるっ禿《ぱ》げ」といいます。漢語には「禿溜」という熟語があり「ツリュ」と読み、「ツルッと滑る」という意味です。ツルッ禿げとは、禿溜禿《はげ》の促音便訛り読みであり**「ツルッと滑るほどの禿げ」**のことです。また、ツルツル頭というのも、禿溜禿溜頭の多少の訛り読みであって、直訳すると**「ツルッと滑るほどの禿げ上がった頭」**のことです。

111　ハダ（膚・肌）

　大言海によれば、ハダとは、植物などでは「皮と同じ」とあり、「木はだ」のように使い、人間では「人体の皮、皮膚、膚」のことと書いてあります。膚は肌とも書きます。万葉集では、肌や秦と書かれて、次のような歌が詠まれています。

・むしぶすま　柔《なご》やが下に臥《ふ》せれども
　妹とし寝ねば肌《はだ》し寒しも（万葉集524）

・赤らひく秦《はだ》も触れずて寝たれども
　心を異《け》しく　わが思はなくに（万葉2399）

　万葉2399の歌意は、「ほの赤い美しい膚も触れずにこうして独り寝ているけれども、私は心変りをしたわけではないのだから」とされています。原歌では、膚は「秦」とも書かれており、秦をハダと読むことについては、日本古典文学大系

「萬葉集三」（岩波書店）における、この歌の頭注において、古語拾遺に「秦の字を訓みて、之を波陀と謂ふ」と書いてあることが紹介されています。

さて、語源の話に移りますと、ハダ（膚・肌）は、カワ（皮）と同じですから、その語源の意味も似たようなものになると推測されます。一音節読みで、汎はファンと読み「すべてに、普遍的に」、達はダと読み「達する、達している」の意味があります。つまり、ハダは**汎達**の多少の訛り読みであり、直訳すると「すべてに達している」ですが少し意訳すると「すべての所に達している（もの）」、更に分かり易く意訳すると**「全身をすっぽりと覆っている（もの）」**の意味になり、これがこの言葉の語源の一つと思われます。つまり、実質的には皮の意味になります。

また、膚をハダと読む限り、「美しい」の意味が含まれていると推測されます。なぜならば、漢和辞典を見ると分かるように、膚の字を形容詞で使うときは「美しい」の意味があるからです。一音節読みで、酣はハン、讜はダンと読み、形容詞で使うときは共に「よい、良好な」の意味ですが敷衍して「美しい」の意味があります。つまり、ハダは**酣讜**であり**「美しい（もの）」**になっており、これもこの言葉の語源で掛詞になっていると思われます。まとめると、**「全身をすっぽりと覆っている、美しい（もの）」**になります。人体は膚（肌）があってこそ美しく見えるのです。

112 ハダカ（裸）

大言海には「**はだか**（名）裸（一）衣ナクテ、膚ノ現ハレテアルコト。（二）スベテ、被物《オホヒ》ナキコト。」と説明してあり、平安時代の字鏡に「躶、波太加奈利」、名義抄に「躶、裸、アカハダカ」、また、今昔物語（十二）に「着ル衣ヲ脱ギテ与ヘツレバ、我レハ、裸ナリ、然レバ大ナル桶ニ木ノ葉ヲ入レ満テテ、夜ハ其レニ入レリ」と書かれていることが紹介されています。

一音節読みで、光はクァンと読み形容詞では「はだかの、むきだしの、ありのままの、なにも身に着けていない」などの意味があり、漢語では、光身という熟語は「裸体」の意味です。したがって、ハダカは**膚光**の多少の訛り読みであり直訳すると**「膚になにも着けていない（こと）」**の意味になり、これがこの言葉の語源と思われます。

113 ハナ（鼻）

鼻について、大言海には「顔ノ中央ニ高クナレル所。二孔ニ成リテ、嗅《カ》グコトト、呼吸トヲ司《ツカサド》ル」と説明してあります。平安時代の和名抄には「鼻、波奈」と書いてあります。鼻は、漢語でピ、日本語の音読でビ訓読でハナと読みます。

ハナの形状は、鼻腔が二行列で、中が空洞で袋状になっています。一音節読みで、行はハンと読み「行列、列」の意味、嚢はナンと読み「袋、袋状物」の意味です。つまり、ハナとは、**行嚢**の多少の訛り読みであり直訳すると「行列になった袋」になりますが、実態に即して少し意訳すると**「二行列になった袋状物」**になり、これがこの言葉の語源と思われます。つまり、鼻腔のことをそのように見做してあるのです。

また、鼻はイビキをかくところでもあり、イビキは漢字では鼾と書き、訓読で「いびき」と読みます。一音節読みで、鼾はハンと読みます。つまり、ハナとは、**鼾嚢**の多少の訛り読みであり直訳すると「鼾の袋状物」、少し意訳すると**「鼾をかく袋状物」**の意味になり、これもこの言葉の語源で掛詞になっていると思われます。掛詞をまとめると「二行列になった、鼾をかく袋状物」になります。

114　ハナタレ（洟垂）

大言海によれば、平安時代の字鏡に「多洟、波奈太利」、名義抄に「洟、ハナタリ」とでています。また、同時代の枕草子（八五段）の「物のあはれ知らせ顔なるもの」の段には「はな垂り　まもなうかみつつ物いふ声」とでており、現代語に翻訳すると「鼻水を垂らし、しょっちゅう紙で鼻をかみながら物をいう声」の意味とされています。ということは、平安時代には「洟《はなみず》（鼻水）を垂らす」という意味の「ハナタリ」という言葉があったのです。

大言海には「**はなたらし**（名）洟垂（一）洟ヲ垂ラスコト。（二）小児ナドヲ嘲リ云フ称。ハナッタラシ。ハナタレ。（三）大人ノマヌケナルヲ、賤シメ呼ブ称」と書いてあります。

ということは、江戸時代にハナタリという言葉の延長上に「ハナタラシ」や「ハナタレ」という言葉がつくられたのです。注目すべきことは、（三）に「大人のマヌケナルヲ、賤シメ呼ブ称」とされていることです。その実例として、江戸時代の甲陽軍艦に「武藤新三郎ノ鼻たらしメガ、出頭ニマカセ、氏真公ヲダマシマヰラセ」、東海道中膝栗毛に「売物買物ニ、不躾《ブシツケ》モナニモイルモノカ、はなッたらしメガ」、好色三代男に「小ビクニノ、鼻たれ尼」とあることが紹介されています。

ハナタラシやハナタレが（三）におけるような「マヌケ」の意味にもなるのは、ハナタラシやハナタレという音声言葉の中に、「マヌケ、アホ、バカ、オロカ」に相当する意味が含まれているからです。

昔は、現在に比べて家屋も開放的であり、着物も充実しておらず、ちり紙の備えも殆んどなかったので、冬季になると特に多くの子供たちが洟（鼻水）を垂らしていました。したがって、ハナタレという言葉は、子供に対するときは「鼻水たらし」と「マヌケ」の双方の意味で使われたのでしょうが、大人に対するときは「マヌケ」の意味で使われたのです。

その語源をいいますと、ハナタレはハナとタレからなっています。一音節読みで、憨はハンと読み「間抜けな、阿呆な、馬鹿な、愚かな」などの意味があります。哪はナと読み、語尾につく語気助詞です。つまり、**ハナ**は**憨哪**の多少の訛り読みであり、いくつかの表現から一つで代表していうと**「間抜け」**の意味になります。蛋はタンと読み、人を嘲《あざけ》り見下げ罵《ののし》っていうときの動物体としての人のことです。人はレンと読みます。つまり、**タレ**は**蛋人**の多少の訛り読みであり敢えて解釈するとすれば**「奴、野郎」**などの意味になります。このタレ（蛋人）は、バカタレ、アンポンタレなどと使われます。したがって、**ハナタレ**は**憨哪蛋人**であり、代表していうと**「間抜けな奴」**、男に対してなら**「間抜け野郎」**、女に対してなら**「間抜け女《あま》」**などの意味になり、これがこの言葉の殆んど間違いのない語源と思われます。

広辞苑（第七版）には、次のように書いてあります。

「**はなたらし**【洟垂らし】①よく鼻汁を垂らしていること。またその人。はなたれ。②若年で経験の浅い者や意気地のない人を卑しんでいう語。はなたれ。**はなたれ**【洟垂れ】『はなたらし』に同じ。―**こぞう**【洟垂れ小僧】①洟《はなみず》をたらしている子供。②意気地のない少年。また、経験の浅い者」。

大人について、「若年」に加えて「経験の浅い者」や「意気地のない人」の意味が、語源上どこからでてくるのかは分かりません。広辞苑の説明は、先行辞典の模倣と、語源に基づかない空想的な感性で説明されているからと思われます。

大正時代以前の大辞典では、日本大辞林に「おれものをいやしめよぶこと」、「ことばの泉」に「意地なき人を嘲って呼ぶ語」、大日本国語辞典に「意気地なき人を賤しめ罵っていふ語」と説明されています。しかしながら、なぜそういう意味がでてくるのかはこれまた分かりません。語源上からすると、昭和初期の大言海の「マヌケナルヲ、賤シメ呼ブ称」というのが正しい解釈です。つまり、ハナタレは、オトナに対して使うときは、「マヌケ、アホ、バカ、トンマ」などを意味する言葉なのです。

115 ババ（糞）

大言海には、「**ばば**（名）糞‖ 屎《クソ》（小児ノ語）ウンコ。ダイベン。」と書いてあります。ただ、必ずしも小児語ではなくて、一昔前までは、九州の肥後地方では大人も使っていました。

屁は一音節読みでバと読み、屎《し》、つまり、「大便」の意味です。したがって、大便のことを二音節語にして**屁屁**《ババ》といい、今でも肥後地方では、老人たちの中には、「大便をしたい」ことを「ババしたい」、「大便をしに行く」ことを「ババしに行く」といいます。著者も、故郷の九州にいた若い頃までは、大便とかウンコなどということはなく、すべてババといっていたのであり、今でも、故郷に帰ったときに、老人たちだけに対するときは意識して使っています。

大言海によれば、江戸時代の浮世風呂に「此ノ頃ハ、立チ居モヒトリデ出来ネエカラ、屎《シシ》、屎《ババ》モオマルデトル」と書いてあり、広辞苑（第七版）によれば、浮世風呂（三）に「湯の中にばばをたれて」と書いてあります。

なお、ネコババという言葉があり、拾得物や他人のものなどを自分のものとしてこっそり取得してしまうことをいいます。それは、猫は自分のした大便の上に土や砂をかけて隠してしまう習性があることからきた言葉とされています。

116 ハラ（腹）

腹について、大言海には「胸ノ下、腰ノ上ノ部。内ニ腸、胃等ヲ包ム」と説明してあります。人間の体内には、五臓六腑といわれるように、肺臓、心臓、肝臓、腎臓、脾臓の五臓と、胃、大腸、小腸、胆、膀胱、三焦の六腑が納まっているとされます。三焦はサンショウと読み消化吸収と排泄作用をつかさどる無形の器官とされています。これらの内、腹部に内在するものは、肝臓、腎臓、脾臓の三臓と、胃、大腸、小腸、胆、膀胱の五腑などになります。

腹は、漢語の一音節読みではフと読み、日本語の音読ではフク、訓読ではハラと読みます。大言海によれば、平安時代の和名抄に「腹、波良」と書いてあります。腹の中身や機能が必ずしも定かにされていなかったと思われる古代当時としては、その機能は食べた物を受入れる場所と認識されていたと推測されます。

一音節読みで、飯はハンと読み名詞ではいわゆる「食物、食べ物」のことです。鑑はランと読み「かご」のことであり、「かご」とは「容器、入れ物」のことです。つまり、ハラとは、**頇鑑**の多少の訛り読みであり、直訳すると**「飯の容器」**の意味になり、これがこの言葉の語源と思われます。

また、腹の字には、形容詞で使うときは「大きな円柱形の」という意味があります。一音節読みで、頇はハンと読み形容詞で使うときの腹と同じ意味です。壌はランと読み「地域、領域」のことです。つまり、ハラとは、**頇壌**の多少の訛り読みであり、直訳すると**「大きな円柱形の領域」**のことで、これもこの言葉の語源と思われます。

したがって、ハラとは、飯鑑と頇壌との掛詞であり合わせていうと、**「飯の容器のある、大きな円柱形の領域」**になります。

室町時代頃になると、ハラのことをオナカともいうようになったようですが、そのことについてはオナカ欄をご参照ください。

なお、余談ですが、「日本語の起源」（大野晋著・岩波新書）という本の一九二頁には、次のように書いてあります。「朝鮮語と日本語と南方語、ことにマライ語との三者に共通な、腹《ハラ》、頬《ホホ》、ホトなども、南朝鮮の南方系民族と、日本の南方系民族とが、もとから共通に所有していた単語であるかも知れない」。

しかしながら、ハラ（腹）、ホホ（頬）、ホト（陰）はすべて日本語としてつくられた言葉と思われるのであり、本書において示したような語源が示し得ることから判断して、朝鮮語と南方語と日本語の三者が「もとから共通に所有していた単語」とは到底思われません。

117
ハラワタ（腸）

腸は、漢語の一音節読みではチャン、日本語の音読ではチョウ、訓読ではワタと読み「はらわた」や「このわた（海鼠腸）」のような言葉で使われています。

大言海には「**はらわた**（名）腸（一）古クハ大腸ノ称。又、おほわた（大腸）トモ云フ。小腸ヲほそわた(細腸)ト云フ。(二)今ハ、大小腸ノ総名。単ニ、わた。又百尋《ひゃくひろ》。」と書いてあります。

また、平安時代の和名抄に「大腸、波良和太。小腸、保曾和太」、名義抄に「大腸、ハラワタ、オホワタ。小腸、ホソワタ」と書いてあります。このことから、平安時代には、ハラワタとは大腸のことと見做されていたようです。また、腸はワタと読まれていたこと、つまり、ワタという言葉は平安時代にはできていたのです。

一音節読みで、枉はワンと読み、「曲がった、捩《よじ》れた」の意味があります。黕はタンと読み「汚い」の意味です。つまり、ワタは**枉黕**であり直訳すると**「捩れた汚い（もの）」**の意味になります。したがって、ハラワタは、**腹枉黕**であり**「腹にある捩れた汚い（部分）」**の意味になり、これがこの言葉の語源と思われます。

なぜ、このような意味になるかというと、胃で消化された食物が、腸に押し出されて次第に発酵し消化されて、最終的に大便（糞）になるべき状態で詰まっているからでもあります。したがって、平安時代頃の人たちにとっては、腸は臓器の中でも特に汚いものだったと思われます。

118　ヒゲ（髯・髭・鬚）

　ヒゲについて、大言海には「口、頤《アゴ》、頬ノ辺ニ生ズル毛。口ノ上ナルヲかみつひげ、又、うはひげト云フ、クチヒゲ、髭。口ノ下、頤ニアルヲ、しもつひげ、又、したひげト云フ、アゴヒゲ、鬚。頬ナルヲほほひげト云フ、髯」と説明してあります。つまり、ヒゲというのは、顔面部に生える毛のことをいい、かみつひげ（うはひげ・クチヒゲ）、しもつひげ（したひげ・アゴヒゲ）、ほほひげの三種類があると書いてあります。

　現在では、顔面の上部から順番に、両頬に生えるのを髯《ほほひげ》、鼻と上唇の間に生えるのを髭《くちひげ》、下顎に生えるのを鬚《あごひげ》といいます。以前、しばらくは、髭は「はなひげ」と読む場合が多かったのであり、慣用的に「鼻髭《はなひげ》を生やす」といっていたのです。しかしながら、混乱しないようにとの配慮から、髭は「くちひげ」と読まれるようになったと思われますが、鼻孔の中に生えるものは鼻毛《はなげ》というので、鼻髭と鼻毛とを間違えることはないのです。なぜ、このようになるかというと、ケとヒゲとの字義の区別が分からず、同じ意味と見做してしまったからです。

　これらのヒゲは、古代から、特に上流社会の人たちは常に手入れをして、つまり、いわゆるオシャレとして生やしていたのであり、手入れがされていないものは「不精ひげ」といいました。大言海には、ヒゲの語源について、「秀毛《ヒゲ》ノ意、或ハ、鰭毛《ヒレゲ》ノ意ト云フ」と書いてあります。

　さて、語源の話に移りますと、ヒゲにおける「ケ」は毛であるとして、「ヒ」とはなんであるかが問題になります。一音節読みで、菲はフェイと読み「美しい」の意味があり、この意味で使われるときは菲菲と重ね式表現で使われることが多くなっています。つまり、ヒゲとは**菲毛**の多少の訛り読みであり**「美しい毛」**の意味になっているものと思われます。

したがって、男性の中には、ホホヒゲ（髯）、ハナヒゲ（クチヒゲ）（髭）、アゴヒゲ（鬚）を伸ばしてオシャレする人がいるのです。

119　ヒザ（膝）

ヒザは、漢字で膝と書きます。下肢部における上腿と下腿、太さの違いに注目して、上腿は大腿、下腿は小腿ともいいますが、ヒザは、その中間にある双方を結ぶ関節部のことを指します。特に、前面部の丸い皿のある部分はヒザガシラ（膝頭）といいます。ヒザの特徴は、その部分で折り曲げができることです。

大言海によれば、万葉集に次のような歌が詠まれています。原歌では、二歌とも膝は「比射」と書かれています。

・如何《いか》にあらむ　日の時にかも　声知らむ
　人の膝の上《へ》　わが枕《まくら》かむ（万葉８１０）

・うち日さす　宮のわが背は倭女《やまとめ》の
　膝枕《ま》くごとに吾《あ》を忘らすな（万葉３４５７）

また、平安時代の和名抄に「膝、比佐、脛頭ナリ」、名義抄に「膝、ヒサ」と書いてあります。

一音節読みで、回はホイやフイと聴きなせるように読み「曲折する、曲がる、曲げる」、折はゼやザと聴きなせるように読み「曲折する、屈折する、折る」の意味があります。つまり、ヒザとは、**回折**の多少の訛り読みであり、直訳すると「曲げ折る（部分）」、表現を変えると**「屈折する（部分）」**の意味になり、これがこの言葉の語源と思われます。なお、ヒザを折り曲げて身体を低くすることを、「膝を折る」や「膝を屈《かが》める」といいます。

120 ヒジ（ヒヂ）（肘）

ヒジは、腕の中で、上腕と前腕との中間の繋ぎ目にある折れ曲げができる部分のことをいいます。上下はジョウゲと読むので、上腕に対して下腕といってもよさそうなものですが、普通は前腕というとされています。大言海には、「ひぢ」について「二の腕ト腕脛トノ間ノ折レ曲ル節」と説明してあります。

大言海によれば、平安時代の字鏡に「肘、臂《タダムキ》ノ節ナリ、比知」、和名抄に「肘、比知、臂ノ節ナリ」、名義抄に「肘、ヒヂ」と書いてあります。したがって、ヒジ（ヒヂ）もまた古い言葉なのです。臂は、日本語における腕のことです。

一音節読みで、回はホイやフイと聴きなせるよ読み「曲折する、曲がる、曲げる」、継はヂと読み「継ぐ、接続する」の意味があります。つまり、ヒヂとは、**回継**の多少の訛り読みであり、直訳すると**「曲折できる接続（部分）」**の意味になり、これがこの言葉の語源と思われます。

121 ヒタイ（額）

額について、大言海には「顔ノ上ノ部ニテ、髪際ヨリ眉ノ辺マデノ処」と説明してあります。平安時代の和名抄に「額、額、比太比」と書いてあります。

額は、顔の上辺部にある比較的に広くて平らなところです。一音節読みで、恢はフィと読み「広い」、場はタと読み「平らな」、場は異読でイとも読み「場所」の意味です。つまり、ヒタイとは**恢場場**の多少の訛り読みであり、直訳すると**「広い平らな部分」**の意味になり、これがこの言葉の語源と思われます。ここが、出っ張っているときは、オデコといいます。

122 ヒト・ニンゲン（人・人間）

漢語辞典をみると、「人」という字は先ずは日本語でいう「人間」のことですが、その幾つかの意味の中に「智人」があります。つまり、人は「智恵のある動物」と見做されているのです。

日本語では、人の字は訓読でヒトと読みます。一音節読みで斐はフェイと読み「優れている」の意味があり、例えば、「成績斐然」は「成績が優れている、成績が優秀である」の意味です。動はトンと読み、名詞では「動物」の意味があります。つまり、ヒトは**斐動**の多少の訛り読みであり直訳すると**「優れた（動物）」**の意味になり、これがヒトという言葉の語源と思われます。

人の字は漢語ではレンと読みますが、同じ読みの稔に通じており、稔には「美しい」の意味があります。美には、敷衍して「素晴らしい」の意味もありますから、漢語で人の字をレンと読むのは稔の読みに通じたもので**「素晴らしい（動物）」**の意味になっていると思われます。

他方、日本語では、人の字は音読でニンと読みますが、一音節読みで佞はニンと読み「賢い」の意味があるので、この読みを人の音読に転用して**「賢い（動物）」**の意味になっていると思われます。

人間という二字熟語は、漢語ではレンチィエンと読み「人間社会、人類社会」の意味ですが、日本語ではニンゲンと読み、動物の一種としての「人」のことを指します。間の字は、漢語ではチィエンと読みます。日本語の普通音読ではカンやケン、訓読でアイダと読むのに、人間という二字熟語においてだけはゲンと読みます。なぜ、ゲンと読むかというと、一音節読みで根はゲンと読み「根本的に、徹底的に」などの意味があるからです。つまり、人間をニンゲンと読むのは**佞根**のことであり、直訳すると「賢いのが根本的である」、表現を逆にすると**「根本的に賢い（動物）」**の意味になり、これが人間をニンゲンと読むときのこの言葉の語源と思われます。

結局のところ、ヒトは「優れた動物」、ニンゲンは「賢い動物」という意味の言葉だということです。

123　**ヒトミ**（眸・瞳）

大言海によれば、平安時代の和名抄に「眸、比止美、目ノ珠子ナリ」、名義抄に「睛、ヒトミ」、桑家漢語抄に「瞳子、比登見」と書いてあります。

現在のいくつかの辞典では、次のように書いてあります。

・大言海：「**ひとみ**（名）睛・眸・瞳〔人見ノ義カ〕眼ノ玉ノ黒キ処。クロメ。眼睛。眸子。瞳子。」、

・広辞林：「**ひとみ**【瞳・眸】眼球の虹彩にかこまれた小さな孔で、光線の通路となる部分。瞳孔。瞳子。」、

・広辞苑（第七版）：「**ひとみ**【瞳・眸】目の玉のなかの黒い部分。瞳孔(どうこう)。また、目。」。

つまり、現在では、普通には、ヒトミは瞳孔を指し、漢字では睛、眸、瞳などと書かれるようです。睛を分解すると青目になりますが、青には「美しい」の意味があるので「美しい目」の意味になっています。眸を分解すると牟目になりますが、牟はムと読み、同じ読みの穆に通じており「美しい」の意味があるので、これまた「美しい目」の意味になっています。

ヒトミは、人間の身体の中で最も美しい部分といえるもので、歌謡曲の歌詞などにも使われています。例えば、「君こそわが命」（川内康範作詞・猪俣公章作曲）という歌謡曲に、次のような歌詞があります。

あなたをほんとは　さがしてた
汚れ汚れて　傷ついて
死ぬまで逢えぬと思っていたが

けれどもようやく　虹を見た
あなたのひとみに　虹を見た
君こそ命　君こそ命　わが命

一音節読みで、黒はヘイと読み「黒い、黒色の」の意味、都はトと読み形容詞では「美しい」の意味、秘はミと読み「神秘的な」の意味があります。つまり、ヒトミとは、**黒都秘**の多少の訛り読みであり、直訳すると**「黒い美しい神秘的な（もの）」**の意味になり、これがこの言葉の語源と思われます。

ヒトミは、人間の身体の中では最も美しいものの一つですが、例えば、恋人の目をじっと見つめても、文字が書いてある訳ではないので、なにを考えているのか分からない神秘的なものといえます。したがって、上述した歌詞にあるように、その中に虹を見たりするのです。人類には、西洋人の瞳のように青いものなどもありますが、この言葉は平安時代には存在した言葉ですから、日本人の黒い瞳を対象につくられたものです。

・美しく黒い瞳は神秘的
されど愛《いと》しい我が恋心ゆえ　　不知人

124　フケ（雲脂・頭垢）

平安時代の和名抄では、雲脂について、「加之良乃安加　一云　伊呂古」と書いてあります。大言海によれば、江戸時代の箋注和名抄に「雲脂、頭垢、加之良之阿加《カシラノアカ》、一云、以路古。今ハ俗ニ不計トイフ」、同時代の書言字考節用集に「雲脂、頭垢、フケ」と書いてあります。現在では、フケは、髪の毛に副っている皮脂腺、つまり、毛穴からでてきた分泌物が皮膚の表面に付着し乾燥して白くなったものとされています。

一音節読みで、附と脯は共にフと読み、附は「付着する、付着している」、脯は「乾燥する、乾燥している」の意味があります。

　変化はヘンカと読んだりヘンゲと読んだりします。また、化物は、ケのモノ、ケモノ、バケモノとも読みます。したがって、「化」の字は、漢語ではホアと読みますが、日本語ではカ、ゲ、ケ、バケなどと読まれて「変化する、変化した」の意味があります。

　以上から、附化と脯化は共にフケと読むことができ、附化は「付着して変化した（もの）」、脯化は「乾燥して変化した（もの）」の意味になります。したがって、フケは、**附化**と**脯化**との掛詞で、意味上は附脯化であり直訳すると**「付着し乾燥して変化した（もの）」**の意味になり、これがこの言葉の語源と思われます。

125　へ（屁）

大言海には、屁について、「腸、胃ニ炭酸瓦斯《ガス》等ノ瓦斯ノ生ジテ肛門ヨリ漏ルルモノ。」と説明してあります。また、平安時代の和名抄に「放屁、倍比流《ヘヒル》、下部出気也」、天治字鏡に「屁、出気也、戸《へ》、放屁、戸比留《ヘヒル》」、江戸時代の八笑人（文政）に「水ノ中デ屁ヲヒッタラ、ブクブクト音ノスル筈ダゼ」、古川柳に「屁ノ論ニ、泣クモ、サスガ女ナリ」とあることが紹介されています。これらの記述からすると、「臭《にお》い」についてはなんら触れられていません。

　一音節読みで、廃はフェイと読み、不用のものを「廃棄する、放棄する」の意味があります。漢語には「へ」の発音はないので、漢語で「フェイ」と読む漢字を日本語では「へ」と読みます。つまり、へは**廃**の多少の訛り読みであり、直訳すると**「廃棄する（もの）」**の意味になります。

　また、**蜚**はフェイと読み臭虫《しゅうちゅう》の意味です。つまり、へは廃と蜚との掛詞であり**「廃棄するもので、臭虫のように臭い（もの）」**の意味になり、これがこの言葉の語源と思われます。

臭虫は、日本語では南京虫やトコジラミといい、カメムシの仲間なので臭いのですが、このことよりもこの虫に刺されると堪えがたいほどに痒いのでそのことで知られています。

漢語辞典をみると、いずれの辞典にも、屁は「肛門より排出する臭気」と説明してあるので、漢語では、屁は体内から体外にだす「臭《くさ》い」ものと考えられているようです。

ニオイには二種類があり、一つは「良いにおい」で漢字では「匂い」と書きます。他の一つは「悪いにおい」で漢字では「臭い」と書き、この場合、「臭《にお》い」というよりも「臭《くさ》い」と読みます。

匂の字は、漢語漢字の一部を変更し、意味を変更してつくられた国字とされています。国字ですから音読はありません。漢語では、「良いにおい」は香、芳、芬、苾、薫、馨、馥などと書きます。臭の字は、漢語でチョウ、日本語でシュウと音読します。

126 ヘソ・ホゾ（臍）

臍は、漢語の一音節読みではチと読みますが、日本語の訓読ではヘソやホゾと読みます。ヘソやホゾとは、腹の中心部にある小さな凹《へこ》みのことをいいます。これは、胎児が未だおなかの中にいるときに、胎児と母体とを繋いでいた臍帯《さいたい》の痕跡で、腹の中心部に残されています。

大言海によれば、平安時代の和名抄に「嫓臍、保曾、俗ニ云フ、倍曾」、名義抄に「臍、ヘソ、ホゾ」、字類抄に「臍、セイ、ヘソ、亦、ホソ」と書いてあります。

一音節読みで、痕はヘンと読み「痕跡《こんせき》」の意味、層はソンと読み形容詞では「深い」、名詞では「深み、深層」の意味があります。つまり、ヘソとは、**痕層**の多少の訛り読みであり、直訳すると**「痕跡の深くなった（部分）」**の意味になり、これがこの言葉の語源と思われます。

また、臍はホゾとも読みます。一音節読みで壑はホと読み「溝、窪み、穴」の意味、上述したように層はソンと読み「深い」の意味があります。つまり、ホゾとは壑層の多少の濁音訛り読みであり、直訳すると**「窪んで深くなった（部分）」**の意味になり、これがこの言葉の語源と思われます。

臍は身体の中心部にあり、しかも凹んで深くなっていることから、このような意味をもった名称になります。漢語には、「深い谷」の意味の「層壑《ソンホ》」という熟語があります。

なお、子供がだらしなく着物を着てヘソを出していたりすると、昔は、「雷さんにヘソを取られるぞ」と脅かして、きちんと着物を着るようにしたものですが、これは単なる脅かしではなくて、本当に雷にヘソを取られたのです。雷が人間の身体に落ちたときには、穴のあいた場所であるヘソ、尻穴、膣口などから放電する場合が多いのです。放電した場所には黒い焦跡《こげあと》が残るのですが、ヘソから放電したときはヘソ部分が損傷して黒い焦跡が残ったので、「雷にヘソをとられた」ということになっていたのです。

また、「ヘソで茶を沸かす」という言葉があり、「可笑しくてたまらない、とても滑稽である、ばかばかしくて笑える」という意味で使われます。この言葉も放電による黒焦げと関係があるのです。この言葉は、「たかがヘソが焦げる位の瞬間的な電熱で茶を沸かせる筈がない」という意味なのであり、したがって、ヘソで茶を沸かすことなどはできっこないので、「可笑しい、滑稽な、ばかばかしい」ことになるのです。

臍は、英語ではネイブル（navel）といいますが、甘くて美味しい果実である柑橘類の一種の名称ともなっています。なぜならば、その果実の中心部に臍状の窪みがあるからであり、「臍のある蜜柑」、つまり、「凹んだ所のある蜜柑」の意味になっています。

「臍曲がり」や「臍を曲げる」という言葉もあります。この文句での臍は当て字です。核はヘやホと聴きなせるように読み「核心、中心」の意味、上述したように層はソンと読み「深い、深み、深層」の意味があります。核層はヘソやホゾと読めて直訳すると「核心の深層」、つまり、「根本、根底、そもそも」の意味があります。したがって、「ヘソ曲がり」とは、意見、思考、行動などの「根本が曲がっている」こと、「ヘソを曲げる」とは、意見、思考、行動などの「根本を曲げる」ことをいいます。

127 ベッピンとブス

容貌の優れた女性、つまり、美しい女性のことを「ベッピン」といいます。別の字は、漢語ではピィエと読みますが、日本語の慣用音でベツと読み「特別に、特に」の意味があり、娉はピンと読み「美しい」の意味があります。つまり、ベッピンは**別娉**の促音便読みであり直訳すると**「特別に美しい（女性）」**の意味になり、これがこの言葉の語源と思われます。

また、女性の容貌について「あの女《こ》はブスだ」といったりしますが、現在では、差別用語とやらに属するのかも知れず、安易に使うと注意される惧《おそ》れがあります。そもそも「ブス」とはいかなる意味なのでしょうか。

漢語に、「素朴である、飾り気がない」という意味で使う、朴素という言葉があります。これは、ご覧のとおり、素朴という言葉をひっくり返したもので、漢語では双方とも使われます。

一音節読みで、朴はプ、素はスと読むので、**朴素**はプスと読めることになり、その濁音読みがブスであり、直訳では素朴で飾り気がないので、見た目が**「地味である、華やかでない」**ということから、日本語では美人でないとの意味で使われ、これがこの言葉の語源と思われます。「思われます」といっても、殆んど間違いのない語源です。

日本語では、前後の字が逆になった素朴の方をソボクと読んで使っています。したがって、ブスというのは、そもそもの語源上は、そんなに悪い言葉ではないのです。

なお、漢語で女性を「美しい」というときには、可愛（コアイ）、美麗（メイリ）、綺麗（チリ）、漂亮（ピョウリャン）、好看（ハオカン）、迷人（ミーレン）などといいます。迷人は、その字のとおり、人を迷わすほどにということから、「妖艶」の意味、英語でいうところの「チャーミング（charming）」の意味とされています。

128 ホクロ（黒子）

皮膚上にある黒色または黒褐色の丸形の小さな斑《まだら》で、隆起したものは、アズキ大のものまでをいい、毛が生えるものもあります。

母斑《ぼはん》の一種とされていますが、母斑とは親から受け継いだもの、つまり、先天性のものだということです。

大言海によれば、江戸時代初期の増補下学集に「黒子、ハクソ、ホクロ。黶子、アンシ、ホクロ」と書いてあり、江戸時代の好色一代女に「身ニ瘊子《ホクロ》一ツモ無キヲ望ミ」と書いてあります。

語源の話に移りますと、ホクロにおけるクロは黒のことであるとして、一音節読みで、瘊はホウと読み、皮膚上にできる痛くも痒くもない「イボ、コブ状物」のことを指すのですが、上述の好色一代女では瘊子をホクロと読んであるので、ホクロのホは瘊のことと思われます。そうしますと、ホクロは**瘊黒**であり直訳すると**「イボ・コブ状の黒いもの」**の意味になり、これがこの言葉の語源と思われます。つまり、ホクロは、イボやコブのように、普通、少し高くなっているものと見做してあるようです。

なお、余談ですが、黒をクロと読むときの語源のことに言及しますと、黒の字は一音節読みでヘイと読むのですが日本語の訓読ではクロと読みます。一音節読みで、酷はクと読み、程度が甚だしいことを表現するときに「とても、非常に、著しく」などの意味で使われます。玈はロと読み「黒い」の意味です。つまり、クロとは、**酷玈**であり、直訳すると「とても黒い」、表現を変えると**「まっ黒い（色）」**の意味になり、これが色としてのクロの語源と思われます。

酷という修飾語が付いていているのは、クロの言葉を二音節読みにするためと、黒さを強調するための適当な字として採用されたものです。玈の偏《へん》となっている玄は、一音節読みで、シュアンと読むのですが色彩としての「黒」の意味があり、例えば、漢語の玄雲、玄髪、玄狐はそれぞれ黒雲、黒髪、黒狐のことをいいます。

日本語で、玄人をクロウト、玄兎をクロウサギと読むのも、玄に黒の意味があるからです。また、黒い翼をもったツバメのことを玄鳥とも書きます。

129 ホト（女陰・膣）

古事記において、イザナミが火之迦具土神《ひのかぐつちのかみ》を生んだ下りに「この子を生みしによりて、み蕃登炙《や》かえて病み臥《こや》せり。」と書かれています。

その病のために、妻のイザナミが死んでしまったので、怒った夫のイザナギが火之迦具土神を切殺した下りには「次に陰所に成れる神の名は、闇山津見神《くらやまつみのかみ》。」と書かれています。岩波文庫の古事記では、「蕃登」は「ほと」と平仮名で書いてあり、「陰所」は「陰」に書替えて「陰《ほと》」のように振仮名してあります。

また、イザナギが、イザナミを追慕して、黄泉《よみ》の国を訪れた下りには「腹には黒雷《くろいかづち》居り、陰には拆雷《さきいかづち》居り、・・・」と書かれています。岩波文庫の古事記では、「陰」には「陰《ほと》」のように振仮名してあります。

更に、須佐之男命《すさのをのみこと》の記事の下りに「天の斑馬《ふちこま》を逆剝《さかは》ぎに剝ぎて堕《おと》し入るる時に、天の服飾女《はたおりめ》見驚きて、梭に陰上を衝きて死にき。陰上を訓みて富登と云ふ」と書いてあり、岩波文庫の古事記では「陰上」には「陰上《ほと》」のように振仮名してあります。

また、天の石屋戸の天宇受売命《あめのうずめのみこと》の裸踊りの下りに「神懸りして、胸乳をかき出《い》で裳緒《もひも》を番登に押し垂れき」と書いてあり、岩波文庫の古事記では「番登」は「陰」に書替えて「陰《ほと》」のように振仮名してあります。

つまり、古事記（上巻）には陰部のことは六回でてくるのですが、その原本では、女性の場合は「蕃登」、「陰」、「陰上」、「富登」、「番登」と書いてあり、火之迦具土神の場合は、この神は両性のどちらか分かりませんが、「陰所」と書いてあります。もし、火之迦具土神が男性とすれば、語源上は、岩波文庫の古事記におけるように「陰所」を「ほと」と読むことには疑問があります。なぜならば、ホトとは女性の陰部を指す言葉と思われるからです。したがって、この神が女性ならば、「陰所」を「ほと」と読んでも問題ありません。火之迦具土神は、両性のどちらなのでしょうか。

さて、ホトという音声語の語源の話に移りますと、一音節読みで、壑はホと読み「窪み、溝、穴」、洞はトンと読み「くぼみ、穴」の意味があります。つまり、ホトとは、**壑洞**の多少の訛り読みであり、直訳すると**「穴」**の意味になり、これがこの言葉の語源と思われます。

陰や陰上をホトと読んだときは、女性の陰部のこと、具体的には膣のことを指すということです。

そもそも「陰」の字には、動物に対して使うときは「生殖器のある部分」の意味があり、更に男性生殖器と女性生殖器の双方の意味があり、具体的には、男性の場合には陰茎と陰嚢、女性の場合には主に膣を指すとされています。しかしながら、ホトという音声語である仮名言葉は、語源上からも女性生殖器だけを指す言葉なのです。

このことに関連があると思われることで、広辞苑の編者である新村出著の「言葉の今昔」（河出新書）という本には、次のようなことが書いてあります。

「古く日本においては男性の性器の場合にもホトという語を使った。後世それは女性の方に傾いて使われ、ついに女性に限られるように限定されるに至った。中略。歌人斉藤茂吉氏が昔若い時にMünchenに留学中詠んだ歌に、ホトを男性のものと詠んだのを、佐佐木信綱翁から注意を受けたということを、斉藤氏自身が最近のアララギという歌誌に自白しているのを見た。いささか話が横道へそれた。ホトというのは必ずしも肉体に関する言葉ではない。山に凸凹があって、凹所凸所にも用いられていたのが、この古語の状態であった」。

しかしながら、この本に書いてあることは、語源を理解していなくて、「陰」という漢字の意味と、「ホト」という音声語の意味との双方をごちゃ混ぜにした誤解話になっているのではないかと疑われます。

つまり、「陰」という漢字ならば、男女性器の双方を指すので男性性器のことをも指す場合があるかも知れませんが、日本語の「ホト」という音声語は「くぼみ、溝、穴」の意味なのであり、古事記に書かれている場合でも、肉体に関する言葉であって女性の膣のことなので、男性性器に使われる筈はないからです。

「言葉の今昔」のような誤解が生じるのは、ホトという音声には二義が考え得るからです。一音節読みで凸はトと読むので、ホトのトを凸のことと解釈すると、ホトは窪凸になるので「窪みと出っ張り」、つまり、「凹凸」の意味になります。しかしながら、「出っ張り」だけである男性性器のことになることはありません。女性陰部の意味である**ホト（窪洞）**と、凹凸の意味である**ホト（窪凸）**とは同音異義語なのです。

佐佐木信綱翁が注意したことは、「古く日本においては男性性器の場合には『ホト』という音声語を使った」という実例がないということだと推測されます。なぜならば、ホト（窪洞）は穴のことであるし、ホト（窪凸）は「窪みと出っ張り」

の意味にしかならないので、いずれにしてもホトは男性生殖器の意味にはなり得ないからです。佐佐木信綱翁のいわれるように、若い時の斉藤茂吉は間違っていたのであり、この話をしている新村出も間違っているのです。ホトが凹凸の意味で「山の凹所凸所にも用いられていた」というのならば、そうかもしれませんが、「言葉の今昔」では実際の使用例がまったく挙げられていません。このような場合、過去における実例を挙げて示さなければ言説自体の信頼性に欠けるのです。

130 ホトケ（仏）

ホトケという言葉は、漢字の繁体字で佛、簡体字で仏と書き、普通には、古代インドの聖人である釈迦牟尼《しゃかむに》、つまり、インド語でいうゴータマシッダルタを指す場合と、誰とはいわず単に死人のことを指す場合とがあります。

釈迦牟尼（ゴータマシッダルタ）は、おおよそ紀元前五～六世紀頃の人とされ、インドのカピラ城主の王子で、世界三大宗教の一つである仏教を創始した人です。

ホトケについて、大言海には次のように説明してあります。

「**ホトケ**（名）佛〔梵語、**Buddha.** 佛陀〕、
（一）天竺ノ釈迦ノ教ニ云フ神ノ称。
（二）佛ノ像。
（三）釈迦牟尼ノ称。
（四）温厚ナル人ノ称。
（五）俗ニ、佛葬シタル死者ノ霊、又ハ、死体」。

また、平安時代の名義抄と字類抄とに「佛、ホトケ」と書いてあることが紹介してあります。

広辞苑の編者である新村出全集（第三巻）の〔国語と印度語〕欄には、次のように書かれています。

「故人白鳥博士が日本言語学会の創立大会におい

て、寺と仏の語原について非常に広く克《かつ》深い研究を公にせられたことがあるが、博士の研究も私の不完全なる論考も共に論文の形に於て発表せられずにゐる。さてホトケといふ語は、我国では古く浮屠家又は浮屠形と書いたり、或は最初の二字に浮図を当てた人もいる。初めのフト（ホト）は、根本はBuddhaに遡ることは見易いわけであるが、語末のケが説明し難い為に、随分古くから日本の学界の問題になつてゐる。（中略）。貝原益軒は、ホトケのケを浮屠教なりといふ旧説があるが之は誤りで、ヒトキエ（人消）の説が最も良いと説いてゐる。益軒より少し後の新井白石は、この語は朝鮮語で百済の方言であると言つて、大変すぐれた着眼をしたが、その後この白石の示唆によつて段々探求を進めて行った結果、朝鮮より以西、満州、蒙古よりも更に進んで、西域地方の転語であろうといふ所迄研究が進んでゐる。（中略）。だから、日本のホトケという語は、直接には百済から来たといつて良かろうが、しかし百済に発生した語と考えてはならない。其の由つて来る所は、西域地方に発源したと考ふべきものである。このホトケといふ語の語原考証は、之迄私のみならず古い学者が多く試み、私の手元にも只今、その一班を示したやうな種々の学説を含む文献が備はつてゐるのである」。

しかしながら、ホトケの語源は、学者がこぞって探求するほど難しい問題とは思われず、また、この全集の記述にもかかわらず、日本のホトケという語は外から来たものではなく、日本語としてつくられた言葉であることに間違いないと思われます。

そこで、語源の話に移りますと、先ず当然のことながら、ホトケという言葉には、釈迦牟尼、つまり、ゴータマシッダルタに対して日本語として与えられた意味がなければなりません。一音節読みで、和はホと読み「和《なご》やかな」、徳はトと読み「徳のある、仁愛ある」、懇はケンと読み「懇切な、親切な」の意味があります。つまり、日本人が信仰する仏の心象から考えても、ホトケとは**和徳懇**であり、直訳すると**「和やかで、仁愛のある、懇切な（人）」**の意味になり、これが釈迦牟尼、つまり、ゴータマシッダルタを指してホトケというときの、この言葉の語源と思われます。そうすると、大言海の（四）にいう「温厚ナル人」の意味にも合致しています。

次に、死人を指すときのホトケがあります。一音節読みで、薨はホン、登はトン、帰はキィと読み、いずれも「死ぬ」の意味があります。薨去《こうきょ》、登天《とうてん》、帰西《きせい》は、いずれも「死ぬ」という意味の熟語です。つまり、この場合のホトケとは、**薨登帰**の多少の訛り読みであり、直訳すると「死んだ（人）」、つまり、**「死人」**の意味になり、これがこの言葉の語源であることは間違いないと思われます。

大言海によれば、広弘明集に「浮図、或いは、仏陀と言う」とあり、後漢書の楚王英伝に「晩節、更ニ黄老学ヲ喜ビ、浮屠ヲ斎戒祭祀ス」とあり、秘蔵記に「浮図、仏也、新人ハ物他（仏陀）ト曰《イ》フナリ、古人ハ浮図ト曰《イ》フナリ」とあります。この三つの書では、仏（仏陀）のことをフト（浮図・浮屠）といったと書いてあります。

麻雀が好きで学ぶのも好きな人は、ご存知かも知れませんが、漢語では麻雀で「上《あ》がる」ことを「和《フ》」といいます。和は名詞や形容詞ではホと読みますが、動詞ではフと読みます。つまり、和はフと読むこともあるということです。

したがって、浮図《ふと》や浮屠《ふと》は、その音声を利用するための単なる当て字に過ぎず、同じ発音の**和徳《フト》**のことであり直訳すると**「和やかで仁愛のある（人）」**の意味になり、つまるところ、仏（仏陀）のことになるのです。

日本語では、当て字としての浮図《フト》や浮屠《フト》という二音節語を基礎にして、上述した三音節語のホトケという音声語がつくられたということです。日本語では、古来からの慣習として語源の字は表に出さないのです。

広辞苑（第七版）には、次のように書かれています。「**ほとけ【仏】**（仏（ぶつ）の転『ほと』に『け』を付した形、また、『浮屠（ふと）家』『熱気（ほとおりけ）』『缶（ほとぎ）』など、語源に諸説がある）」。

しかしながら、広辞苑の説明では、「ぶつ」の転が「ほと」であるというのも大いに疑問符が付くと思われるのに、「け」とはなんのことであるかも分かりません。諸説の「浮屠（ふと）家」「熱気（ほとおりけ）」「缶（ほとぎ）」などについても意味不明であり、いったいぜんたい、なんと書いてあるのか訳の分からない荒唐無稽の説明になっています。

因みに、日本語に関して、専門学者は、そうでない人の語源説を「民間語源説」とか「俗解語源説」などと称して揶揄《やゆ》していますが、だからといって、極言すれば、専門学者の述べる語源説でまともなものは唯の一つもないといっても過言ではないのです。

131 ホネ（骨）

大言海には、「**ほね**（名）骨〔秀根《ホネ》ノ義カ、蝦夷語、Pone. 英語、Bone. 朝鮮語、びょ〕（一）動物ノ体中ニアリテ全体ヲ支ヘル堅イモノ。長短、細太、一ナラズ、処処、関節ニテ組合フ。コツ。」と説明してあり、和名抄には「骨、保禰、肉之核也」と書いてあります。保禰はホネと読みます。一音節読みで核はホと読みますが、漢語辞典を見ると「核果中心的堅硬部分」と書いてあり、漢和辞典を見ると「果実の中心にある堅いところ」と書いてあります。そうすると、ホネは、人間の場合、「身体の中心にある堅い部分」の意味になっているものと思われます。

上述したように、一音節読みで核はホと読み「核心、中心」の意味があります。根は、一音節読みではケンと読むのですが、日本語では古くからネとも読み、すでに万葉仮名ではネと読まれています。根には「根本《こんぽん》、根拠、よりどころ」などの意味があります。したがって、ホネは**核根**の多少の訛り読みであり、直訳すると**「中心にある根本（部分）」**の意味になり、これがこの名称の語源と思われます。

このような意味になるのは、人間の体形の根本は「骨の支え」にあるとの考えからと推測されます。大言海の「**ほねなし**（骨無）」の欄には、「不具《カタハ》ノ名。脊髄、竪立セズシテ、身起ツコトヲ得ヌモノ。骨軟化症。ナイラ。」とあり、江戸時代の内科秘録（文久）の小児の段に「五軟ハ、頭軟、項軟、手軟、脚軟、口軟ナリ、之ヲ約称シテ体軟トイフ、身体軟弱ニシテ、之ヲ抱クニ頭傾キ、或ハ垂レテ、正シキコトヲ得ズ、骨ノ無キヤウニ見ユルユヱ、俗ニほねなしト云フ」と書いてあることが紹介されています。

132 ホホ（ホオ）（頬）

ホホは、漢字で頬と書き、顔部の両面のことをいいます。大言海によれば、平安時代の字鏡に「頬、豆良」、和名抄に「頬、豆良、一云、保保、面旁目下也」、字類抄に「頬、ホホ、亦、ツラ」と書いてあり、江戸時代の和漢三才図会には「保保」と書いてあります。つまり、古代から近代に至るまで、頬は「ホホ」や「ツラ」と読まれてきたのです。枕草子（能因本）の六二段に「つらいと赤うふくらかなる」とあります。

広辞苑（第七版）には、「**ほお【頬】**（「ほほ」とも）顔の一部、鼻と口との両側の耳にいたるまでの部分。ほっぺた。〈和名抄三〉。**ほほ【頬】**⇨ほお」と書いてあります。この説明では、「ほお」が本称で「ほほ」は俗称であるかの如き書き方になっていますが、語源上からみても、そもそもは頬はホホと読むべきものです。また、和名抄三には、上述したように書いてあるのであって、広辞苑にあるようなことは書いてありません。

　一音節読みで、候はホウと読み「美しい」の意味があります。紅はホンと読み「赤い」の意味です。つまり、ホホとは、**候紅**の多少の訛り読みであり、直訳すると**「美しい赤くなる（部分）」**の意味になり、これがこの言葉の語源と思われます。したがって、頬は「ほほ」であり、語源上は「ほお」というのは適当でなさそうだといえます。

　ホホは、古代にできた言葉なので、当時における感覚のもとにできた言葉であることに間違いありません。古代における典型的な美女の絵と見做されている「吉祥天女画像」を始めとして絵巻物などに描かれた女性の頬がほんのりと紅く描かれていたらしいことや、女性は美しく飾るために「頬紅」を塗ることからも分かるように、そもそも、若々しくて健康で美しい頬は「赤い」と認識されてきたのです。したがって、一音節読みでチィアと読む頬の字を、日本語の訓読では候紅の意味でホホと読むことにしたと思われます。

・そもそもは　頬《ホホ》はツラなり　だがしかし
　今では顔《カオ》を　ツラというなり　　不知人

133　ボボ（餑餑）

　九州の肥後地方では、男女が性交することを**「ボボ」**といい、動詞語にして**「ボボする」**といいます。これは、破の重ね式表現である**破破**を濁音読みしたもので、これがこの言葉の語源と思われます。一音節読みで、破はポと読み「突破する」という意味があります。どこを突破するかというと、女性の膣のことです。漢語では、女性が性交することを破身といい、特には始めて性交することをいいます。

　なお、餑はポと読み、二字語にして餑餑と書きお菓子の名称なのですが、性交するという意味でも使われます。なぜならば、餑餑は、ほぼ同じ読みの破破に通じているからです。シナの風習では、この菓子は結婚した最初の夜に床に入って男女の営みをする前に夫婦で食べるものとされています。

広辞苑（第七版）には「**ぼぼ**　女陰の異称」と書いてありますが、ほんとうに女陰の意味なのか、どこで使われているのか、どこにそのような用例があるのかは分かりません。

134　ボンノクボ（盆窪）

頸《くび》の後部を項《うなじ》といいます。ボンノクボは項の中心部上方にある窪み（凹み）です。

大言海には、次のように書いてあります。「**ぼんのくぼ**（名）盆窪‖　頸《ウナジ》ノ中央ノ窪ミタル処。ウナジノクボ。ウシロクボ。略シテ、ぼのくぼ。頸‖窩」。なお、この説明の中での頸《ウナジ》は、正しくは、頸《クビ》と振仮名して、ボンノクボは「頸《クビ》ノ後部中央ノ窪ミタル処」、或いは、「項ノ中央ノ窪ミタル処」と書くべきものです。どういう機能を受け持つ部分なのか本書では分かりませんが、按摩《あんま》（マッサージ massage）の際に、この辺りを揉みほぐして貰うといい気持のするところです。

さて、語源の話に移りますと、一音節読みで、脖はボと読み頸のことですが、主にその後部を指し、脖頸子《ボチンツ》は項のことです。つまり、ボンノクボは、**脖《ぼ》之《の》窪《くぼ》**の撥音便もどきの読みであり、直訳すると**「項《うなじ》の窪み（部分）」**の意味になり、これがこの言葉の語源と思われます。

135　マタ（股）

マタについて、大言海には、漢字では胯や股と書かれて「〔脚ノ叉《マタ》ノ義〕股《モモ》ト股《モモ》トノ間、マタグラ。」と説明してあります。また、平安時代の和名抄に「胯、萬太、両股ノ間ナリ」と書いてあります。つまり、マタは、必ずしも身体の一部分のことではなくて、大腿と大腿との間の空間を指すようなのです。身体の一部分のことならば、大腿の内側を指すと思われます。

一音節読みで、芒はマンと読み「薄暗い、ぼんやりしている、はっきりしない」の意味、潭はタンと読み「深い、奥深い」の意味があります。つまり、マタとは、**芒潭**の多少の訛り読みであり直訳すると**「薄暗くて奥深い（部分）」**の意味になり、これがこの言葉の語源と思われます。

この場所には生殖器があることなどもあって、特に女性の場合、この言葉がつくられた当時から、奥深く秘匿《ひとく》すべき大切な場所と見做されていたと思われます。

136　**マツゲ**（睫）

マツゲとは、一組をなす左右の瞼《まぶた》の縁《ふち》に生えた細毛のことをいいます。その特徴を強いて挙げるならば、他所に生える髪の毛や顎ひげなどの毛と異なって、一定の長さ以上には伸びない部類に属する毛ということです。

大言海によれば、平安時代の字鏡に「睫、目ノ旁ノ毛ナリ、萬豆毛」、和名抄に「睫、目ノ瞼ノ毛ナリ、萬豆介」と書いてあります。

漢語では、睫毛や眼毛と書きます。このようなことを踏まえると、日本語においては、マツゲのゲは毛のことと思われるので、マツとはいかなる意味かということが問題になります。

一音節読みで、曼はマンと読み、形容詞で使うときは「美しい」の意味があります。姿はツと読み名詞では「姿、形、姿形」の意味があります。毛は訓読の濁音読みでゲと読みます。つまり、マツゲとは、**曼姿毛**であり、直訳すると**「美しい形の毛」**の意味になり、これがこの言葉の語源と思われます。

また、曼はマンと読み、動詞で使うときは「伸びる、伸長する」の意味、阻はツと読み「阻止する、止《と》める、止《や》める」の意味があります。つまり、マツとは曼阻であり「伸びを止める」の意味になるので、マツゲとは**曼阻毛**であり直訳すると**「伸びを止めた毛」**の意味になり、これもこの言葉の語源で掛詞になっていると思われます。まとめていうと「美しい形の、伸びを止めた毛」になります。

137　マナコ（睛・眼・眸・瞳）

大言海によれば、平安時代の字鏡に「睛、眸、萬奈古」、和名抄に「眼、萬奈古、目子也、瞳、訓《ヨミ》、上ニ同ジ」、医心方に「瞳子《マナコ》」と書いてあります。これらの古書では、マナコに次の四字が使われています。

睛
眸
眼
瞳

マナコは、字鏡には「睛」と「眸」のこと、和名抄には「眼」と「瞳」のこと、医心方には「瞳」のこと、と書いてあることになります。

漢語ではメ（目・眼）のことを眼睛《イエンチン》というので、眼と睛は同じ意味と見做されているようです。睛は、画竜点睛という四字熟語で使われており、漢語辞典には眼珠・眼球のこと、英語でいうところのアイボール（eye-ball）のことと書いてあります。したがって、眼と睛は球体をした立体的なメ（目・眼）全体のことを指すようです。

メの構造のことをいいますと、角膜と強膜《きょうまく》は繋がっており、角膜は黒目、強膜は白目といいます。角膜の奥には虹彩と瞳孔があります。眸と瞳とは日漢共に同じ意味とされているようですが、虹彩と瞳孔を合わせた部分を指すのか、瞳孔だけのことを指すのかは明確ではありません。眸と瞳は、英語ではピューピル（pupil）といい、日本語では平安時代から共にマナコともヒトミとも読まれています。

　すでに平安時代において存在したマナコという言葉は、全体としての眼や睛のことを指すのか、部分としての瞳や眸のことを指すのか必ずしも明らかでないのですが、双方の意味を包含できるものとしてつくられたものかも知れません。

　現代の大辞典をみると、次のように書いてあります。

・大日本国語辞典：「**まなこ** 眼‖（名）〔目之子の義〕（一）めだま。まなこだま。ひとみ。眼球。（二）転じて、目（メ）。」
・大言海：「**まなこ**（名）眼‖〔目之子ノ転〕（一）黒眼ノ称。（二）目ノ白眼、黒眼ノ総称。」
・広辞林：「**まなこ**〔眼〕《目（ま）之（な）子の意》①めだま。②目。」
・広辞苑「**まなこ【眼】**（「目の子」の意）①黒目（和名抄三）②目玉。眼球。目。」

和名抄三には、本欄の頭書で上述したように書いてあるのであり、広辞苑にあるようなことは書いてありません。つまり、まなこを黒目とは書いてないのです。なぜ、広辞苑は書いてないことを書くのでしょうか。

　現代の大辞典の記述からすると、現在ではマナコはメ（目・眼）のこととされているようですが、平安時代の古典の記述を合わせてみても、メのどの部分のことなのか明確には分からないといえます。

　このようなことを踏まえて、語源を考えてみますと、一音節読みで満はマンと読みそもそもは「満ちていて欠けたところのない」の意味ですが、「円い、丸い」の意味でも使われて、満月のことを円月ともいいます。娜はナと読み、「美しい」の意味、孔はコンと読み「孔《あな》、穴」の意味があります。つまり、マナコは、**満娜孔**の多少の訛り読みであり直訳すると**「円い美しい孔（部分）」**の意味になり、これがこの言葉の語源と思われます。

メ（目・眼）のことを孔というのもどうかという気がしないでもありませんが、漢語辞典をみると、眼の字には「孔、穴」の意味があると書いてあります。眼珠・眼球は円いものであり、外から見ると瞳孔や虹彩もまた円いもので、瞳孔という言葉においては孔の字が使われています。

結局のところ、文献上は、マナコとは、メ全体のことを指すのか、或いは、メのいずれかの部分を指すのか明確には分からないのですが、眼、睛、瞳、眸のいずれの意味にも当てはまる言葉になっているようです。

マナコとヒトミとは、どう異なるのかということですが、古代文献では、共に「瞳」と「眸」の二字が使用われているところからすると、同じ部分を指すと見做してもよいと思われます。

138 マブタ（瞼・目蓋）

マブタ（瞼）について、大言海には「眼ノ上ヲ被フ皮」と説明してあり、また、江戸時代の書言字考節用集に「瞼、マフタ」と書いてあります。

マブタは、そもそも漢語では瞼と書くのですが、日本語漢字では瞼の外に目蓋とも書きます。目蓋における目は、本来は、メと読むべきなのですが、音便でマと読んであるのは、曼の読みを転用したものと思われます。なぜならば、一音節読みで曼はマンと読み「美しい」の意味があり、目は美しいものとされているからです。蓋は、音読ではガイやカイと読み、訓読ではフタと読みます。

マブタのマは、上述したように、メ（目）の音便読みと思われます。一音節読みで、伏はフ、帑はタンと読み、共に「隠す」の意味があります。つまり、蓋をフタと訓読するのは伏帑の多少の訛り読みであり、直訳すると「隠す（もの）」の意味です。したがって、マブタ（瞼）、つまり、目蓋とは**目伏帑**のことであり、直訳すると**「目を隠す（もの）」**の意味になり、これがこの言葉の語源と思われます。

フタは、漢字では蓋や盖と書いて、穴や容器などを上から「覆うもの」をいいますが、そもそもは「隠すもの」の意味から敷衍した意味になっているようです。

139 マメ（肉刺）

漢字では、肉刺と書きます。主として、素足での長距離歩行や疾走により、或いは、靴ずれなどにより足裏などに、または、薪割りや鋸引《のこびき》などの労働により掌《てのひら》などの肉と皮膚との間にできる、普通には円形の水腫のことをいいます。

大言海によれば、江戸時代の書言字考節用集に「肉刺、マメ（病源論、靴ヲ着ルニ由リ、小ク相摺《アイス》ッテ生ズル所ノ者）」と説明してあります。

一音節読みで、満はマンと読み「円い、丸い」、瀰はミと読み「水」、炎はエンと読み「炎症」の意味です。つまり、マメとは**満瀰炎**の多少の訛り読みか一気読みであり、直訳すると「円い水の炎症」ですが、表現を変えると**「円形の水腫」**の意味になり、これがこの言葉の語源と思われます。

140 マユ（眉）

マユについて、大言海には、「額ノ下、目ノ上ノ左右ニ、横ニ連リテ生フル毛」と説明してあります。また、和名抄に「眉、萬由、目上毛也」、枕草子の「物のあはれ知らせ顔なるもの」の段（八五段）に「眉抜く」、とりかへばや物語三に「まゆ抜き」、堤中納言物語の「蟲めづる姫君」に「まゆ更に抜き給はず」とでていることが紹介されています。平安時代には、顔を美しく魅力的に見せるために、上流社会の年頃の女性は眉毛を抜き、その上に眉墨を引く習慣があったのです。

　眉は、象形文字であり、その字の中に目の字が含まれていることから分かるように「目上の毛」を象《かたど》った字とされています。眉は、一音節読みで「美」の読みと同じようにメイと読みますが、形容詞で使うときはその意味も同じように「美しい」の意味があります。したがって、日本語のマユという言葉も同じ意味でつくられている可能性があります。

　一音節読みで曼はマンと読み「美しい」の意味があります。紆はユと読む形声文字であり「曲がる、曲げる、曲折する」の意味がありますが、音符の于は「弓なりに曲がっている、湾曲している」の意味があるので、紆の本義は「弓なりに曲がっている、湾曲している」の意味があることになります。つまり、マユは**曼紆**の多少の訛り読みであり**「美しい湾曲している（もの）」**の意味、具体的にいうと「美しい湾曲している（毛）」の意味になり、これがこの言葉の語源と思われます。

　紆は、日本語ではウと読み、紆余曲折という四字熟語で使われています。

141　マラ（魔羅・摩羅）

　マラは、漢字では魔羅や摩羅と書かれ、男性の陰茎のことをいいます。陰茎は日本語ではチンポともいいます。

　大言海には「魔羅・摩羅（一）天竺ノ誘惑ノ神。善者ノ進行ヲ妨グル神。又、悪魔。（二）転ジテ、陰茎。（蓋シ、僧徒ノ隠語ニ起レルナラム。障碍《ショウガイ》ノ最ナレバナリ）上略シテ、羅《ラ》。」と書いてあります。

　そもそもは、梵語にマラ（Mara）という言葉があり、シナに伝播して魔羅と翻訳されたもののようです。シナの義林章という本には「梵語ニ魔羅ト云フ、此ハ擾乱、障碍、破壊ヲ云フ、身心ヲ擾乱シ、善法ヲ障碍シ、勝事ヲ破壊ス、故ニ魔羅ト名ヅク、此ヲ略シテ魔ト云フ」とでています。

大言海によれば、平安時代の和名抄に「玉茎、麻良、閛」、字類抄に「閛、マラ、一云、萬良」、名義抄に「閛、マラ」、霊異記に「閛、萬良」、医心方（永観）に「白馬茎《アオキウマノマラ》」と書かれています。

玉茎は男性の陰茎のことですが、玉門は通常は女性の膣のことをいいます。上述したように、平安時代の文献には玉茎を麻良や萬良と書いてあるので、そもそもは良い意味の言葉であったと思われます。しかしながら、音声が同じであることから、女人禁制の僧徒がその立場から修行の妨げになるものとして、シナの魔羅と結び付けてしまったと思われるのです。

一音節読みで、曼はマン、孌はランと読み共に「美しい」の意味があります。美質、美風、美談などの熟語があることからも分かるように、美には「良い、良好な」の意味があります。つまり、マラは、**曼孌**の多少の訛り読みであり**「良好な（もの）」**の意味になり、これがそもそものこの言葉の語源であったと思われます。

これがあってこそ、子宝にも恵まれ、子孫の継続にもつながり、引いては個人的のみならず国家人類の継続繁栄につながる良好な大切なものと見做されているのです。

142 マンコ・メメジョ

日本では、通常、女性膣部のことを俗語でマンコ、丁寧語にしてオマンコといい、とても音感のよい言葉になっています。

大言海には「**まんこ**（名）陰門〔真《マ》處《コ》ノ音便〕女児ノ陰部。」と書いてあります。

漢語では、膣の外に陰道や陰門といい、美称で玉門と書きユメンと読みます。玉門は日本語にも導入されて、日本語ではギョクモンと読みます。玉は形容詞では「美しい」の意味があるので、玉門は「美しい門」の意味になっています。

一音節読みで曼はマンと読み「美しい」、満はマンと読み「丸い、円い」の意味があり、満月のことを円月ともいいます。孔はコンと読み「孔《あな》、穴」の意味です。つまり、マンコのマンは曼と満との掛詞の多少の訛り読みであり、マンコは意味上は**曼満孔**になり**「美しい円い穴」**の意味で、これがこの言葉の語源と思われます。

九州の肥後地方では、女性膣部のことをメメジョといいます。一音節読みで、美はメイと読み「美しい」の意味、扃はジョンと読み「門」の意味です。つまり、メメジョは**美美扃**（メイ・メイ・ジョン）の多少の訛り読みであり**「美しい門」**の意味になり、これがこの言葉の語源と思われます。メメジョは、美称である玉門と同じ意味としてつくられた言葉です。

143 マンマ・ウマウマ

人体語とは直接の関係はありませんが、幼児語とされている言葉に、マンマやウマウマがあります。これらは、幼児に対して使う「食べ物」のことであり、これまた語源は説明されないので分からないとされています。一音節読みで、曼はマン、嫵はウと読み共に「美しい」の意味があります。つまり、マンマは**曼曼**、ウマウマは嫵曼の重ね式表現の**嫵曼嫵曼**の多少の訛り読みであり、共に「美しい」の意味ですが、美には美味の意味があるので、「美味しい」の意味があることになります。したがって、マンマやウマウマは、共に**「美味しい（食べ物）」**の意味になり、これがこれらの言葉の語源と思われます。

144 ミ（身）

身の字は、漢語の一音節読みではシェンと読みますが、日本語では音読でシン、訓読でミと読みます。日本語において、音読で身をシンと読むのは、漢語のシェンの多少の訛り読みであるとして、なぜ、訓読でミと読むのかが問題なのです。

生物の命は、身があってこそ存在し得るとの考えから、日本語においては、命の字の音読を、身の訓読に転用してあるのではないかと思われます。命の字は一音節読みでミンと読みます。つまり、ミとは**「命」**の多少の訛り読みであり、直訳すると**「命《いのち》の（源）」**の意味になり、これが身をミと読むときのこの音声言葉の語源と思われます。

また、一音節読みでは、植物の「実」はシと読みますが、日本語の訓読でミと読むのも、命の一音節読みからでたものと思われます。

145 ミイラ（木乃伊）

ミイラのことを、漢語では木乃伊と書き、ム・ナイ・イと読みます。この漢字は日本にも導入されて、日本語ではミイラと読みます。

一音節読みで「木」の字はムと読みますが、その数ある意味の一つに「棺《ひつぎ》」があります。一音節読みで乃はナイと読み、ほぼ同じ読みの内に通じていて、内には「内部」の意味があります。伊はイと読み同じ読みの遺に通じていて「遺体」のことです。つまり、漢語での木乃伊は、ほぼ同じ読みの**木内遺**のことであり**「棺内の遺体」**の意味になっていると思われます。

日本語では、上述したように、漢語を導入して漢字では木乃伊と書きますが、日本語としての言葉をつくってミイラと読みます。ミイラは日本語にしかない音声言葉で、以下に述べるように純然たる日本語と思われるものです。一音節読みで、密はミと読み「密葬」、上述したように遺はイと読み「遺体」の意味があります。腊はラと読み本来は塩漬乾燥肉のことを指しますが、敷衍して「薬剤処理した乾燥肉塊」のことをも指します。つまり、日本語におけるミイラとは、**密遺腊**であり、直訳すると「密葬遺体で、薬剤処理した乾燥肉塊」ですが、表現の順序を少し変えていうと**「薬剤処理した乾燥肉塊の密葬遺体」**の意味になり、これが日本語としてのミイラという音声言葉の語源と思われます。ここでの密葬とは、「密封して葬った」という意味です。日本の仏僧などが絶食して自ら乾燥遺体となるときは、薬剤処理はしないので、ミイラという言葉は外国のものを指してつくられたもののようであり、木乃伊自体がシナから導入した漢字言葉です。

　現代の漢語辞典では、木乃伊は干屍《カンシ》、つまり、乾燥遺体であり、エジプトの埋葬方法で、香料を塗布し特殊薬剤を用いて処理して埋葬した死体とされています。日本のすべての大辞典では、「**ミイラ【木乃伊】**」と書かれているので、日本語のミイラは漢語の木乃伊を対象とした言葉のようです。

　後述するように、木乃伊という漢字言葉は、シナの元代（一二七一～一三六八の九十七年間）には存在したというのですから、かなり早い時期に、日本にはシナから導入されたものであり、その際に、それがどのようなものであるかを調べて、その内容に沿った「ミイラ」という日本語としての音声言葉がつくられたと思われるのです。ただし、そのことを示す証拠となる文献は存在しません。

　日本の学説では、漢字言葉の木乃伊も音声言葉のミイラもヨーロッパ語由来の言葉とされています。

　ミイラについて、昭和初期の大言海には、次のように説明してあります。

「**ミイラ**（名）木乃伊〔元ト、せむ族（Semitic）ノ語ニ起原シ、亜刺比亜《アラビア》語 Mumiya、希伯来《ヘブライ》語 Mor トナリ、波斯《ペルシヤ》ニ入リテ Mor(又ハ Mum)トナリ、羅甸《ラテン》語トナリテ Myrrha（又ハ Mumia）トナリ、葡萄牙《ポルトガル》語 Momia（又ハ Mumia）トナリ、葡萄牙語ガ更ニ本邦ニ伝リテ、みいらトナレル也。元来、防腐剤、香料ヲ意味スル語ナリシガ、防腐ヲ施シテ固マリタル人、及、動物ヲモ云フニ至レリ。木乃伊ハ英語 Mummy ノ漢訳語ナリ」（一）防腐薬。（二）屍体ノ乾固シタルモノ」。

この辞典では、ミイラという名称はポルトガル語で防腐剤や香料の意味である Momia（又ハ Mumia）からきたもの、木乃伊という名称は英語の Mummy の漢訳語であると書いてあります。

現在のその他のいくつかの大辞典には次のように書いてあります。

・広辞林：**ミイラ**【木乃伊】（ポルトガル mirra「木乃伊」は英語 mummy の漢語訳）。
・広辞苑：**ミイラ**【mirra ポルトガル・木乃伊】（木乃伊は mummy の漢訳語）。
・大辞林：**ミイラ**【ポルトガル mirra】〔「木乃伊」はオランダ語 mummie の漢訳語〕。
・大辞泉：**ミイラ**【ポルトガル mirra】「木乃伊」はオランダ mummie の漢訳で、没薬の意。

大言海や広辞林以下四つの辞典は、なにを根拠にしてこのようなことを書いてあるのでしょうか。その証拠はどこにあるのでしょうか。そこで、これらの大辞典の記述を検討してみます。

先ず、これらの大辞典では、ミイラという音声言葉はポルトガル語からきたもの、木乃伊という漢字言葉はオランダ語や英語の漢訳語が日本にきたものとされています。そうすると、日本には、ミイラという音声言葉が先に伝来して、木乃伊という漢字言葉が後に伝来したことになります。日本に来航したヨーロッパ人はポルトガル人が先でありオランダ人やイギリス人はそれから五〇～六〇年程度も後だからです。これでは伝来の順序が逆ではないかとの疑いがあるのです。後述するように、木乃伊という漢字言葉は十三～十四世紀のシナの元代にはすでに存在したとされるので日本に伝来しなかったとは考えにくいからです。日本には、木乃伊という漢字言葉は、いつ誰が伝えたのでしょうか。そのことにも増して、木乃伊という漢字言葉がオランダ語や英語の漢訳語とされるのも可笑しいのです。すでに十三〜十四世紀には存在した木乃伊という漢字言葉が、十六〜十七世紀になってから東洋に進出するオランダ語や英語の漢訳語であることは有り得ないと思われるからです。更にオランダ人やイギリス人が日本に来航するようになるのは十七世紀になってからです。

次に、漢語の木乃伊が英語 mummy やオランダ語 mummie からきたというのは殆んど信じ難いものので、たぶん、誤解でしょう。なぜならば、後述の日本国語大辞典によれば、木乃伊という漢字言葉はシナの元代（一二七一〜一三六八）にはすでに存在したとされるのに、オランダという国が神聖ローマ帝国（九六二〜一八〇六）の宗主権下から独立したのは十六世紀の一五八一年であり、シナの元代に相当する十三〜十四世紀頃は未だオランダという国民国家は存在しなかったからです。国がないのにオランダ語がある筈もありません。また、この頃は、イギリス（英国）もまだ大した国ではなく東洋まで進出するほどの国力はなかったと思われるのであり、オランダやイギリスが東洋に進出するのは、十六世紀後半以降になってからだからです。

更に、日本語のミイラという音声言葉はポルトガル語からきたとされていますが、これもにわかには信じ難いことです。なぜならば、大言海にはポルトガル語の Momia（又ハ Mumia）から、広辞林以下四つの辞典にはポルトガル語の mirra からとありますが、一体そのどちらが確かなことなのでしょうか。また、Momia はモミア、Mumia はムミア、mirra はミルラと読むのであろうことから、日本語のミイラとは音声がかなり異なっています。ミイラはミルラからきたと考えてみるとしても、なぜいかなる理由があって、日本語ではミルラをミイラに変える必要があったのでしょうか。例えば、アカイ（赤い）とアオイ（青い）のように、一字一音が異なるだけで言葉の意味はがらりと変わるのです。

　大言海にはミイラの由来とされるポルトガル語の「Momia（又ハMumia）は防腐剤、香料ヲ意味スル語」とされています。また、広辞林以下四つの辞典でミイラの由来とされるポルトガル語ミルラ（mirra）について、角川外来語辞典（荒川惣兵衛著・角川書店）には、「ミルラ【ポルトガル mirra】〔薬学〕（ミイラの原義）ゴム樹脂．またはそれをとる植物．かんらん科．アラビアの南部およびアビシニアの北部の原産．」と書いてあります。他辞典でも調べてみると、ミルラは没薬《もつやく》といい「アラビア等に産するカンラン科の小高木の樹脂。香料として用いる。」と書いてあります。

　このように、Momia（又ハMumia）やmirraは、防腐剤や香料として用いられたとされるゴム樹脂のことを指し、人間の乾燥遺体のことではないという根本的な問題もあるのです。たとえ、ゴム樹脂を防腐剤や香料として乾燥遺体に塗ったとしても、或いは、ゴム樹脂と乾燥遺体とを共に薬剤として用いたとしても、果してゴム樹脂と乾燥遺体とを同一視したり混同したりすることがあり得るのでしょうか。本書では、ミイラという名称は、上述の語源に示したような意味で、日本語としてつくられたものと考えています。

　日本語のミイラというのは、そもそもはエジプトの乾燥遺体のことを指すとされていますが、エジプト語ではなんといったかは、どの大辞典にも示されていません。

　ミイラという名称がいつ頃から日本に存在するのかを紹介してある文献を探してみると、角川外来語辞典には、次のような文献が挙げられています。「①「ミイラ（といへる薬なり）」沢野忠庵『顕偽録』１６３６／②「木乃伊（ミイラ）、蜜人（ミイラ）」槇島照武『合類大節用集』１６９８／③「密人　ミイラのことなり」梅隠老史（まま）『熟語便覧』１６９９／④「ミイラ　本邦の先輩．

木乃伊をミイラなりとす．然るに、紅毛医の曰．ミイラは木乃伊にあらずと云．未知何是（未だ是《こ》れ何たるかを知らず）」貝原益軒『大和本草』１７０５」。

これらの文献からすると、ミイラという名称は江戸時代初期には存在したようですが、これらの文献での簡単な記述だけではミイラという名称は外来語の訛り読みなのか日本語としてつくられたものなのかは分かりません。

次の二つの辞典には、漢字言葉の「木乃伊」と音声言葉の「ミイラ」という言葉について、次のようなことが書いてあります。

大日本国語辞典（上田万年・松井簡治共著・金港堂書籍・一九一五～一九一九年刊）には、江戸時代の桜陰比事（井原西鶴著・一六八九年刊）という本に「木乃伊の如くなり」、昔物語（談洲楼焉馬作・一八二二年刊）という本に「みいら・といふ薬大きにはやり」と書いてあります。

日本国語大辞典（小学館二〇巻・一九七二～一九七六刊）には、「『木乃伊』という表記は、中国元代の『耕輟録《こうてつろく》』（まま）以来行われており、オランダ語 **mummie** の漢訳という。」と書いてあります。正しくは「輟耕録《てつこうろく》」といい、陶宗儀という人がシナ元代の一三六六年に出版した本とされています。ミイラは、「顛偽録」や「昔物語」の記述からすると、江戸時代には大名などの一部の人たちに薬として重用されたもののようです。

ヨーロッパ人が最初に日本にきたのは、一五四三年に種子島に漂着したポルトガル人であり、もしミイラという日本語が、それに関係するヨーロッパ語の **Momia**（又ハ **Mumia**）や **mirra**、或いは、**mummy** や **mummie** などが日本に伝来した後でつくられた言葉ならば、それらの音声に似せて改めて日本語としての意味のある言葉としてつくられた可能性もない訳ではありません。もしそうとすれば、ミルラがミイラになったのは、ミイラにおけるイの意味である遺体の意味をだすためであったかも知れません。

本書でミイラの和製語説を唱えるのは、日本の言語・国語学界で述べられていることは必ずしも信用できるとは限らないからです。例えば、カステラ、テンプラ、コンペイトウ、ジュバン、ピンキリ、ドンタク（祭）、ポント（町）その他にもたくさんありますが、これらは、日本語としてつくられた言葉であることは殆んど確実と思われるにもかかわらず、ヨーロッパ語系の外来語由来とされています。それも憶測するならば、故意に組織的に無理矢理の解釈がされている可能性があるのです。これらの言葉の語源を提示することはさほど難しいことではありません。

日本語の言語・国語学者や研究者の中には、ヨーロッパ語の中に、なにか少しでも発音の類似点があると、すぐに飛び付く傾向のある人が多過ぎるように思われます。このことだけではなく日本語全般についても、「どこからきたのか」という話が多く、そもそも日本の学者や研究者などには、**「基本的には日本語は日本人がつくった言葉である」**との視点が欠けているのです。

146 ミギ・ヒダリ（右・左）

日本語の訓読で、右はミギ、左はヒダリと読みます。ところが、なぜミギやヒダリと読むのか、その語源はどこにも明らかにされていません。というよりも、現代の学者には語源が分からないようなのです。

「日本語をさかのぼる」（大野晋著・岩波新書）という本の一六八頁には、次のように書いてあります。「**ヒダリの命名**　ちなみに、日本語のヒダリは、いかにして命名されたかを考えてみよう。インド・ヨーロッパ諸語の左を表わす語を見ると、ギリシャ語では nerteros で、その語源は『低い、劣った』意であるという。ラテン語 laevus の語源は『曲った』の意。フランス語 gauche は『不器用な、よれた』の意。古代英語は slincan で『くねる』意。

中世英語はluft,leftで『弱い』の意である。古い朝鮮語ではoinnyökでoinは、『はずれた、誤り』の意。nyökは方向である。このように、『左』が、曲ったとか、弱いとか、低い、劣ったなどの意味の語で把えられるのは、一つには、人間の大多数が右利きで、左利きは少い。左手はきかない人が多い。従って左手を劣っているとする。このことが、左と、曲、弱、不器用、くねるなどの印象との結合に関係がある。中略。日本人は、南を光の方向カゲトモと把えたし、古代朝鮮では南を前面の意で把握した。もし古代日本人も南を前面と考えたとすると、東が左にあたる。ヒダリのリは方向を指示する接尾語であり、ヒは太陽である。ではヒ-ダ-リのダは何か。中略。語根イダ（出）を想定できるとすれば、ヒダリは『日《ヒ》-出《イダ》-方《リ》』となる。Fiidariが、fidariにつまることは極めて自然である。して見ると、ヒダリは『日《ヒ》の出《ダ》の方《リ》』の意である。それは好もしいものとして喜ばれ尊まれたものなのではなかろうか。

ミギ（右）については、インド・ヨーロッパ諸語では、『真直ぐ』『正しい』『正確』『よい』『強い』という意味の語が使われている。しかし、日本のミギについては、それが、どのような由来を持つか未詳である」。

よく分からない説明ですが、インド・ヨーロッパ諸語や朝鮮語では「手の働き」のことから名称がつけられていると書いてあるようです。それにしても、ヒダリのリは方向を指示する接尾語であるとか、イダは「出」のことであるとか、ヒダリは「日の出の方」の意というのは、少々納得しにくいことのような気がします。

本書の唱える語源の話をしますと、先ずミギについては、一音節読みで、敏はミン、鬼はギと読み形容詞では共に「敏捷な、機敏な」の意味があります。つまり、ミギは**敏鬼**の多少の訛り読みで**「敏捷な、機敏な」**の意味であり、手を指す場合は**「敏捷な手」**の意味になり、これがミギやミギ手の語源と思われます。

次にヒダリについては、一音節読みで、非はフェイと読み「～でない」の意味です。大はダと読み「大いに」、利はリと読み、敏や鬼と同じ「敏捷な、機敏な」の意味があります。つまり、ヒダリは、**非大利**の多少の訛り読みで部分否定になっており「大いには敏捷でない」、つまり、**「あまり敏捷でない」**、手を指すときは「大いには敏捷でない手」、つまり、**「あまり敏捷でない手」**の意味になり、これがヒダリやヒダリ手の語源と思われます。多くの人は右利きなので、このような意味になっています。

147　ミゾオチ・ミヅオチ（鳩尾）

身体の前面中央で、胸と腹との境目付近にある凹んだ所です。急所の一つで、ミヅオチともいうとされています。急所とは、身体の中でそこを打撃すると生命にかかわる所をいいます。急所を打撃することを「当て身」といい、映画などをみていると、ミゾオチ、喉部、頭部などを打撃して気絶させる場面がよくでてきます。気絶するとは、「気を失う」とか「失神する」などともいい、一時的に仮死状態になることをいいます。

大言海には当て身について、次のように書いてあります。「**あてみ**（名）中身｜柔術ニ云フ語。拳、又ハ、肘、又ハ、足先ニテ、敵ノ急所ヲ、鋭ク打チ、又ハ、突ク技ナリ、一時、気絶セシム。其急所ト云フモノ、天倒（前頂）、烏兎（眉間）、人中（鼻下）、秘中（喉）、水月（鳩尾）、等、十数所アリ」。

さて、語源の話に移りますと、一音節読みで命はミンと読み「命《いのち》、生命」の意味です。走はゾウと読み「失う」の意味があり、漢語では、走味＝味が落ちる、走形＝形が崩れる、走色＝色があせる、走調＝調子が外れる、走失＝はぐれる、などと使われます。したがって、ミゾとは命走であり「命を失う」の意味になります。

凹はオと聴きなせるように読み「凹んでいる、

窪んでいる」の意味、地はチと読み「所、場所」の意味があります。つまり、オチとは凹地であり「凹んだ所」の意味になります。

したがって、**ミヅオチ**とは**命走凹地**の多少の訛り読みであり、直訳すると**「命を失う凹んだ所」**の意味になり、これがこの言葉の語源と思われます。ただ、そこを打つ突くなどの打撃をされても、必ずしも死ぬとは限らず気絶するだけの場合があるので「命にかかわる凹んだ所」程度の意味と解釈すべきものです。

また、卒はヅと読み「尽きる、終わる」の意味、具体的には「死ぬ」の意味があります。古代シナでは、その死について、天子を崩、諸侯を薨《こう》、大夫を卒、士を不祿、庶民を死と称したとされています。したがって、**ミヅオチ**とは、**命卒凹地**であり直訳すると**「命の尽きる凹んだ所」**、つまり、「命にかかわる凹んだ所」の意味でミゾオチとほぼ同じ意味になり、これがこの言葉の語源と思われます。

148 ミミ（耳）

耳について、大言海には「顔ノ両旁《リョウワキ》ニ出デテ、孔《アナ》アリ、聴クコトヲ主《ツカサド》ル官」と説明してあります。ミミ（耳）は、漢語では耳朶と書いてアルトと読むのですが、日本語では耳と書いてミミと読みます。

平安時代の和名抄に「耳、美美」と書いてあります。

一音節読みで、鳴はミンと読み、そもそもは動詞語で「鳴る」の意味ですが、名詞では「鳴る音、音」の意味があります。明はミンと読み、動詞では「識別する、分別する。見分ける、見える」などの意味があります。つまり、ミミとは、**鳴明**の多少の訛り読みであり、直訳すると**「音を識別する（部分）」**の意味になり、これがこの言葉の語源と思われます。

また、秘密のことを相手に知らせるとき、今では、電話や携帯電話による電信（メール・mail）

などで二人の間だけで話したりもできますが、古代では、秘密の話があって周囲の人たちに聞かれないようにするときは耳元で囁《ささや》いていたに違いありません。字体からすると、口を耳に当てがうことからできたと思われる囁の字は「ささやく」と読み、「小さな声で耳に向かって秘密裡に話す」の意味とされるのもその証拠と思われます。「耳打ちする」のような言葉もあります。一音節読みで、秘密はミミと読みます。明はミンと読み「明らかにする、打ち明ける」の意味もあります。つまり、ミミとは、**秘明**の多少の訛り読みであり、直訳すると**「秘密を打ち明ける（部分）」**の意味になり、これもこの言葉の語源かも知れません。

また、弭を分解すると弓耳になりますが、弭は一音節読みでミと読み「弓《ゆみ》」のことです。弓を張ったときの形を「ゆみなり」といい、漢字では「弓形《ゆみなり》」と書きます。ということは、弓の字形は、ほぼ耳の形に似ていると認識されているということです。したがって、ミミとは、その形状からきた**弭弭**であり、直訳すると**「弓形の（部分）」**の意味であり、これもこの言葉の語源で掛詞と思われます。

以上から、ミミの語源は、鳴明と秘明と弭弭との掛詞になっていると思われ、まとめていうと**「音を識別する、秘密を打ち明ける、弓形の（部分）」**になります。

149 ミミタブ（耳朶）

大言海には、「みみたぶ（名）耳埵・耳朶〔たぶハ、たふやかナル意〕古クハ、みみたび。耳ノ下ニ垂リタル肉。ミミノビク。ジダ。訛シテ、みみたぼ。垂珠」と書いてあります。

また、江戸時代の書言字考節用集に「耳朶珠、ミミタブ」、日本永代蔵に「汝ガ仕合セト、耳朶《ミミタブ》ニヨセラレ、小語《ササヤ》キ給フ」とあることが紹介されています。

ミミは耳のことであるとして、耷は夕と読み「垂れる」の意味、部はブと読み「部分」の意味があります。つまり、ミミタブは、**耳耷部**であり**「耳の垂れた部分」**の意味になり、これがこの言葉の語源と思われます。

150　ムネ（胸）

大言海によれば、この言葉は、すでに奈良時代にはできていたようであり、万葉集には牟祢と書かれて、次のような歌が詠まれています。

・魂はあした夕べに賜《たま》ふれど
吾が牟祢いたし恋の繁《しげ》きに（万葉３７６７）

平安時代の和名抄に「胸、膺、臆、無禰」と書いてあります。

胸は、肩部と腹部の間の場所に存在しています。一音節読みで、務はウと読むのですが異読でムとも読み「真面目に務める、忙しく働く」の意味、内はネイと読み「内臓」の意味があります。つまり、ムネとは、**務内**の多少の訛り読みであり直訳すると**「忙しく働く内臓（部分）」**の意味になり、これがこの言葉の語源と思われます。

胸には絶えず動悸を打っている心臓があり、肺や胃も絶えず伸縮活動をしているので、他の内臓器官部分と比較して、特に、忙しく働いているようにみえることから、このような意味の言葉がつくられたと思われます。「胸が躍る」「胸騒ぎがする「胸を膨らませる」などという文句も、胸が忙しく活動していることから生まれたものと推測されます。

151　メ（眼・目）

メは、日本語では漢字で眼や目と書きます。メは、漢語では眼睛といいます。漢語の一音節読みで、眼はイェン、目はムと読み共に、口と同じように文体語であって、漢語では日常語としては使われないようです。人間のメ（眼・目）は、その身体の器官の中で最も美しいといえるものです。たとえ、顔形や体形その他がどうであれ、通常は、目だけはすべてが美しいのです。

日本書紀の神代第五段に「左の眼《みめ》を洗ひたまふ。因《よ》りて生める神を、号《なづ》けて天照大神《あまてらすおほみかみ》と曰《まう》す。」とあります。ここでは、眼を「みめ」と読んでありますが、靡美のことです。一音節読みで、靡はミ、美はメイと読み、共に「美しい」の意味です。つまり、眼は「美しい（もの）」という意味で「みめ」と読んであるのです。

上述したように、一音節読みで、美はメイと読みます。つまり、メ（眼・目）とは**「美」**の多少の訛り読みであり直訳すると**「美しい（部分）」**の意味になり、これがこの言葉の語源と思われます。

明はミンと読み、動詞では「識別する、分別する。見分ける、見える」などの意味があります。つまり、メとは**「明」**の多少の訛り読みであり**「見える（部分）」**の意味になり、これもこの言葉の語源かも知れません。

また、人間のメ（眼・目）の特徴の一つは閉じて眠ることができることです。一音節読みで、眠はミィエンと読み「眠る」の意味です。つまり、メは**「眠」**の多少の訛り読みで、**「眠る（部分）」**の意味であり、これもこの言葉の語源で掛詞かも知れません。

三つの掛け言葉をまとめると、「美しい、見える、眠る（部分）」の意味になります。

152　メクラ（盲・瞽）

大言海には「目ノ、視力ヲ失ヒテ、物ノ見エヌコト。目ニ見ルコトノ力ヲ失ヘルコト。又、其人。」

と説明してあり、平安時代の字鏡に「眊、目暗。目久良志」と書いてあることが紹介されています。

一音節読みで、味はメイ、瞽はクと読み、共に「目が見えない」の意味があります。啦はラと読み、語尾につく特には意味のない語気助詞ともいうべきものです。つまり、メクラとは、**味瞽啦**の多少の訛り読みであり、直訳すると**「目が見えない（こと）、または、そのような（人）」**の意味になり、これがこの言葉の真の語源と思われます。

メクラの語源は、単純には、「目暗」の訓読と見做すことも不可能ではありません。なぜならば、訓読で、目はメ、暗はクラと読むことから、メクラは目暗であり、直訳すると「目が暗黒である」の意味になるので、敷衍して「目が見えない」の意味にまで意訳するのはさほど無理なことではないようだからです。

ただ、アンと音読する暗をクライと訓読するのは、瞽の読みからきたものではあります。一音節読みで然はランと読み、副詞や形容詞に付ける特には意味のない語尾字とされており、突然、当然、自然などと使われます。矣はイと読み形容詞の語尾につく特には意味のない語気助詞とされ、俳句などでは「かな」と読まれています。つまり、「暗い」の読みであるクライは**瞽然矣**の読みからきており、クライはそもそもは「目が見えない（ほどである）」の意味なのです。

153 モトドリ（髻）

平安時代の和名抄に「髻、毛止止利」と書いてあります。大言海には、「**もとどり**（名）髻‖（本取ノ義）髪ヲ頂ニ集メテ束《タバ》ネタル処。」と説明してあります。髻は、分解すると「吉髪」つまり「吉《よ》い髪」になりますが、「美しい髪」の意味の字と思われます。

一音節読みで毛はマオと読みます。騰はトンと読み「上にあがる、上にあげる」の意味があります。都はトやドと聴きなせるように読み、形容詞では「美しい」の意味があります。理はリと読み「整える」の意味があり、理髪店というのは「髪を整える店」という意味です。

つまり、モトドリは**毛騰都理**の多少の訛り読みであり、直訳すると**「毛を上に挙げて、美しく整えた（もの）」**の意味になり、これがこの言葉の語源と思われます。

154 モモ（腿）

アシ（足・脚）のつけ根から膝までの部分を大腿《だいたい》や上腿といい、膝から踝《くるぶし》までの部分を小腿《しょうたい》や下腿といいます。モモは、古くから、大腿のこととされていますが、現在では、一般的には、大腿の上辺に相当する部分、つまり、フトモモやウチモモといわれる部分を指すことが多いようです。モモがこの部分を指すのには、その言葉の意味と深い関係があるのです。平安時代の字鏡に「膝上尻の下、毛毛」、和名抄に「股、毛毛」と書いてあります。

モモは、肉が豊かで柔らかく、外部に晒されることも少ないので色白の肌であることから、美しい部分になっており、また、そのように見做されてきたのです。また、現代ではモモを曝《さら》すことはどうということもありませんが、古くは生殖器が存在することからも、特に女性の場合には、秘密の隠れた場所と見做されて、むやみに他人に曝すべきものではないとされてきたのです。

一音節読みで、茂はマオと読み「美しい」の意味があります。つまり、モモとは、茂の重ね式表現である**茂茂**の多少の訛り読みであり**「美しい（部分）」**の意味になり、これがこの言葉の語源と思われます。また、黙はモと読み「秘密の、隠れた」の意味があります。つまり、モモとは**黙黙**のことであり**「秘密の（部分）」**の意味で、これもこの言葉の語源で掛詞になっていると思われます。まとめていうと、モモとは**「美しい、秘密の（部分）」**の意味になります。

155　ヤケド（火傷）

ヤケドについて、大言海には「**やけど**（名）火‖傷‖〔焼処ノ義〕膚ノ、火ニ傷メラレテ腫《ハ》レ脹《フク》ルルモノ。又、熱湯ニ傷メラレタルモ云フ」と説明してあり、また、江戸時代の「好色二代男」（西鶴）という本に「恐ロシクテ逃ゲケルト云フテ、脇腹ヲ見給ヘバ、やけどアリアリト、云々」とでていることが紹介されています。

漢字で火傷と書かれることから、この言葉の語源となったそもそもは、火によるものであったことが推測されます。一音節読みで、煬はヤンと読み「火に当たる、炙《あぶ》る」の意味があります。給はケイと読み、受動体の文をつくるときに動詞の前で使われます。毒はドと読み、動詞では「損なう、傷める、損傷する、傷害する」などの意味があります。つまり、給毒はケイドと読み「損傷を受ける」の意味になります。

したがって、ヤケドとは、**煬給毒**の多少の訛り読みであり直訳すると**「火に当たって損傷を受けた（部分）」**の意味になり、これがこの言葉の語源と思われます。

ヤケドは、火だけでなく、上述した熱湯や熱した油や金属、その他でも被ることがありますが、語源上はこのような意味になっています。

なお、余談ですが、「煬」の字は古代シナの隋朝の第二代皇帝である煬帝《ようだい》の名前に使われています。この人は、日本の聖徳太子が遣隋使を派遣したときの皇帝として有名です。通常は、「帝」の字はテイと読むのですが、煬帝という名前においてはダイと読まれています。それは、この皇帝は暴君とされているので、故意にそのように読まれているのです。なぜならば、呆、歹、怠の三字はいずれもダイと読み、呆は「阿呆」、歹は「悪い」、怠は「怠惰」の意味があるからです。

156 ユビ（指）

指は、動物の手足の末端にある部分で、人間では左右の手足でそれぞれ五本づつに枝分かれしています。そもそもはすべて足であったものが、人間の場合、直立歩行ができるようになったことにより手と足に分化して、その機能はかなり異なったものになっています。

手指の最大の特徴は、関節があって屈折できること、したがって、物を握ったり持ったりすることができることにあります。足指は手指ほどに器用ではありませんが、それは、手指があるので、必ずしも、さほど必要としないからでもあり、そのことは、実際に、手を失った人が足指で筆をとって字を書いたり絵を画いたりしているのをみても分かります。

大言海によれば、平安時代の和名抄には「指、由比、俗ニ於与比ト云フ」と書いてあります。

一音節読みで、紆はユと読み「曲がる、曲げる、曲折する」の意味があり、日本語ではユではなくウと読み紆余曲折《うよきょくせつ》という四字熟語があります。秉はビンと読み「握る、把握する」の意味です。つまり、ユビとは**紆秉**の多少の訛り読みであり、直訳すると**「曲げて握る（部分）」**の意味になり、これがこの言葉の語源と思われます。

上述したように、和名抄に「俗ニ於与比《オヨビ》ト云フ」と書いてあります。一音節読みで、阿はオと読み、自分の気持ちを曲げておもねる、へつらうの意味があるからか、敷衍して「曲がる、曲げる」の意味があります。擁はヨンと読み「持つ」の意味で、例えば、擁書は持書と同じ意味です。上述したように、秉はビンと読み「握る、把握する」の意味があります。つまり、オヨビは**阿擁秉**の多少の訛り読みであり直訳すると**「曲げて持ったり握ったりする（部分）」**の意味になり、これがオヨビの語源と思われます。

157　ヨダレ（涎）

大言海には「今、よだれ。口ヨリ、唾液ノ、自ラ出デテ、頤《アゴ》ニ垂ルルモノ。小児、牛、馬、或ハ、慕欲ノ念、ナドヨリ、意《オモ》ハヌニ出《イ》ズ」と説明してあります。

人間の場合、通常は、子供の頃によく見られます。自分の意志とは関係なく、勝手に口よりとめどなく唾液が垂れてくるので、しょっちゅうそれを拭かねばならず、頤が赤くただれた状態になったりします。

大言海によれば、平安時代の字鏡に「蜒、与太利、又、豆波志留《ツバシル》」、和名抄に「津頤、与多利」とでています。

上述のように、平安時代にはヨダリといったようですが、現在ではヨダレといいます。それは、両名称がほぼ同じ意味になるからです。一音節読みで、優はヨウと読み「過度である」、耷はダと読み「垂れる」の意味があります。瀝はリと読み動詞では「滴《したた》る、水滴が落ちる、しずくが垂れる」、名詞では「水滴、しずく」の意味があります。つまり、ヨダリとは、**優耷瀝**の多少の訛り読みであり直訳すると**「過剰に垂れる水滴」**の意味になり、これがこの言葉の語源と思われます。

また、累はレイと読み「相次ぐ、連続する」の意味があります。つまり、ヨダレとは、**優耷累**の多少の訛り読みであり直訳すると「過剰に垂れて連続する（もの）」ですが、少し表現を変えると**「過剰に連続して垂れる（水滴）」**の意味になり、これがこの言葉の語源と思われます。

158　ワキバラ（脇腹）

ワキバラは、漢字では脇腹と書かれます。

大言海によれば、江戸時代の好色二代男（西鶴）に「わき腹ヲ見給へバ、火傷アリアリト」と書いてあります。

一音節読みで、腕はワンと読み「ウデ」のことです。近は、そもそもの漢語の一音節読みでチンと読みますが、漢語でチンと読むものは、殆んどの場合、日本語音読ではキンと読むことになっています。このような字は、極めて多いので若干だけを例示すると、今、斤、筋、金、錦などがあります。

つまり、ワキバラとは、**腕近腹**の多少の訛り読みであり、直訳すると**「腕に近い腹（部分）」**の意味になり、これがこの言葉の語源と思われます。

一音節読みで脇はシィエと読むのですが、訓読でワキと読むのは腕近の読みを転用したものです。したがって、脇はワキと読む限り、そもそもは腕の傍のことになります。しかしながら、現在では、ワキは腕の傍でない場合でも、一般的に、なにかの傍という意味で使われています。

159 ヲ（尾）

漢字で尾と書き、日本語ではオと読むのですが、旧かな使いではヲと書きました。漢語ではウェイと読みます。虫、魚、鳥、獣などの尻部からでている細長いもので、人間からは消失しているので人体語とはいえないのですが、ついでに書いておきます。万葉集に、次のような歌が詠まれています。

・あしひきの山鳥の尾の一峯《ひとを》越え
一目見し子に恋ふべきものか（万葉２６９４）

その歌意は次のようなものです。「たった一目見ただけの娘《こ》を、どうしてこんなに恋しく思うのだろうか」。

鳥獣の尻尾を見ると、殆んどが彎曲に、或いは、円く曲げることのできるものになっています。

一音節読みで、嵔はウオと読み「彎曲する、丸く曲がる」の意味があります。つまり、オ（尾）

とは、**窩**のことであり**「彎曲する（部分）」**の意味になり、これがこの言葉の語源と思われます。

　また、娥はオと読み「美しい」の意味です。つまり、オとは**娥**であり直訳すると**「美しい（もの）」**の意味になり、これもこの言葉の語源で掛詞と思われます。ということは、そもそもは鳥、獣などの美しい尾を想定してつくられた名称かも知れません。合わせていうと**「彎曲する、美しい（部分）」**になります。平安時代の和名抄の羽族体の項に「尾、乎、鳥獣尻長毛也（鳥獣ノ尻ノ長毛ナリ）」と書いてあります。

　余白があるので余談をしますと、万葉集の歌などに**「あしひきの」**という**「山」**などに懸かる枕詞があります。漢字入りでは「足引きの」と書かれます。ところが、この枕詞の意味が正確には分からないようなのです。そこで、たぶん、ほんとうと思われる本書説を披露しておきます。

　漢字の足は、動詞語として使うときは「歩く、歩いて行く」の意味があります。漢字の引は、一字動詞語を二字動詞語にするときに、特には意味のない補助動詞として使われます。例えば、前置して使われるものには引率、引退、引導、引責など、後置して使われるものには吸引、誘引、延引、強引などがあります。

　同じように考えると、引は特には意味のない補助動詞ですから、足引は動詞語として使われるときの足と同じ意味になるので、**「歩く」**或いは**「歩いて行く」**の意味になります。したがって、足引を枕詞として使った「足引きの山」とは**「歩いて行く山」**の意味になり、これがこの枕詞の正しい解釈でありその意味です。

　山には、当時は、歩いて行く以外になかったのでこのような枕詞がつくられたと思われます。もっと具体的な表現をすると、「歩いて登り降りする山」になります。

＊参考文献

主な参考文献

（平安時代迄）
・万葉集
・古事記
・日本書紀
・字鏡（新撰字鏡）（昌住著）
・和名抄（倭名抄）（源順著）
・名義抄（類聚名義抄）
・字類抄（色葉字類抄）
・医心方（丹波康頼撰）
・天治字鏡
・霊異記（日本霊異記）（景戒著）
・今昔物語
・華厳経音義私記
・枕草子（清少納言著）

（鎌倉時代～江戸時代）
・宇治拾遺物語
・書言字考節用集（槙島昭武著）

（明治時代以降）
・大言海（大槻文彦著・冨山房）
・広辞林（第六版）（三省堂）
・広辞苑（第七版）（新村出編・岩波書店）
・漢語辞典（現代漢語詞典・商務印書館他）
・漢和辞典（新版漢語林・大修館書店他）
・大日本国語辞典（上田万年・松井簡治共著）
・日本古典文学大系「萬葉集」（岩波書店）
・日本国語大辞典（講談社）
・日本語の起源（大野晋著・岩波新書）

その他の参考文献（時代不問）

・伊勢物語……24
・今鏡……10
・岩淵夜話（大道寺友山著）……107
・浮世風呂（式亭三馬著）……150

＊索引（除参考文献）

新音義説

序　言

新音義説は、本邦において本書で初めて唱導するもので、旧来の音義説を抜本的に修正したものです。旧来の音義説の主な主張は、日本人の使う言葉のあいうえお五〇音のそれぞれの音には、広義にせよ狭義にせよ一義がある、つまり、一つの音声には一つの意味があるとするもので、江戸時代の多くの学者によって様々に説明されましたが、いずれも理解しにくいものであったために、現在では論ずる価値のない非科学的な誤謬説として排除されています。しかしながら、音義説は日本語を正しく理解するために必要不可欠なものです。本書の唱導する新音義説が、なぜ「新」かというと、旧来の音義説とは大いに異なっているからです。

新音義説では、日本語の本質というか、その正体を紹介してあります。日本語は漢字言葉と仮名言葉から成り立っており、漢字言葉の殆んどは漢語を導入して日本語としたものです。仮名言葉は、「純粋な日本語」とされて、一般的には、大和言葉といいますが、日本語としてつくられた言語という意味です。この「純粋な日本語」とされる仮名言葉、つまり、大和言葉は「いかなるものか」について、本書ではその真実を披露してあります。このことは明らかなことなのですが、なぜか日本の言語・国語学界では今までに学説として叙述されたことはありません。本書を興味深く読んで頂ければたいへんに有難く思います。

著　者

西暦二〇一九年（令和元年）六月一日

＊目次

＊一般語の語源等

（一）新音義説の内容

音義説というのは、日本語はいかなるものかを詮索《せんさく》してみると、日本語の言葉の音には義がある、つまり、音声には意味があるとするものです。新音義説は、本書で初めて唱導する音義説ですが、なぜ「新」かというと、その内容が旧来の音義説とは大いに異なる新説だからです。その内容は、次のようなものです。

第一に、あいうえお五十音図や「いろは歌」に示された日本語の各音には「漢字に基づく義」がある、つまり、「漢字に基づく意味」があるとするものです。それも一つではなく、複数の意味があるとするものです。簡潔にいうと**「漢字に基づく一音多義」**ということです。

第二に、複数の意味があるといっても、どの程度の数の意味があるかというと、漢字の数に見合った数の意味があるのです。しかもその漢字の音声は漢語漢字の音声、つまり、漢語式音声になっています。

例えば、一般的な漢語辞典に記載されている字数は一万三千字程度ですが、漢語式音読でアと読む漢字は、アンと読む漢字を含めると約40字あります。したがって、簡単にいうと、アという音声には漢字の数に見合った約40の意味があることになります。イと読む漢字はインと読む漢字を含めると約２６０字、ウと読む漢字はウンと読む漢字を含めると約70字、エと読む漢字はエンと読む漢字を含めると約70字、オと読む漢字はオンと読む漢字を含めると約50字があります。したがって、採用できる漢字は限られるとしても、イには約２６０、ウには約70、エには約70、オには約50の意味があることになります。つまり、日本語の各音は、複数の漢語漢字の意味に裏付されているということです。

第三に、なぜ漢語漢字かというと、漢語漢字は原則として一字一音であり、漢字が特定し易いからです。逆に日本語漢字の音声には、呉音、漢音、唐音に加えて慣用音などと称して、一字についていろんな音声があり、漢字を特定しにくくなっています。なお、「声」という字は、「音」という字と同じ意味で使われる場合と、「声調《せいちょう》」という意味で使われる場合とがあります。

第四に、漢語漢字は原則として一字一音であるために、それらを組み合わせて多音節語をつくるのに極めて適しているからです。日本語は、一音節語もありますが、大多数の言葉は多音節語になっています。したがって、日本語は多音節語とされています。

第五に、日本語には**漢字言葉**と**仮名言葉**とがありますが、漢字言葉は漢語から導入して日本語としたものであり、仮名言葉は日本語としてつくられたものです。仮名言葉は、「純粋な日本語」、「真正な日本語」や「そもそもの日本語」などといわれて、一般的には「和語」や**「大和言葉」**と称されています。したがって、新音義説では、単に日本語というときは、仮名言葉、つまり、純粋な日本語といわれる大和言葉を指す場合があります。

第六に、仮名言葉における各音声には、同じ音声で読む漢語漢字の数に見合った数の意味、つまり、複数の意味があるので、それぞれの仮名言葉の各音声は、どの漢語漢字のものか分からないことになります。したがって、それぞれの仮名言葉の意味から、どの漢語漢字の音声であるかは推察することになります。

第七に、漢字言葉には音読と訓読とがあり、音読は漢語漢字に準じて読むこと、訓読は仮名言葉、つまり、純粋な日本語とされる大和言葉で読むことです。仮名言葉は日本語としてつくられた言葉であり、その多くは漢字を対象とした訓読言葉としてつくられていますが、漢字を対象としないものもあります。万葉集、古事記、日本書紀などはすべて漢字で書かれているように、当初は訓読言葉であるか否かを問わず仮名言葉は**「漢字仮名」**で書かれました。漢字仮名については、本書の二十五頁以下をご参照ください。

第八に、訓という字には、「説明する」或いは「解釈する」という意味があります。したがって、漢字を対象としてつくられた仮名言葉としての訓読言葉は、「説明して読む言葉」或いは「解釈して読む言葉」、簡潔にしていうと**「説明言葉」**或いは**「解釈言葉」**ということになります。つまり、訓読言葉は、ある漢字の意味を他の漢語漢字でする「説明言葉」或いは「解釈言葉」としてつくられています。漢字を対象としない仮名言葉もまったく同じようにしてつくられています。

したがって、或る仮名言葉の音声と意味は、或る漢字の訓読である仮名言葉の場合は、その或る漢字の意味から、他のどんな漢語漢字の音声と意味であるかを推察することになります。或る漢字の訓読でない仮名言葉の場合は、その言葉が指す事物・事柄の意味・実体から、他のどんな漢語漢字の音声と意味であるかを推察することになります。

第九に、通常は、仮名言葉は多音節語であり、その各音声には「漢字に基づく意味」があるので、それぞれの仮名言葉の読みは漢語漢字の各音声を組み合わせたもの、その意味は漢語漢字の各意味を組み合わせたものになります。したがって、仮名言葉、つまり、純粋な日本語といわれる大和言葉は**「漢語漢字を素材としてその音声と意味を利用してつくられた言語」**であるということであり、このことこそが、新音義説における最も重要なことの一つです。詳しくは、本書の四十七頁以下の

「大和言葉の正体」欄をご参照ください。

第十に、多音節語としての仮名言葉は、漢語漢字を素材としてその音声と意味を利用してつくられているので、その音声と意味は漢語漢字に裏付されています。したがって、仮名言葉には、相応の特徴があります。

例えば、日本語のソラは、漢語では「空」と書いてコンと読み、英語では「sky」と書いてスカイと読み、特に語源というものはなく、その字または語そのものの中に音声と意味が含まれています。

他方、日本語では漢字の空をソラと読みますが、ソラという言葉の音声と意味は、ソラという音声の他の漢語漢字とその意味からきているのです。その語源をいいますと、一音節読みで、蒠はソン、藍はランと読み、形容詞では共に「青い」の意味があります。蒠は葱の正字とされています。したがって、蒠藍はソンランと読み、当然に「青い(所)」の意味になります。孌はランと読み「美しい」の意味です。したがって、蒠孌はソンランと読み「青い美しい(所)」になります。つまり、ソラは蒠藍と蒠孌との掛詞であり、意味上は蒠藍孌になり、**「青い美しい(所)」**の意味であり、これがソラという言葉の語源です。

このように、すべての仮名言葉には各々その言葉をつくるために使われた漢語漢字に裏付された意味があるのです。したがって、その仮名言葉をつくるために使われた**「漢語漢字およびその音声と意味」**は、その仮名言葉の**「語源」**となっています。このことは、仮名言葉、つまり、純粋な日本語とされる大和言葉の特徴の一つです。

第十一に、漢語漢字の音声に裏付のない仮名言葉があるとすれば、それは漢字の導入以前に存在した音声言葉であった原日本語が、漢字導入後に文字化されて仮名言葉としての古代日本語になったものらしいということになります。しかしながら、そのような仮名言葉は存在しないようなのです。もし、そのような仮名言葉が現存するとすれば、これこそが原日本語が文字化されて古代日本語になったものであると指摘されれば、そうであるか否かは比較的簡単に識別できると思われます。なぜならば、そのような仮名言葉の意味は漢字からは解読できないからです。

第十二に、本書では、音声言葉であった原日本語は文字化されなかった、或いは、若干《じゃっかん》は文字化されたとしても、漢字からつくられた文字言葉に置換されて消失してしまい、現存してはいないと考えています。なぜならば、殆んどの仮名言葉の意味は、漢字から解読できるからです。

結局のところ、日本語とはいかなるものかを正しく理解するためには、日本語の本質というか、日本語の正体というか、それを把握して頂くことが必要です。

（二）旧来の音義説

人間の使用する言葉には義、つまり、意味があるのは当然のことであり、意味がなければ言葉にはなり得ません。したがって、人間の使用する言葉には義、つまり、意味があるのです。

「コトバ」という名称は、漢字では「言葉」と書き、語源上は「公けに分かる語」、つまり、「皆んなに分かるように話したり書いたりする言語」という意味です。その語源については本書の十六頁をご参照ください。

鎌倉時代の仙覚という万葉学者の日本語についての学究方法が、今でいう音義説に近いとして、音義説の萌芽とされています。特には江戸時代になると、当時の学者によって学説はいろいろでしたが、あいうえお五十音図や「いろは歌」に示されたそれぞれの音には、広義にせよ狭義にせよ一義がある、つまり、一つの意味があるとするもので、その意味に基づいて個々の言葉の語源やそれに基づく意味を説明しようとするものでした。現在では、このような説は音義説と呼ばれています。

音義説という名称が、いつ頃つくられたかは分かりませんが、たぶん、明治時代に入ってから以降ではないかと思われます。江戸時代の音義説は、多数の日本語のそれぞれの言葉の語源や意味を的確に説明することに成功しなかったのです。なぜならば、これらの学説は、難解で理解しにくいものだったからです。したがって、現在の言語・国語学界では、本気なのかどうかは分かりませんが、これらの音義説はすべて採用するに値しない誤った説として排除されています。しかしながら、このことが、日本語の本質というか、日本語の正体を見失わせる結果を招いていると思われます。

なぜ、音義説が的確に説明することに成功しなかったかというと、日本語の本質というか、日本語の正体に触れずに説明を試みたからです。日本語には漢字言葉と仮名言葉とがあり、漢字言葉は漢語から導入して日本語としたものですが、仮名言葉は純粋な日本語とされる大和言葉であり、その本質というか、その正体は「漢語漢字を素材としてその音声と意味を利用してつくられた言語」であるということです。憶測するならば、現代に音義説が排除されているのも、江戸時代の音義説が説明に成功しなかったことをいいことに、日本語の本質というか、日本語の正体に触れないためとも思われます。

言葉に音義があることは当然のことなので、音義説そのものは日本語の語源やそれに基づく意味を探求する上で、極めて合理的で有力な学究方法であることに間違いありません。なぜならば、言葉は音声で話されて文字で書かれますが、そもそもの言葉の起源は音声だからです。

音義説はその説明方法さえ間違えなければ、当然に正しいものであることは自明のことです。ただ、江戸時代に唱えられた音義説がいかにも理解しにくいものであったために、現在では、音義説は誤謬説の代名詞の如くになっています。しかしながら、旧来のものはいざ知らず、今後においては、正しい音義説こそが日本語を理解する上で最も必要な説であると見做すべきものです。本書では旧来の音義説と区別するために、本書の唱導する音義説を「新音義説」と称しています。

（三）音義と語源の関係

言葉のそもそもは音声ですから、音声に意味があるのは当然のことです。音声には義、つまり、意味があるということです。「音」という字のそもそもの意味は、日本語でいうところの「読み方」のことです。「声」という字は、「音」と同じ意味で使われる場合と、「声調」という意味で使われる場合とがあります。

漢字は表意文字であり一字に意味がある、つまり、一字が一語なのですが、漢語漢字は「一字一音」の言語なので一字の音声に意味があるともいえます。問題は、日本語の仮名言葉、つまり、純粋な日本語とされる大和言葉は多音節語とされていますが、その一音一音に意味があるのかということです。日本語においては、仮名言葉と大和言葉とは同義語です。大和言葉は「漢語漢字を素材としてその音声と意味を利用してつくられている」ので、大和言葉においても一音一音に意味があると考えるべきものであり、したがって、それぞれの大和言葉は一字一字まで分解して、その語源とそれに基づく意味を追求すべきものです。

上述したように、日本語の仮名言葉は「漢語漢字を素材としてその音声と意味を利用してつくられた言語」です。したがって、或る仮名言葉には、漢語漢字に裏付された音声と意味があることになり、その音声と意味が、すなわち或る仮名言葉であり、またその語源ということになります。逆にしていうと、仮名言葉の語源は、漢語漢字およびその音声と意味ということです。例えば、三音節の仮名言葉の場合、その音声と意味は三つの漢語漢字の音声と意味をそれぞれ組み合わせたものであり、それこそがまさにその仮名言葉であり、また、その仮名言葉の語源なのです。

しかしながら、本気で書かれているのかどうかは分かりませんが、本書とは正反対のことの書かれた高名な学者の「日本語をさかのぼる」（大野晋著・岩波新書）という本があるので、以降、本書の意見を交えながら余談をします。

この本の十九頁には、次のように書いてあります。「ヤマトコトバの意味を鮮明に受け取るためには、われわれはひとまず漢字を離れなければならない。ことにヤマトコトバの意味の根源を知ろうとする際には、漢字に頼って考えてはならない」。

この本では、しょっぱなから、かなり問題になりそうなことが書いてあります。ヤマトコトバ（大和言葉）というのは、仮名言葉のことです。つまり、仮名言葉が純粋な日本語とされるヤマトコトバ（大和言葉）なのです。漢字を離れて、どうしてその根源、つまり、語源を知るかというと、引き続いて次のように書いてあります。

「語の意味を知るには、ともかく数多くの用例を持つことが必要である。それは現代の例だけではなく、さかのぼって、古代にまでそれを求め、個々の例を、文脈に従ってこまかく解釈しなければならない」。

しかしながら、なぜ「漢字を離れなければならない」のか、その理由が分からないといえますが、それは書いてありません。

また、ここでは、極言すると、日本語の根源、つまり、語源は分からないので、日本語の意味は個々の用例を文脈に従ってこまかく解釈することによって導き出さなければならないと書いてあるようです。しかしながら、用例が多ければ推測解釈することによって正しい解釈に近づくこともできますが、用例が少ないときはそれも極めて困難になり、ときには、正反対に解釈できることさえあるのです。また、推測解釈はする人の感性に従ったものになりがちです。

例えば、この本には多くの言葉について、推測解釈、つまり、感性に従ったと思われる語源説が述べられていますが、どのような結果になるか、代表的なものとして、その五十八頁の「コトバ（言葉）」、九〇頁の「雪やコンコン」、一三一頁の「ウタ（歌）」、一四一頁の「クセ（癖）」の四つの例を挙げてみます。

第一に、**「コトバ（言葉）」**については、「対談　日本語を考える」（大野晋編・中央公論社）の七十一頁には、次のような記述があります。「**大岡（信）**　大野さんの本にありましたが、『ことば』という言葉は、日本語ではことの端のことだ。コトというのは事実の事と、言葉の言《こと》とですが、その端っこのもの、口先だけのものをさして『ことば』といったのだとありました。あの部分はショッキングだったんです」。

ここで、「大野さんの本」というのは、上述の「日本語をさかのぼる」（大野晋著・岩波新書）という本のことで、その六十一頁には次のように書いてあります。「コトバのバとは端《は》であり、端《はし》の意である。ハシとは中心からはずれた、価値の低い、つまらない所である。従ってコトバは、コト（言、事）のハシで、『口先の発言』というのがコトバの古い使い方であった」。

引き続いてその六十二頁には、次のように書いてあります。「コトバは、事の真実とか、道理とかを表現するために生れた語ではなく、事《コト》と言《コト》との一致という素朴な信仰の崩壊をきっかけに、人間の口にするコトは、本当はコトバだ、事の端、言の端にすぎないのだという認識をこめて作り出された。従ってコトバという語は、真実とか理性などに結びつけて理解される語ではなく、口先のもの或いは、単なる物の言い方として理解される習慣を長く持った」。

この本では、コトバの語源は「事の端」或いは「言の端」と書いてあります。しかしながら、人間の社会生活において欠かせない極めて大切なコトバが、そのようなことからつくられたものとは到底思われません。

そこで、僭越ながら、次に本書の語源説を紹介します。一音節読みで、公はコンと読み「公け」、懂はトンと読み「分かる、理解する」の意味です。つまり、コトバにおけるコトとは、公懂であり「公けに分かる」の意味です。翰はハンと読み「語」、英語でいうところのワード（word）の意味があります。したがって、コトバとは、**公懂翰**の多少の濁音訛り読みであり、直訳すると**「公けに分かる語」**の意味になり、これがコトバ（言葉）という日本語の語源と思われます。くだけた表現をすると、**「皆んなに分かるように話したり書いたりする言語」**という意味です。言葉は、公けに、つまり、みんなに分かるものでないと用をなさないので、このような意味になっていると思われます。なお、語を二字語にしたのが言語であり、日本語としてつくられたのが言葉なので、「語」と「言語」と「言葉」とは同義語になっています。

言語・国語学者の中には、漢字熟語の「言葉」に葉の字が使われているのは適切ではないとして、それを忌避《きひ》して、敢えて平仮名で**「ことば」**と書く人がいますが、よく分かっていないのではないかと疑われます。言葉での葉は当て字なのです。葉はハと読むので、ハンと読み「語」の意味である翰に通じているのです。つまり、言葉は「言翰」であり「言語」の意味になるのです。また、葉の字は日本語の音読ではヨウと読みますが、ヨンと読み「詠《よ》む」の意味である詠に通じています。漢字熟語をつくる一つの方法に同じ意味の字を重ねるというのがあります。「言う」と「詠む」とは、口から声を出すという点で似ているので、音読では言葉《げんよう》と言詠《げんよん》とは似た意味になり、適当な用字になるのです。古代歌集の**「万葉集」**は**「万詠集」**のことであり、直訳すると**「たくさんの詠まれた歌の集」**というのがほんとうの意味と思われるのです。

第二に、**「雪やコンコン」**については、次のように書いてあります。

「　雪やこんこん　あられやこんこん
　降っても　降っても　まだ降りやまぬ

　私は子供の頃、この童謡を歌ったことがある。そして、『こんこん』とは、雪の降る様子の形容詞であると思っていた。しかし、「こんこん」とは、本来、雪の降る様子の形容詞ではなかった。『こんこん』の由来を考えるために、まず『源氏物語』少女の巻に、『鳴り高し、鳴り止《や》まむ』という言葉があるのを見よう。これは『やかましい。静かになさい』の意である。『鳴り止まむ』のムは、相手に対しては勧誘とか命令とかの気持を表わす語である。このムは後にmu→m→n→uという変化を経て、ンになり、『千万人といへども我往かん』などと使われ、さらにウに転じて、今日の『行こう』『帰ろう』のウとして使われる。この場合、ンまたはウは自分の動作について、自分の決意を表わす役目をしている。これらは昔のムという推量の助動詞の、いろいろの用法のうちの一つである。このことを知って、コンコンという語形を見ると、そのもとはコムコムであったと推定できる。コムコムとは、来《コ》ム来《コ》ムである。来ム来ムのムは、『鳴り止まむ』の『む』と同じで、相手に対しては勧誘を表わす。だから、コムコムは『来なさい、来なさい』にあたる。つまり、『雪よ、もっと降れ降れ』が、『雪やこんこん』の最初の意味であった」。

　しかしながら、「もっと降れ降れ」と人為的に勧誘しているのならば「降りやまぬ」のは当然のことになるので、自然現象を表現する「降っても降っても　まだ降りやまぬ」という後続文句との意味上の円滑な継続から考えると、少々矛盾しているように思われます。したがって、「雪やコンコン」は「雪よ、もっと降れ降れ」の意味とは思われません。

　漢語辞典によれば、一音節読みで滾はコンと読み、そもそもは「水が盛んに湧き出る、水が盛んに流れる」などの意味ですが、敷衍して「連続して絶えない（連続不断）」の意味があるとされています。滾雷《コンレイ》は「鳴り続く雷」或いは「雷が鳴り続く」という意味の熟語です。したがって、語源上からいうと、コンコンは**滾滾**であり「続いている」の意味になるので、「雪やコンコン」は**「雪が降り続いている」**の意味になり「降っても 降っても まだ降りやまぬ」という後続文句とも矛盾することなく円滑に繋がることになります。つまり、「こんこん」とは、本来、雪の降る様子の形容詞または副詞なのです。

第三に、**「ウタ（歌）」**については、次のように書いてあります。「ウタの語源について考えてみよう。中略。日本語のウタとは、曲節をつけるとか、長く引いて発声するとかの、外形によってそれをとらえた漢語『歌』とは別で、内心から発する声ととらえて命名した語であり、漢語でいえば『詩』と同じ発想によって生み出された語であると見るべきものである」。

日本語のウタ（歌）は、「漢語の歌とは別」であり、「漢語の詩と同じ発想によって生み出された語」などとよく分からないことが書いてありますが、詩にしても詩吟《しぎん》といって、歌と同じように「美しい声をだして」吟ずるものであることに変わりはありません。

一音節読みで、嫵はウと読み「美しい」の意味があります。嘆はタンと読み名詞では「歌」、動詞では「声を出す、歌う」の意味があります。したがって、ウタは**嫵嘆**であり直訳すると、名詞では**「美しく声をだすこと」**、つまり、**「歌うこと」**、動詞では**「美しく歌う」**の意味になります。

ウタ（歌）は、美しく聴こえるように、高低、強弱、抑揚、声帯による振動などを付けて声を出すので、嘆の頭に「美しい」の意味の嫵をくっ付けて二音節語にしたものなのです。

第四に、**「クセ（癖）」**については、次のように書いてあります。「クサとはクサシ（臭）の語根である。強力な、耐えがたいにおいがする場合に、クサシという。その語根クサの母音の変形クセが『癖』であろう。癖とは、他人にとって、耐えがたい臭みを持った行動の型である」。

　しかしながら、癖には臭《くさ》みはないので、癖と臭とはお互いに関係ないと思われます。一音節読みで、痼はクと読み「病的に固着した」の意味、習はシと読み「習慣、習癖」の意味があります。つまり、クセは**痼習**の多少の訛り読みであり直訳すると**「病的に固着した習慣」**の意味になり、これがこの言葉の語源です。

　以上の四例に示したように、感性によるものと語源に基づくものとでは、解釈にかなりのズレが生じてしまうのです。

　また、この本（「日本語をさかのぼる」）の一三〇頁には、次のように書いてあります。

「江戸時代の国学者の中には最も古い日本語は、すべて一音節語の組合せで成立したものと考え、日本語を一音節に分析することに腐心した人がある。しかし、その結果は、極めて奇妙なことにならざるを得なかった。一音節主義の学者は、アキ（秋）を説明して『ア』は朗らかに大きな意を表わす。『キ』は澄み渡った気分を表わす、従ってその合成によってアキという語が成立したと説く。ところが、アナ（穴）の説明においては、『ア』は狭く細長い意を表わすと説明しなければならない。それではアキ（秋）のアとの区別はどうなるのか不明である。このような、一音一音が個々に意味を持つと見る説は、『音義説』と名づけられているが、日本語をすべて一音節語にまで分析しようとすること、つまり、日本語を一音一音に分析してそれぞれに意味を与え、その合成によってすべての語を解こうとすることは、日本語の語の構造を正しくとらえていない。だからこそ、いま見たような矛盾した記述をしなければならない窮地に陥る。もし、ヤマトコトバについて原則的に二音節よりも先の分析をしようとするならば、語を形づくるための日本語の結合の仕方についての考え方を全く変えなければならなくなる」。

この著者が、このような説を述べるのは、日本の高名な言語・国語学者である橋本進吉博士の教え子だからと思われます。「国語学概説」（橋本進吉著・岩波書店）という本の二十五頁には、「単語は、『やま』『かは』のやうに、意味と形の上から見て、それ以上分解できないものもある。」と書いてあります。

確かに、一語、つまり、一つの言葉として捉えたときは、意味が分からなくなってしまうので分解することはできません。しかしながら、言葉の語源については一語一語にまで分解しないとその意味は分からないのです。なぜならば、日本語の仮名言葉の一音一音は漢字に裏付けされているからです。

本書では、日本語の仮名言葉、つまり、純粋な日本語とされる大和言葉は漢字を素材としてできているとの考えであり、アキのアとアナのアは、異なる漢字の音声に基づくものになるので、異なるのは当然であって、少しも矛盾した記述ではないからです。アという音声には、異なる漢字に基づくいろいろな意味があると考えるべきものです。したがって、この著者は「日本語の結合の仕方についての考え方を全く変えなければならなかった」と思われるのです。また、「国語学概説」に「意味と形の上から見て、それ以上分解できない」と書いてあるのも語源を探求する上からはどうかと思われるのであり、ヤマ（山）とカワ（川・河）についても、一音節語にまで分解しないことには、その語源は解読できないのです。

ちなみに、ハル（春）、ナツ（夏）、アキ（秋）フユ（冬）の語源は、拙著の「草木名の語源」（江副水城著・鳥影社）で披露しているので、ここではアナ、ヤマ、カワの語源を挙げておきます。

アナ（穴） については、漢和辞典を見ると、穴は穴居生活の住居を表わす象形文字で「土の中の住居」のことと書いてあり、穴蔵という言葉もあります。ということは、そもそものアナ（穴）は貫通したものではなくて、一方が塞がったもの、例えば、覆いをすれば住居になり得る地面にある竪穴や崖地などにある横穴などの袋状のものを対象としてつくられた言葉と思われるのです。したがって、アナは**暗嚢**《アンナン》の多少の訛り読みであり、一音節読みで暗はアンと読み「暗い」の意味、嚢はナンと読み「袋、袋状物」の意味なので**「暗い袋状（の所）」**の意味になり、これがこの言葉の語源と思われます。

ヤマ（山）の語源については、一音節読みで、仰はヤンと読み「仰ぎ見る」の意味があります。曼はマンと読み「美しい」の意味、莽はマンと読み「大きい」の意味があり、総じて「野生的で大きいもの」を指すときに使われます。つまり、ヤマのマは、曼と莽との掛詞です。したがって、ヤマは、意味上は仰曼莽になり直訳すると**「仰ぎ見る美しい大きな（もの）」**の意味になり、これがこの言葉の語源です。

カワ（川・河）の語源については、一音節読みで、坎はカンと読み「凹《へこ》んだ、窪《くぼ》んだ」の意味、泛はファンと読み「水が流れる」の意味があります。泛濫は氾濫と同じ意味であり、「濫《みだ》りに水がながれる、溢れるほど水が流れる」の意味の熟語です。つまり、カワは、**坎泛**の多少の訛り読みであり直訳すると**「凹んだ水が流れる（所）」**の意味になり、これがこの言葉の語源です。

このように、高名な学者の学説には反するけれども、日本語においては、二音節語についても一音節語にまで分解しないと語源は分からないのです。

さて、日本語の仮名言葉は、「漢語漢字を素材としてその音声と意味を利用してつくられた言語」であることは間違いないと思われるのですが、万葉時代においても、万葉集の歌に使われている仮名言葉について、一切その語源と意味については叙述されなかったので、その伝統を引き継いで今でもその語源と意味は明らかにされないのだと思われます。古代に語源と意味について叙述されなかったのは、当時は自明のことだったからと思われます。しかしながら、現代に至っては、仮名言葉、つまり、純粋な日本語とされる大和言葉の本質というか、その正体を明らかにすべきときがきているのではないかと思われます。

なぜならば、現今の怒涛のようなカタカナ英語の氾濫によって日本語が混雑語になり崩壊の道を歩みつつある現在、南方からきたのか北方からきたのか正体不明の言語とされるのでは、日本人は日本語を愛し保護する、つまり、愛護する気持が薄れるからです。日本語は、私たちの祖先が長年にわたり営々としてつくり上げてきた言語の累積であってこそ始めて心から愛護する気持ちになれるのです。素材が漢語漢字であっても、そんなことは問題にする必要はありません。日本民族と日本国は、大和言葉を使う国民があってこそ存在するといえるのです。

多くの一流の日本の言語・国語学者は、ほんとうの日本語の起源や語源についてはほぼ沈黙しているといえます。「対談　日本語を考える」（大野晋編・中央公論社）という本の十三頁には、次のように書いてあります。

「**大野（晋）**　語源の研究なんていうのは、一番バカにされているわけです。しかし、やっぱり、この言葉はどういうふうにしてできたのか、どこから来たのかということは、言語を使う人間の一番素直に持っている問いだと思うんですね。その素直な問いにできるだけ学問的に答えようという姿勢がない」。

その一〇一頁には、次のように書かれています。

「**梅棹（忠夫）**　やっぱりタブー（禁忌）が多過ぎるんだと思う。日本語について、そういうこというちゃいかんとか、やっちゃいかんということがいっぱいあるんです。それからいっぺん開放して欲しい。

荒（正人） 日本語学者の間には、日本語の起源を論じちゃいけないということがありますね。大野晋先生は学問的勇気で、そのタブーに立ち向かったけれども。

大野（晋） 言語の起源はともかく、語源なんかやるのはやっぱりちょっとおかしなやつだということになっていますね」。

ここに書いてあるようなことなので、日本語の起源については学者によりほんとうのことが語られず、日本語の語源については学者による研究が殆んど進んでいないのです。したがって、言語・国語学者に任せていては、いつまで経っても日本語のほんとうのことは明らかにならないといえます。

なぜ、こういうことになっているかというと、日本語の起源や語源の所在は分かっているにもかかわらずそれを明らかにしたくないからと思われるのであり、語源の研究をすると日本語の本質というか、日本語の正体が分かってしまうからです。

東京大学出身の国語学者で一九四五年（昭和二〇年）に文部省国語審議会会長になった安藤正次（一八七八〜一九五二）は、本気なのかどうかは分かりませんが、「日本語は天孫降臨以前の古い時代にできたのだから、語源はどこまでも仮説にとどまる」などと述べています。日本語の正体とは、なんども繰返していうように、日本語はどこから来たものでもなく、漢字導入後に**「日本人により漢語漢字を素材としてその音声と意味を利用してつくられた言語」**ということです。以上で、音義と語源についての長々とした余談を終わります。

(四) 新音義説の日本語分析と考察

① 漢字の導入

シナの文献上の記録から推察するところ、紀元一世紀頃には、日本人は漢字の存在を知り、その導入を始めることにより、日本語に画期的な変化と進歩をもたらしました。それは、それまで音声言葉だった日本語を文字で書き表わすことができるようになったことです。具体的には、漢字言葉を導入して日本語として使用できるようになったこと、漢字を使って新しい仮名言葉をつくれるようになったこと、および、漢字から「日本文字」としての「平仮名」や「片仮名」をつくることができたからです。

八世紀になると、日本における貴重な文献である万葉集、古事記、日本書紀などが書かれています。これらの文献はすべて漢字で書かれています。十世紀になると、平仮名や片仮名がつくられたことにより「漢字仮名《かな》交じり文」の古今和歌集、後撰和歌集、土佐日記、竹取物語、伊勢物語、宇津保物語など、十一世紀に入ると枕草子、源氏物語、大鏡など多くの文献が書かれるようになります。日本の文化は、漢字の導入によって大きく花開いたというべきものです。

漢語は、①漢字、②意味、③音、④声、の四要素から成り立っています。言語には、文字がなくて音声だけのものもあることから分かるように、漢字は漢語の最も重要な構成要素ではありますが、その一つに過ぎないということです。そもそもは、音とは、字の読み方のことです。声とは、読み方の調子のこと、つまり、声調のことをいい、英語でいうアクセント（accent）のことで、英語は強弱声調、漢語は高低声調とされています。

日本人は、漢字を導入するに際して、漢字とその意味はそのまま導入しましたが、その読み方である音は変えてしまい、その声調である声はまったく導入しませんでした。変更された漢字の読み方である音は、原則として、先ずは万葉集における ような日本語としての一字一音の漢字の読み方です。万葉集には、九七三字の漢字が使われているとされますが、その漢字は**「万葉仮名」**と呼ばれています。漢字は音声と意味という二つの機能をもっており、仮名というのは音声だけを利用する文字、つまり、音声文字という意味です。したがって、万葉仮名は音声文字としての**「漢字仮名」**ということになります。万葉仮名における漢字の読み方は一風変わっていますが、なぜそのような漢字の読み方ができたのかは詳しくは分かりませんが、訓読されるものがあってもその大部分は漢語漢字の読み方に準じたもののようです。

② 文字言葉の誕生

太古においては、日本に文字はなかったので、文字言葉はなく音声言葉だけだったのです。シナの文献から察するところ、日本人は、紀元一世紀頃に漢字の存在を知りそれを導入して、どのような日本語言葉であったかは分かりませんが、当初は日本語の音声言葉で理解していたと思われます。そのうちに自分たちの言葉を文字言葉にしたいという欲求がでてきて、文字を新しくつくるか、漢字をそのまま使用するかが課題となり、後者にすることにしたのですが、日本語としては各々の漢字をどのような音声で読むかということが課題になったと思われます。そして、万葉仮名におけるような日本語としての読み方がつくられたのです。ただ、漢語式読み方も残され、それが漢字の音読というものです。次に、日本語は音声言葉であった原日本語を文字化した言葉にするか、漢語漢字を素材として新しくつくる言葉にするかということが課題になったと思われます。そして、後者にすることになったのです。詳しくいうと、**「漢語漢字を素材としてその音声と意味を利用してつくる」**ことになったのです。当初は、漢字の意味を他の漢語漢字で「説明する」或いは「解釈する」訓読言葉としてつくられました。漢字の訓読言葉でない場合は、事物・事柄について「説明する」或いは「解釈する」言葉としてつくられました。このようにして、日本語としての文字言葉が誕生したのです。漢字を使用するに際しては、真名《まな》としての漢字で書く場合と、仮名《かな》としての漢字で書く場合との二通りで表現されました。真名とは音声と意味の双方を利用する漢字、そもそもの仮名とは音声だけを利用する漢字という意味です。

漢字仮名で書かれる仮名言葉と漢字言葉の訓読に使われる仮名言葉とは、一朝一夕《いっちょういっせき》につくられたものではなく、何世紀にもわたって徐々につくられて累積していったと思われます。当初は、仮名言葉は万葉集や古事記と日本書紀の歌謡などにあるような漢字仮名で書かれました。日本書紀によれば「大化の改新」と称せられる、西暦六四五年の乙巳《いっし》の変において蘇我蝦夷《そがのえみし》が「天皇記・国記・珍宝を焼く」と書いてあるので、漢字の導入を始めてから六世紀程度が経過したこの頃には、歴史書を書くまでに漢字仮名で書かれる仮名言葉と仮名言葉で読まれる漢字言葉とは累積していたと思われます。しかしながら、残念なことにこれといった文献はなにも残されていません。

八世紀になると、万葉集、古事記、日本書紀などがつくられています。これらの文献に記述された多くの仮名言葉は古代日本語といい、「純粋な日本語」、「真正な日本語」や「そもそもの日本語」などともいわれ、一般的には和語や**「大和言葉」**と称されています。当初は平仮名や片仮名がなかったので、仮名言葉はすべて漢字仮名で書かれています。仮名言葉は仮名で構成された言葉なので、当然のことながら音読だけです。真名言葉は真名で構成された言葉であり、通常、その読みには音読と訓読とがあります。音読は漢語読みに準じた読み方であり、訓読は仮名言葉、つまり、純粋な日本語とされる大和言葉で読むことです。例えば、「泥沼」は真名言葉であり、音読でデイショウ、訓読でドロヌマと読みます。したがって、ドロヌマは、訓読言葉としての仮名言葉であり、純粋な日本語とされる大和言葉です。

大和言葉としてつくられた名詞、動詞、形容詞、副詞、助詞などの単語は、漢字からつくられたとしても、音声言葉であった原日本語の文体とすんなりと適合できたのだろうかという疑問がありま す。しかしながら、東アジアや東南アジア地域における国々の言語は、シナ語（漢語）を除いて、ほぼ全部が似たような文体のようなのです。このことは「日本語の成立」（京都大学文学部卒・文学博士、安本美典著・講談社現代新書）という本の七〇頁に環中国語という表現で、次のように書いてあります。「東ユーラシア大陸には、もともと、日本語と同じ語順の言語が、広く厚く存在していた。そこに、漢民族の言語が、急激に膨張《ぼうちょう》したため、日本語と同じ語順の言語は、中国語をとりかこむ形となった」。この言説からすると、音声言葉であった原日本語もまた、現在の日本語と同じ文体であったと推測されます。したがって、古代日本語の文章は、音声言葉であった原日本語の文体語順のままで、原日本語としての音声言葉と漢字から新しくつくられた文字言葉とを入れ替えればよかったことになります。

上述したように、日本には文字がなかったので、漢字が導入される以前は、日本語は音声言葉だったのであり、漢字が導入されてから文字言葉が誕生したのです。先ず、漢字について、万葉集にあるような日本式の音読をする漢字仮名がつくられました。仮名《かな》というのは、そもそもは、漢字のもつ音声と意味という二つの機能のうち、音声だけを利用する漢字という意味です。当初はまだ平仮名や片仮名はなく漢字だけだったのです。双方の機能を利用する漢字を真名《まな》といいます。現在に伝えられる古い日本語は古代日本語と称され、その最も古いものは、万葉集、古事記、日本書紀などに記述されたものであり、真名と仮名の双方で書かれていることもあります。例えば、万葉集では、ヤマは真名で「山」、仮名で「夜麻」、カワは真名で「川・河」、仮名で「可波」と書かれています。

漢字は画数が多いので書くのに煩雑であるため、平安時代になると**「日本文字」**として、**「平仮名」**と**「片仮名」**がつくられましたが、仮名というのは音声だけを利用する音声文字という意味なので、結局のところ、漢字、平仮名、片仮名に関わらず、音声だけを利用する文字を仮名というのです。したがって、仮名には、**「漢字仮名」**、平仮名、片仮名の三種類があることになります。現在では、漢字仮名は音声だけを利用する「当て字」に使われる漢字のことを指し、平仮名、片仮名は漢字仮名に代替するためにつくられたものなので、もっぱら平仮名、片仮名だけを仮名というようになっています。したがって、現在では、漢字言葉とは真名言葉を指し、仮名言葉とはもっぱら平仮名と片仮名で書かれた言葉を指すようになっています。なお、真名言葉の訓読は仮名言葉でされます。また、当て字で書かれる言葉は、漢字仮名で書かれる仮名言葉です。仮名と真名の意味については、本書の次欄をご参照ください。

文字言葉としてつくられた日本語は、仮名言葉であり、純粋な日本語とされて一般的には和語や大和言葉と称されるものです。しかしながら、大和言葉という名称は、「純粋な日本語」「真正な日本語」や「そもそもの日本語」などといわれるだけで、その正体は明治時代以降も明らかにされたことはありませんでした。現在の大辞典でも、大和言葉は「日本固有の言語、日本語、和語」などと極めて簡単に説明されています。

しかしながら、今でも、証明されるべき学問的成果も明らかにされずに、大和言葉とは「漢字が導入される以前に既《すで》に日本に存在した言葉である」というような学説が見られます。これは、「為にする」学説であり恐らく誤りであることに間違いないと思われます。

なぜならば、漢字が導入される以前は日本には文字はなかったので、漢字が導入される以前の言葉は音声言葉だったのですが、それが文字化されたことを証明した人は誰もおらず、文字化された証拠はまったくないからです。また、漢字が導入される以前に存在した言葉ならば、漢字とは関係がない筈なのに、万葉集、古事記、日本書紀などに記述された殆んどの古代日本語は、その意味を漢字で解読できるようなのです。

日本の仮名言葉、つまり、純粋な日本語とされる大和言葉は、漢語漢字を素材としてその音声と意味を利用してつくられていると思われるにもかかわらず、そのことについて、どんな学術本にも説明されておらず、そのことを明言した人は誰もいません。のみならず、上述したように、言語・国語学者の中には、大和言葉とは、漢字が導入される以前に日本に存在した音声言葉である原日本語が文字化されたものであるかの如き言説が見られます。

例えば、「日本語について」（大野晋著・角川書店）という本の一二九頁には、次のように書いてあります。「言葉には寿命の長いものと、寿命の短いものがあることがわかってきた。人間の身体の名前などは、寿命の長い方に属するといえる。メ（目）とかテ（手）とか、アシ（足）、ハナ（鼻）、ハ（歯）、ケ（毛）、ハラ（腹）、ミミ（耳）、ムネ（胸）などは、奈良時代以前から変わらずに使われてきた言葉である」。

日本の最も古い古代日本語が記述されている万葉集、古事記、日本書紀などが、奈良時代前半に書かれていることを考慮すると、「奈良時代以前から変わらずに使われてきた言葉」という表現は、「音声言葉であった原日本語として使われてきた言葉」という意味を暗示させます。

しかしながら、この本には、肝心なことであるにもかかわらず、これらの人体語と音声言葉であった原日本語との関係については明確にはなにも触れられていません。つまり、これらの人体語は音声言葉であった原日本語でありそれが文字化されたものだったのかどうかについてはなにも触れられていないのです。この本の著者は、「日本語の起源」（大野晋著・岩波新書）という別著において、原日本語のことなのか古代日本語のことなのかには触れずに、人体語はそもそもマライ・ポリネシアなどの南方からきた言語ではないかと述べています。本書では、日本語のすべての人体語は本書前編の「人体語源」に示したように、どこからきたものでもなく、日本人が漢字を素材としてつくったものと考えており、そのことは間違いないと思われます。

仮名言葉、つまり、純粋な日本語とされる大和言葉は、音声言葉であった原日本語が文字化された言葉であるかの如き言説は、そのような言葉は存在しないことを知っていて故意にいっているのではないかと疑われます。

古代日本語は、どの言語と関係があるのか、ヨーロッパ由来の比較言語学という手法で研究されているようですが、日本語は漢語を除いたいずれの言語とも関係がないことの証明にはなっても、関係があることに成功する見込みはないと思われます。なぜならば、仮名言葉、つまり、純粋な日本語とされる大和言葉は漢字を素材としてつくられていることは殆んど明らかであり、真実でないものを発見すること、或いは、真実でないものを真実の如くにみせることは極めて困難なことだからです。憶測するならば、その研究も本気でやっているというよりは、日本語の本質というか、その正体をいつまでも明らかにしないことに貢献するためと思われます。

「日本語の意味の構造」（野村玄良著・文芸社）という著書のある、野村玄良（国学院大学国文科卒）という人の手記には、次のように書いてあります。「多くの学者・研究者がこの不思議な非科学的魔界から離脱できない理由は、自分の社会的地位という教授・準教授などといった肩書き（身分保障）への『脅し』が暗黙のうちに存在し『一音節語の研究自体の禁止』という『箍・タガ』がかけられているからです。『音義説明』『一音節語の意味』という学術用語自体が『禁句』になっていて、これを学の問題として取上げると、国語学会初代会長の橋本進吉・東大教授という当代の学閥の頂点にある人を、根底から批判したことになり、学会では師弟関係を害する危険な異端者に見られてしまうという、恐怖の不文律が支配しているのです」。

この本に書いてあることがほんとうで、日本の言語・国語学界の流れになっているのならば、学問的には実に由々しきことであり、現在の日本の大学の文学部国文科系統の学部に人気がないらしいのも頷《うなず》けます。研究に制約のある学問など成果も上がりにくく、面白かろう筈がないからです。

「一音節語の研究」とは、「漢語漢字の研究」ということですが、その究極の目的は「漢語漢字と日本の仮名言葉との関係の研究」に繋がるのです。

上述した「対談　日本語を考える」（大野晋編・中央公論社）の十三頁には、次のように書いてあります。「**司馬（遼太郎）**　そうですね。いろんな大きな発見をなさった橋本進吉博士―。写経書のちょっとしたフリガナ的なものから発見なさったお仕事とか、大きな仕事はあるんですけど、しかし日本語とは何ぞや、ということがないでしょう。

大野（晋）　そういう問いはない。中略。文化と言語を結びつけていくというようなことはしないで、むしろ、できるだけ文化から切り離した非常に抽象的な言葉を研究しようという傾向が強いわけです。それが言語学の学問だというふうになっていて、語源の研究なんていうのは、一番バカにされているわけです」。

「文化から切り離した非常に抽象的な言葉の研究」とは、どういう研究なのでしょうか。憶測するところ、たぶん、個々の言葉についての語源の研究のような具体的な言葉の研究ではない研究のことと思われます。

東京大学文学部での橋本進吉博士の教え子であるこの本の編者の大野晋は、なぜ「語源の研究」

がバカにされるのかについては答えていませんが、それは語源の研究をしないように意図的にされているものと思われるのです。語源の研究をすると、日本語の本質というか、日本語の正体が明らかになってしまうからです。

　日本語の漢字言葉は漢語からきたものであることは明白ですが、この人たちは仮名言葉、つまり、純粋な日本語とされる大和言葉がどんなものかその正体は知っていると思われるのです。しかしながら、自分の口からはいいたくないのです。なぜならば、他所（本書の二十二頁）でも述べているように、そのことに触れるのはタブー（禁忌《きんき》）だからです。

　東京大学というのは、国家がつくった大学の頂点、つまり、国家に奉仕するためにつくられた国立大学の頂点にある大学ですから、学者の意思というよりも国家（旧文部省・現文部科学省）の意思が働いているのかも知れません。つまり、理由は分かりませんが、日本国としては日本の仮名言葉、つまり、純粋な日本語とされる大和言葉の本質というか、その正体を明らかにしたくないのかも知れず、国立大学出身の高名な学者や研究者たちもその方針に従った言動をしているのかも知れません。もし、そうであれば、学問的な立場からは残念なことといわざるを得ません。

　江戸時代に、平田篤胤《ひらたあつたね》などの学者によって、「神代文字」というものの存在が主張されました。「日本語の起源」（大野晋著・岩波新書）の一五八頁には、次のように書いてあります。

「いっそう鮮やかに否定されるのが、神代文字《じんだいもんじ》である。今日から考えれば、神代《じんだい》という観念そのものが、もはやおかしいことになったが、日本の国に古来、文字がなかったということを恥と考える国粋学者が、いろいろな神社から発見したという文字をもちあげ、漢字がシナから渡ってくる前に日本に行われた文字だと称するのが神代文字である」。

　日本に文字がなかったことは、少しも恥じるべきことではありません。日本人は漢語を導入して日本語漢字として使用し、漢語漢字を利用して日本語の仮名言葉をつくり、漢字を素材として日本文字としての独自の平仮名と片仮名をつくっています。太古にシナで漢字と漢字言葉が作られたのは経済力があったからであり、文化・文明というものは、能力というよりも、先ずは経済力がないと発生しにくいし進展もしないのです。

③　仮名と真名の意味

日本語に「仮名《かな》」と「真名《まな》」という言葉があります。万葉集、古事記、日本書紀などはすべて漢字で書かれていることから分かるように、そもそもは、仮名と真名は漢字に対する呼称なのです。その意味はというと、文字のもつ音声と意味の二つの機能のうち、仮名は**「音声だけを利用する漢字」**、真名は**「音声と意味の双方を利用する漢字」**という意味です。

漢語に仮借という言葉がありますが、漢語における六書（象形・指示・会意・形声・転注・仮借）の一つで、仮借文字というのは、音声だけを利用するために借りる漢字のことを指します。

日本語の仮名における仮は「仮借《かしゃく》」の意味、名には「文字」の意味があるので、仮名は「仮借文字」という意味です。仮借は「借りる」という意味ですが、なにを借りるかというと「音声」を借りるのです。したがって、仮名、つまり、仮借文字は「音声を借りる文字」、つまり、「音声だけを利用する文字」ということになります。

このような意味なので、音声だけを利用する漢字、つまり、万葉集で使われている多くの漢字は仮名なのであり、このような漢字仮名を万葉仮名と称しています、今でいうところの「当て字」で使う漢字ということです。

また、平仮名と片仮名は、音声だけを利用する音声文字なので、仮名という言葉を使ってあるのです。結局のところ、正しくは、仮名には漢字仮名、平仮名、片仮名の三種類があり、「音声だけを利用する文字」ということです。

しかしながら、いつ頃からかは分かりませんが、現在の一般的な学説としては、仮名における仮は「かりそめの、まにあわせの、一時的な、正式でない」などの意味、真名における真は「ほんとうの、正式の」などの意味と説明されています。したがって、仮名は「かりそめの文字」、真名は「ほんとうの文字」のことで「漢字」のことと説明されていますが、必ずしも正しい解釈とは思われません。なぜならば、仮名の字義は上述したように仮借文字のことなのであり、平仮名や片仮名は、平安時代に考案作成されて以来、「かりそめ」どころか現在に至るまで千数百年の間、延々と使い続けられているからであり、平仮名や片仮名はほんとうの文字であって、正式でない文字ではないからです。仮名に漢字仮名が含まれていないことにも疑問があります。また、文字は、歴史的に絵文字↓象形文字↓表意文字↓表音文字という発展段階を辿《たど》っているとされることを勘案すれば、日本語としては、表音文字とされる平仮名や片仮名こそが、むしろ本字といえるものです。

ただ、現在では、上述したように、学者により、仮名の仮は「かりそめの、まにあわせの、一時的な、正式でない」の意味であるなどと、適切とは思えない説明がされてきたために、漢字仮名を含まない平仮名と片仮名だけを仮名というようになっています。

音声と意味を利用する漢字を、なぜマナというかというと、マナにおける「マ」は「満」のことで、漢和辞典には「全体、全部、すべて」の意味があると書いてあります。したがって、真名の意味は満名であり、直訳では「全部を利用する文字」の意味になります。しかしながら、全部といっても、文字には音声と意味の二つの機能しかありませんから、実質的には**「音声と意味の双方を利用する文字」**ということになるのです。

「仮名」の語源について説明された或る記事の中に、「正式な文字という意味から漢字を『真名』と呼ぶのに対し、正式でない仮の文字という意味である」という説明がありましたが、これはちょっと一読しただけで感心できない説明だということが分かります。

なぜならば、万葉仮名はすべて漢字なのに仮名であり、また、漢字を真名というのではないからです。漢字には仮名と真名の双方があるのです。詳しくいうと、漢字はその使われ方によって、仮名にも真名にもなるということです。例えば、万葉仮名や当て字として使われるときの漢字は、音声だけを利用するので仮名なのです。音声文字である平仮名や片仮名もまた、音声だけを利用するので仮名ということになります。

上述したように、正しくは、仮名には漢字仮名、平仮名、片仮名の三種類があるのですが、適切とは思えない説明が行われてきた結果、現在では、平仮名と片仮名だけを仮名というようになっています。なお、仮の字には、①借用する、②本当でない、③正式でない、④一時的の、⑤代理の、などの意味がありますが、言語の話のときは①の意味で使われていると見なすべきものです。

④ 日本文字（平仮名・片仮名）の作成

「日本文字」とは、「平仮名」と「片仮名」のことをいいます。日本語の文字には、漢字、平仮名、片仮名の三種類がありますが、漢字の大部分は漢語を導入したものであり、平仮名と片仮名は漢字を簡単にしてつくられたものです。平仮名の平は平易の意味であり、片仮名の片は片方の意味ですが、実質的には一部のことになっています。つまり、平仮名は漢字を平易にしてつくったもの、片仮名は漢字の片方、実質的には漢字の一部でつくったもの、の意味になっています。

当初、仮名言葉は、万葉集、古事記、日本書紀

などにおけるように、仮借文字としての漢字で書かれました。仮借文字というのは音声を借りる文字という意味です。しかしながら、漢字は多画文字なので書くのが煩雑であることから、平安時代になると、漢字を簡単にした平仮名や片仮名が考案作成され、仮借文字としての漢字仮名の多くは平仮名や片仮名で書かれるようになったのです。そしてこれこそが、世界中どこにもない日本語固有の「日本文字」なのです。

少し余談をしますと、平仮名や片仮名はこのような日本語固有の、つまり、日本語独自の文字なので、大正時代になると、漢字を使わずに、日本文字である平仮名や片仮名だけを使おうという運動が起こり、**「カナモジカイ」**という組織がつくられました。しかしながら、この会の運動は広がりを見せませんでした。漢字を排除して平仮名や片仮名だけを使おうとすると、意味を迅速に明確に読み取れる文章にするためには、朝鮮のハングル文字による文章のように、**「分《わ》かち書き」**をせねばならず、かえって煩雑で締まりのない、だらだらとした文章になるからと思われます。また、当時の学習に意欲的な若者の間では、カナだけで書くことはいかにも幼稚であるとして、かなりの反発もあったようです。

カナモジカイの設立趣意書を見ると、日本語をタイプライター（typewriter）で使える文字にするためも一つの目的だったようであり、そのためには漢字の存在が邪魔だったのです。しかしながら、機器類の進歩によって、現在では、漢字を排除する必要性が無くなっています。ということは、この会の存在意義も少なくなったということです。現在の**「カナモジ運動のめざすもの」**を見ると、次のように書かれています。

1. 漢字は、日本語を正しく書き表すことのできない言語である。
2. 漢字は、日本語の伝統を破壊しました。
3. 漢字は、日本語の発達を妨げてきました。
4. 漢字は、コトバの弱者を生みました。

5. 漢字は、教育の上で重荷となっています。
6. 漢字は、外国人にとって大きな壁となっています。
7. 漢字は、社会生活の能率を低いものにしています。

現在では、カナモジカイは、平仮名や片仮名の利点を追求するというよりも日本語から漢字を排除する会になっているようです。にもかかわらず、この趣意書にしてもカナだけで書けばいいものを、漢字入りで書かれています。この趣意書にあるような認識ならば、誤解も甚だしいもので、日本語にとって正しいものとも良いものとも思われません。

日本語、つまり、純粋な日本語とされる仮名言葉の多くは、漢字を対象として漢字からつくられている言語なので、通常は、漢字は日本語を正しく書き表すことができないということはありません。むしろ正しく書き表すことができる言語というべきです。

日本語の伝統を破壊したとか日本語の発達を妨げたというのは、なんのことか分かりませんが、日本語は文字も言葉も漢字からつくられているので、日本語を破壊したというよりも日本語を創造した、日本語の発達を妨げたというよりも日本語の発達を促進した、と見做す方が適当と思われます。また、世界中の先進国の言語で、コトバの弱者を生まない、教育の上で重荷とならない、外国人にとって大きな壁とならない言語などは存在しないのです。なぜならば、特に大部分の子供や若者は学習意欲に燃えていますが、そもそもから怠惰で学習することを嫌いな人もかなりいるからであり、本来、文字や言葉というのはその地域に住む人のためのものであって外国人のために用意されるものではないからです。

現在では、漢語から導入して、音声を変更し声調を無視して完全な日本語とした漢字を交えた**「漢字仮名交じり文」**が、日本語の標準的な文章とされています。本書は、見てのとおり、「漢字仮名交じり文」で書いています。

日本語には漢字言葉と仮名言葉とがあります。が、漢字言葉には音読と訓読とがあります。音読する漢字言葉は、そもそも存在した日本語を漢字に置き替えたものではなく、漢字を導入して漢語漢字に準じて音読する日本語としたものなので、合うとか合わないとかの話にはなりません。

他方、漢字言葉を訓読するときの仮名言葉は、その多くが漢字を対象として漢字からつくられたものなので、漢字と仮名言葉とが適合することは至極当然のことなのです。訓読とは、漢字を日本語の仮名言葉で読むことですが、なぜ、日本語の仮名言葉で訓読するかというと、仮名言葉は漢字を対象として漢字からつくられた純粋な日本語なので、漢字と仮名言葉とはぴったりと適合しているからです。つまり、純粋な日本語としての仮名言葉は、そもそもは漢字の意味を正しく書き表すものとしてつくられた言葉であり、「説明言葉」或いは「解釈言葉」ともいうべきものなのです。日本の言語・国語学界では明らかにされていませんが、仮名言葉、つまり、純粋な日本語とされる大和言葉は「漢字を素材としてその音声と意味を利用してつくられた言語」なのです。

⑤　漢字言葉と仮名言葉

日本語には、**漢字言葉**と**仮名言葉**とがあります。漢字言葉は漢語から導入して日本語としたものであり漢字で構成されています。漢語としての漢字、つまり、漢語漢字と日本語としての漢字言葉における日本語漢字とは異なります。字体と意味は同じですが、音声と声調が異なるのです。音声については、日本語では呉音、漢音、唐音などと称していますが、シナに存在したというよりもシナの各時代での多少の音声の違いを捉まえて、日本で勝手につくったというべきものです。声調はまったく導入されませんでした。したがって、日本語の音声言葉としての漢字言葉でシナ人と話しても全然通じないのです。漢語漢字の読みにおける声調は、原則として一字に付き一通り、つまり、一字一音であり、それが変わると対象となる漢字も変わるので当然に意味も変わってしまいます。したがって、声調を導入したかどうかは、意味が通じるかどうかで判断すべきものです。

漢字言葉の殆んどは、漢語から導入して日本語としたものですが、明治時代に渡来したヨーロッパ文化・文明の言葉に対応するために、漢字から多くの日本語として漢字言葉がつくられ、その一部はシナ人も自国に輸入して漢語としても使われています。漢字言葉における漢字は、真名（＝音声と意味の双方を利用する漢字）と見做してのもので、音読と訓読とがあります。音読は漢語読みに準じて読むことであり、訓読は仮名言葉、つまり、純粋な日本語とされる大和言葉で読むことです。

仮名言葉は、漢語漢字を素材としてその音声と意味を利用して日本語としてつくられたもので、「純粋な日本語」「真正な日本語」「そもそもの日本語」などと称されていますが、一般的には、和語や大和言葉と称されています。つまり、**「仮名言葉は大和言葉」**、逆にしていうと、**「大和言葉は仮名言葉」**なのです。仮名言葉は漢字を訓読するのにも多用されています。訓読言葉もまた仮名言葉、つまり、大和言葉なのです。

仮名言葉は、仮名（＝音声だけを利用する字）から構成された言葉です。仮名には、漢字仮名、平仮名、片仮名の三種類がありますが、平仮名、片仮名がつくられてからは、もっぱらそれらで構成された言葉を指すようになります。万葉集、古事記、日本書紀などに記述された古代日本語においては、仮名言葉はすべて漢字仮名で書かれています。漢字は、多画文字であり煩雑なので、漢字に代わるものとして漢字から平仮名と片仮名がつくられました。現在では、仮名言葉は、（ⅰ）漢字を訓読するときの訓読言葉、（ⅱ）漢字が当て字されるときの当て字言葉、(iii)平仮名、片仮名だけで書かれる言葉、の三種類を指します。なぜならば、音声だけを利用する文字から構成された言葉だからです。

仮名言葉における仮名とは仮借文字のことであり、文字のもつ音声と意味という二つの機能のうち音声だけを利用する文字のことをいいます。上述したように、仮名には、漢字仮名、平仮名、片仮名の三種類がありますが、漢字仮名は万葉集、古事記、日本書紀などに記述された古代日本語に多く使われており、現在では当て字として使われる漢字は漢字仮名です。なぜならば、音声だけを利用する漢字だからです。仮名言葉は、平仮名や片仮名で書かれるからそのようにいうのではなく、漢字仮名、平仮名、片仮名に限らず、音声だけを利用する字で書かれる言葉だからそのようにいうのです。

仮名言葉には、漢字を対象としてつくられたものと、そうではないものとがあります。漢字を対象としたものは訓読言葉といい、それは、或る漢字を対象としてその意味を他の漢語漢字で説明、或いは、解釈したときの、他の漢語漢字の音声と意味なのです。対象とする漢字がなく訓読言葉ではない仮名言葉は、或る事物・事柄を対象としてその意味・実体を他の漢語漢字で説明、或いは、解釈したときの、他の漢語漢字の音声と意味になります。

つまり、仮名言葉には、相当する漢字の訓読に使う訓読言葉としてのものと、相当する漢字のないものとがあります。両者の違いは、同じ仮名言葉でありながら、相当する漢字が有るか無いかにあります。相当する漢字のない仮名言葉を漢字で書きたいときは当て字が使われます。日本語の特徴の一つは、漢字を使っての「当て字言語」であるといってよい程に、音声だけを利用する漢字としての当て字がありますが、それは万葉時代からの伝統を引継いだものであり、現在では文章の流れの中で見た瞬間に特定の言葉を識別するための方便、つまり、便利な方法として使用されているのです。

上述したように、仮名言葉には、相当する漢字の有るものと無いものとがあり、相当する漢字の有るものはその漢字の意味を、無いものは或る事物・事柄の意味を「説明する」或いは「解釈する」言葉になっています。説明や解釈は漢語漢字でされます。そして、その説明や解釈に用いた漢語漢字の音声と意味が仮名言葉なのです。したがって、結果として、説明や解釈に使われる「漢語漢字とその音声と意味」は、仮名言葉の語源ともなっているのです。

日本語としての仮名言葉の作成は、比較的に簡単なことです。例えば、三音節語をつくるのには、漢語漢字を三個並べてその音声と意味を利用すればよいからです。表現を変えていうと、利用したい意味の漢語漢字を三個並べて、その音声と意味を利用すれば仮名言葉、つまり、純粋な日本語とされる大和言葉ができるのです。

仮名言葉、つまり、純粋な日本語とされる大和言葉の由来についてはいろいろなことがいわれており、学説として多いのは、太古の昔に、南方アジア、或いは、北方アジアのいずれかの言語が音声言葉として伝来して原日本語となり、それが漢字の導入後に文字化されて文字言葉になったものが、万葉集、古事記、日本書紀などに記述された仮名言葉である大和言葉、つまり、古代日本語であるというものです。

大和言葉について、学説では「漢語の渡来する以前から既に日本に存在した語」、「有史以前から日本人が使い続けてきた言葉」、「もともと存在した固有語」、「漢語が入る前から日本語にあった単語」などと説明されています。（本書の五十四頁参照）。

日本に民族と共に、或いは、渡来言語として伝来して原日本語となったのは、南方アジア、或いは、北方アジアのいずれの地域の言語であるかについて、明治時代以降多くの学者により探求されてきたにもかかわらず、南方或いは北方のいずれの言語が伝来したのか、現在でもぜんぜん分かっていないのであり殆んど匙《さじ》を投げられた状況になっています。今後もいくら探求しても分からないだろうと思われます。なぜならば、いずれから伝来したとしても、それは音声言葉であった原日本語になっているのであって、原日本語が漢字導入後に文字化されて古代日本語になっていなければ、現在まで連綿と続いている日本語とは関係がなくなるからです。ところが、原日本語が文字化されて古代日本語になったかどうかはぜんぜん証明されていないのであり、恐らく、原日本語は文字化されて古代日本語にはなっていないと思われます。原日本語は南方或いは北方のいずれかから伝来した言語であるとしても、それが文字化されて古代日本語、つまり、純粋な日本語とされる大和言葉になったものではないのです。

　繰返し述べるように、本書では、仮名言葉、つまり、純粋な日本語とされる大和言葉は漢字からつくられたものと考えています。このことは、今まで学説として述べられたことはありませんが、間違いなく事実と思われます。なぜならば、日本語としての多くの言葉の語源と意味は、漢字から解読できるからです。

　仮名言葉、つまり、純粋な日本語とされる大和言葉は、「日本人が漢語漢字を素材としてその音声と意味を利用したつくった言語」であることに間違いないと思われますが、多くの高名な学者でさえもそのことに言及した人はおらず、今でもする人はいません。いわば、隠蔽されているというか秘密にされているのです。

「対談　日本語を考える」(大野晋編・中央公論社)という本の十四頁には、著名な文人である司馬遼太郎の言として、「日本ではいかに国語学が進んでいないかわかりますね。画期的な学問であり、われわれの足元そのものの学問なんですけどね。とにかく日本では、フランス文学のえらい先生はたくさんはばたいていらっしゃっても、日本語の先生は少のうございますね。」と書いてあります。

日本の言語・国語学が進んでいない、つまり、遅れていることもあるかも知れませんが、そのことよりも大和言葉の正体についての真実は「隠蔽されている」、或いは、「秘密にされている」ので、研究もできなくて進歩もしないし、外見上もそのように見えるということだと思われます。

⑥ 漢字の音読と訓読

日本語の漢字言葉としての漢字の読みには**音読**《おんどく》と**訓読**《くんどく》とがあります。音読は**「漢字を漢語読みに準じて読むこと」**であり、呉音、漢音、唐音などの読み方があるとされています。訓読は**「漢字を日本語で読むこと」**ですが、「純粋な日本語」は仮名言葉、つまり、大和言葉ですから、**「漢字を大和言葉で読むこと」**になります。

大言海には、訓読について、「漢字ニ、和語ヲ当テテ、読ムコト」や「漢字ヲ、和語ニ翻訳シテ、読ムコト」と説明してあります。「和語ヲ当テテ、読ムコト」や「和語ニ翻訳シテ、読ムコト」というのは「仮名言葉で読むこと」です。なぜならば、仮名言葉は純粋な日本語とされて大和言葉ともいわれるからです。訓読について、どの大辞典においても、大言海以上に詳しくは説明されていません。しかしながら、日本語における訓読というのは、日本語の本質というか日本語の正体を理解する上で極めて重要なものです。

或る漢字の訓読は、その漢字の意味に合致する意味の言葉としてつくられた仮名言葉としての訓読言葉で行います。漢字を対象としてつくられたものでない仮名言葉、つまり、訓読言葉としてつくられたものではない仮名言葉もありますが、すべての仮名言葉はまったく同じようにしてつくられています。

漢語における「訓」は読むことですが、「説明する」或いは「解釈する」という意味を含んだ字とされていますから、訓読は単に読むのではなく「説明して読む」或いは「解釈して読む」ということになります。なにを説明、或いは、解釈して読むかというと「或る漢字の意味を他の漢語漢字で説明、或いは、解釈して読む」のです。つまり、訓読とは**「或る漢字の意味を他の漢語漢字の音声と意味で説明、或いは、解釈して読むこと」**なのです。そして、**「或る漢字の説明、或いは、解釈に用いた他の漢語漢字の音声と意味を日本語の仮名言葉にしてある」**のです。日本語としての仮名言葉は多音節語とされていますから、通常は、仮名言葉は複数漢字の音声と意味を組み合わせたものになっています。結局のところ、日本語としての仮名言葉というのは、**「説明言葉」**或いは**「解釈言葉」**ともいうべきものになっています。

すべての漢語漢字には音声と意味があります。したがって、訓読における「或る漢字の意味を他の漢語漢字の音声と意味で説明、或いは、解釈して読むこと」とは、簡潔にいうと、実質的には「或る漢字を他の漢語漢字の音声と意味で読むこと」になります。訓読とは「或る漢字を大和言葉で読むこと」でしたから、「他の漢語漢字の音声と意味」というのは、とりもなおさず「大和言葉」ということになります。つまり、大和言葉は、或る漢字の意味の説明、或いは、解釈に用いた**「他の漢語漢字の音声と意味」**ということであり、ということは「説明言葉」或いは「解釈言葉」ともいうべきものなのです。ここに日本語の重大な秘密が隠されているのです。

例えば、草の一種を示す菫という漢字は、漢語の一音節読みではチンと読みますが、日本語の訓読では**スミレ**と読みます。菫という漢語漢字を、**素靡稔**という他の漢語漢字の音声と意味で読んだものが**スミレ**であり、これが仮名言葉、つまり、純粋な日本語とされる大和言葉なのです。

その語源をいいますと、漢語の一音節読みで、素はスと読み「素朴な、可憐な」の意味です。靡はミ、麗はリ、妍はイェンと読みいずれも「美しい」

の意味があります。麗妍の一気読みを一字にしたものは稔であり、稔はレンと読み、やはり「美しい」の意味です。つまり、スミレとは、**素靡稔**の多少の訛り読みであり、直訳すると「素朴で美しい」ですが、美しいのは花のことと思われるので、花を指すときは「素朴で美しい（花）」、草を指すときは**「素朴で美しい花の咲く（草）」**の意味になり、これがこの草名の語源です。そして、この語源となる漢語漢字の音声と意味こそがすなわち大和言葉なのです。ここでは、菫という漢字を、日本語としての見解で「素朴で美しい花の咲く（草）」と見做して、**素靡稔**という他の漢語漢字で説明或いは解釈してあるのです。

一般的に、個々の日本語、つまり、個々の仮名言葉は、日本語としての見解で説明、或いは、解釈した或る漢字の意味を、他の漢語漢字で説明、或いは、解釈したものになっています。したがって、日本語は多音節語になるのです。

本書では、「訓読」を**「当て読み」**とも称しています。当て読みという言葉は、本書著者による造語で、「鳥名源」（江副水城著・パレードブックス・二〇一〇年〔平成二十二年〕六月十八日初版発行）という本のマシコ欄で始めて世間に披露したもので、**「本来の字音読みで、ある漢字を無視し、ほんとうの意味どおりの読みで、ある漢字を読むこと」**と定義しています。どうしてこのような定義になるかというと、訓読に使う仮名言葉は「説明言葉」或いは「解釈言葉」だからです。訓読とは「漢字を日本語で読むこと」ですが、必ずしもその意味が正しく理解されていないようなので、敢えて「当て読み」という言葉を使ったのです。

上述のスミレの例で説明しますと、字音読みで、つまり、一音節読みで菫はチンと読むのですが、それを無視して、日本語としての見解である「素靡稔の意味として読むこと」を「ほんとうの意味どおりで読むこと」と定義したのですが、理解できるものだったでしょうか。

「当て字」という言葉があり、日本大辞書（山田美妙著・明治二十五年刊）や帝国大辞典（藤井乙男・草野清民共著・明治二十七年刊）によれば、江戸時代にできた言葉のようで、両辞書・辞典には近松（門左衛門）の「釈迦如来誕生会」という本に「四十あまりの文字一つ覚えぬ癖にあてじかく」とでていることが紹介されています。当て字とは、**「その意味に関係なく、その音声だけを利用するために、仮名言葉の記載に当てる漢字」**のことをいいます。万葉集は、その歌はすべて漢字で書かれていますが、その多くは当て字になっています。したがって、古代には日本語の多くは当て字で書かれていたので、当て字言葉は箒いて捨てる程というか何千個とあったのです。

結局のところ、「当て読み」とは、「訓読」のことであり、「当て字」とは「その意味に関係なく、その音声だけを利用するために、仮名言葉の記載に当てる漢字」のことをいいます。

訓読とは漢字を日本語で読むことですが、詳しくいうと「或る漢字の意味を他の漢語漢字の音声と意味で説明、或いは、解釈して読むこと」、当て読みとは「本来の字音読みを無視し、ほんとうの意味どおりの読みで、ある漢字を読むこと」と説明しましたが、表現は異なっても中身は同じことなのです。

「泥沼」は漢語から導入した漢字言葉ですが、日本語で「デイショウ」と読むのは音読であり、「ドロヌマ」と読むのは訓読です。つまり、ドロヌマという訓読言葉は仮名言葉としての大和言葉であり、泥沼という漢字言葉の意味を他の漢語漢字の音声と意味で説明或いは解釈した言葉です。

ドロヌマ（泥沼）の語源をいいますと、漢語の一音節読みで、土はトやツと聴きなせるように読みます。肉はロウと読み「土、泥土」の意味があります。糯はヌオと読み「粘る、粘性のある」、埋はマンと読み「埋まる」の意味があります。つまり、ドロヌマは、**土肉糯埋**の多少の濁音訛り読みであり直訳すると**「土が粘って埋まる（所）」**

の意味になり、これがこの言葉の語源です。泥沼という熟語の意味を、土肉糯埋という漢字四字の音声と意味で説明してあるのです。

⑦ 大和言葉の正体

日本国のことを、最も古くはワといい漢字で「倭」と書かれました。そのうちにヤマトというようになり、漢字では「大和」や「日本」と書かれるようになりました。

大言海によれば、「承久三年、阿倍氏起請文『にほんコクノカミホトケ、云々』、同、暦応三年某月、起請文『にほんコクウチノ大小ノジンギ』、文禄元年五月十八日、山中長俊（秀吉公右筆）ノ消息『にっぽんノテイハウ（帝王）サマ』」と書いてあることが紹介されています。

西暦でいうと承久三年は一二二三年、暦応三年は一二二七年、文禄元年は一五九二年に相当します。このことからすると、鎌倉時代にはニホン、室町時代末にはニッポンと呼ばれるようになったようです。わが国の呼称は、**ワ↓ヤマト↓ニホン↓ニッポン**と変遷したのです。なぜ、わが国の呼称はニホンとニッポンの二つがあるのかと疑問に思う人がいるようですが、それは簡単なことで「変遷した」からです。**ニホンは古い呼称**で、**ニッポンは新しい呼称**だということです。したがって、日本語のことを、更に古い呼称で大和言葉《やまとことば》ともいいます。

明治・大正時代の数種類の大辞典にはすべて、「**やまとことば**(名)大和詞。わが国の言語。日本語。和語。」などとだけ簡単に書かれています。

昭和初期の大言海には、「**やまとことば**（名）大和詞(一)日本国ノ固有ノ言語《コトバ》。和語。日本語。」と書いてあります。以降の大辞典においてもほぼ同じように書いてあります。つまり、これ以上の詳しい説明はされていません。

日本語には漢字言葉と仮名言葉とがあります。

大和言葉は「日本国ノ固有ノ言語」といわれても、なんのことか分かりませんが、漢字言葉の殆んどは漢語と同じですから「日本国ノ固有ノ言語」ではありません。「日本国ノ固有ノ言語」というのは、漢字を日本語で読むときの訓読言葉を含めた仮名言葉ということです。つまり、「大和言葉は仮名言葉」、逆にしていうと「仮名言葉は大和言葉」なのです。

結局のところ、大言海にいう「日本国ノ固有ノ言語《コトバ》」とは仮名言葉のことを指し、これこそが純粋な日本語とされる大和言葉であり、固有の独自の日本語なのです。

これまでは大和言葉は音声言葉であった原日本語が文字化されたものであり、そして、それが大和言葉の正体であるかの如く説明がされてきたのであり、今でもされています。

例えば、イヌ、ネコ、サルという原日本語としての音声言葉がありそれが文字化されて、漢語から導入した犬、猫、猿という漢字の意味に合致したので、イヌ、ネコ、サルを犬、猫、猿の訓読とした。

ウメ、スギ、タケという原日本語としての音声言葉がありそれが文字化されて、漢語から導入した梅、杉、竹という漢字の意味に合致したので、ウメ、スギ、タケを梅、杉、竹の訓読とした。

ヤマ、カワ、ウミという原日本語としての音声言葉がありそれが文字化されて、漢語から導入した山、川、海という漢字の意味に合致したので、ヤマ、カワ、ウミを山、川、海の訓読とした。

ソラ、ホシ、ツキという原日本語としての音声言葉がありそれが文字化されて、漢語から導入した空、星、月という漢字の意味に合致したので、ソラ、ホシ、ツキを空、星、月の訓読とした、といった類《たぐい》の説明です。

ところが、イヌ、ネコ、サルも、ウメ、スギ、タケも、ヤマ、カワ、ウミも、ソラ、ツキ、ホシも、これらの訓読言葉がどんな語源でどんな意味なのかは、いまだかつて言語・国語学者により正式に説明されたことはありません。しかしながら、これらの訓読言葉の語源と意味は、すべて漢字で解読できるのです。したがって、これらの言葉は漢字を素材としてつくられた仮名言葉としての訓読言葉であることが分かるのです。

すべての日本語についても同じことがいえます。つまり、すべての日本語は、原日本語が文字化されたものではなく、漢字を素材としてつくられた言葉なのです。ちなみに、イヌ、ネコ、サルは拙著の「獣名源」、ウメ、スギ、タケおよびウミは拙著の「草木名の語源」、ヤマ、カワは本書の二十一頁、ソラは本書の十頁でその語源を披露しているので、ここではツキ（月）、ホシ（星）の語源を披露しておきます。

ツキ（月）の語源：ツキは、漢字で月と書き、地球の周囲を廻っている衛星です。昼間に輝く太陽と違い、晴れた夜になると上空で穏やかな淡い光を放って美しく輝きます。一音節読みで、玼はツと読み「明るい」、瑰はキと読み「美しい」の意味です。つまり、ツキとは、玼瑰であり**「明るく美しい（もの）」**の意味であり、これがこの言葉の語源です。

昔から、月には「うさぎ」が棲んでいる、或いは、カラスが棲んでいるといい伝えられてきました。古代人には、月にある黒点模様が、そのような形に見えたからだとされています。黒点模様は、いわば月面の「きず」ともいえます。また、月蝕では欠けて見えます。

一音節読みで、疵はツと読み「きず」のことです。虧はキと読み動詞では「欠けている」の意味です。つまり。ツキとは疵虧であり**「疵欠《きずけつ》のある（もの）」**の意味にもなっており、これもこの言葉の語源です。明るい輝きがその部分だけ疵があったり欠けたりするという意味です。したがって、ツキとは、玼瑰と疵虧との掛詞になっており、合わせていうと**「明るく美しい、疵欠《きずけつ》のある（もの）」**の意味になりこれがこの言葉の語源です。虧の字は、漢語では「月満則虧」という文句で使われており、名詞では第一義は「欠けていること」ですが、第二義では「月面の欠け」の意味とされており「月蝕」のことを指すものと思われます。虧蝕《きしょく》という熟語は、日蝕と月蝕のことをいいます。また、満月に対して、丸くない月のことを虧月《きげつ》といいます。

ホシ（星）の語源：ホシは、漢字で星と書き、その殆んどが地球と同じ恒星といわれています。実際はとても大きいのですが、非常に遠くにあるので小さく見えるのです。ホシ（星）は、晴れた夜空では「きらきらと輝いて」見えます。また、「星の数ほどある」と表現されるように、極めてたくさんあります。したがって、その名称は、このような意味を含んだものになっています。

一音節読みで、赫はホと読み「光り輝く、明るく輝く」の意味があります。十はシと読み、形容詞として使うときは「多い、たくさん」の意味があります。したがって、ホシとは赫十であり、直訳すると「光り輝く、たくさんの（もの）」、語順を変えていうと**「たくさんの光り輝く（もの）」**の意味になります。

星空の美しさについては、洋の東西、時の古今を問わず、詩にも歌にも数多く詠われ書物にも叙述されてきました。一般的に、輝いて光を発するものは、必ずしも赤色ではなくても、赤色と認識されています。太陽も必ずしも赤くはありませんが、歌詞でも「真っ赤に燃える太陽」などと表現され、絵画でも「赤く」描かれたりします。

紅は一音節読みでホンと読み「赤い」の意味、昕はシと読み「明るく輝く」の意味です。つまり、ホシとは、紅昕の多少の訛り読みであり、直訳すると**「赤く明るく輝く（もの）」**の意味にもなっているのです。したがって、ホシは、赫十と紅昕との掛詞であり、まとめていうと**「たくさんの赤く明るく光り輝く（もの）」**の意味になり、これが、この言葉の語源です。

以上のように、語源を提示することによって、大和言葉は、漢字が導入される以前に存在した音声言葉の原日本語が文字化されたものではなく、漢字が導入された後で漢語漢字を素材としてその音声と意味を利用してつくられている言語であることが証明できるのです。

本書では上述のことを含めて一般語の語源として二十五語程度を挙げており、本書前編の「人体語源」でも一五〇語程度を示しています。他にも、拙著の一連の動物名の語源本である魚名源、鳥名源、獣名源、蟲名源、および「草木名の語源」に示してあります。

結局のところ、仮名言葉、つまり、純粋な日本語とされる大和言葉は、日本に漢字が導入された後で、**「漢語漢字を素材としてその音声と意味を利用してつくられた言語」**であるということです。したがって、或る仮名言葉について、**「その音声は素材となった漢語漢字の音声を組み合わせたもの、その意味は素材となった漢語漢字の意味を組み合わせたもの」**になっています。したがって、ある仮名言葉の語源は、**「漢語漢字、および、その音声と意味」**ということになるので、結果としてそれぞれの仮名言葉は或る漢字、または、或る事物・事柄についての**「説明言葉」**或いは**「解釈言葉」**になっています。これらのことこそが、仮名言葉、つまり、純粋な日本語といわれる**「大和言葉の正体」**です。

結局のところ、日本語は、日本に漢字が導入された後で漢字を素材として日本人自身によってつくられた言語であるということであり、このことは間違いないと思われます。しかしながら、いかなる言語・国語学者によっても、この事実について言及されたことはいまだかつて一度もありません。

それどころか、現在では、逆に、大和言葉とは、「漢字が渡来する以前から既に日本に存在した言葉」だとか、「有史以前から日本人が使い続けてきた言葉」（本書の五十四頁参照）などとされるようになっています。ということは、どのような学者によるどのような学問的成果が上げられたのかは分かりませんが、漢字が導入される以前には日本には文字はありませんでしたから、そもそもの大和言葉は音声言葉だったとされているとになり、それが現在にまで残存しているということは、その音声言葉は文字化されて古代日本語になったとされていることになります。

どうして、こういうことになったのかを、文献で調べてみます。大辞典では、明治・大正時代と変らず現代でも、例えば、最新の「広辞苑」（新村出編・岩波書店・第七版・平成三十年一月第一刷）でも、ヤマト言葉について、「**やまとことば【大和言葉】** 日本固有の言語。日本語。和語」とだけ書いてあります。

東京帝国大学文学部の教授であった高名な日本の言語・国語学者の「国語学概説」（橋本進吉著・岩波書店・橋本博士著作集刊行委員会昭和二十年十二月第一刷）という本があり、その一一五頁以下には、次のように書いてあります。

「漢字は支那の文字で支那語を表はす為に作られ用ゐられたものであり、漢文は支那の文であつて、支那語で読んだものである。他国人がはじめて漢字漢文を学んだ場合にも支那における読み方を正しいものとして習つたであらうから、我国に漢文が伝はつた時は、百済人を師として学んだとしても、その読み方は、支那に於ける読み方を習つたに違ひない。即ち、漢字はすべて字音で読み、又漢文を書く場合にのみ用ゐられたであらう。字音は即ち、漢字の読み方としての支那語に外ならぬ。

かやうに我国でも、初の中は、漢字は支那語で読み書きをする場合にのみ用ゐられ、直接日本語とは関係がなかつたものと考へられる。勿論当時でも、漢字漢文を支那語（即ち字音）で読んだだけでは意味がわからない故、之を日本語に訳し、又日本語で解釈する事はあつたであらうが、それは、その字その文の訳又は解釈であつて、その字又は文の読み方ではなかつたであらう。しかるに、漢字漢文に熟するにつれて、その訳語や訳し方が次第に一定し、一々の漢字や句法に、きまつた日本語の単語や句法が常に用ゐられるやうになると、漢字と日本語との間に密接な関係が生じて、遂に漢字が日本語を表はすやうになり、漢字を直接に日本語で読み、日本語を書く為に漢字を用ゐるやうになつたものと思はれる。(例へば『人』の字は、初はジン又はニンとのみ読み、又ジン、ニンという支那語を表はす為にのみ用ゐられたが、『人』の訳語として、いつもヒトといふ日本語が用ゐられると、遂に『人』を直接にヒトと読み、又ヒトといふ語を示す為に『人』の字を用ゐるやうになつた)。かようにして、漢字の訳語ときまつた日本語を、その字の訓といふ。かやうにして、日本では、漢字は単に漢文漢語に用ゐられるばかりでなく、純粋の日本語を表はす為にも用ゐられる」。

ここでの言説は、理解しにくいことに加えて、日本語の根幹に関わる「極めて重大なこと」が書いてあります。

先ず、漢字が導入される以前は、日本には文字はなかったので、音声言葉だったのですがそのことについての説明がありません。つまり、音声言葉なのか文字言葉なのかも明確にしないで日本語と漢字との関係が云々されているのです。しかしながら、当時の原日本語は音声言葉ですから、この本では漢字と音声言葉との関係を書いてあることになります。

次に、「一々の漢字や句法に、きまつた日本語の単語や句法が常に用ゐられるやうになる」ということは、「一々の漢字や句法に、音声言葉であった原日本語の単語や句法が常に用いられるようになる」と書いてあることになります。ということは、逆にしていうと、**「原日本語を漢字で書くようになった」**と書いてあることになります。

また、「日本語を書く為に漢字を用ゐるやうになつた」ということは、「音声言葉であった原日本語を書く為に漢字を用いるようになった」と書いてあることになります。ということは、**「音声**

言葉であった原日本語を漢字で文字化した」と書いてあることになります。

更に、「漢字は純粋の日本語を表はす為にも用ゐられる」とは、文脈からいって**「純粋の日本語とは、音声言葉であった原日本語のことである」**と書いてあることになります。

この本におけるこれらの言説は、日本の言語・国語学界としては、天下がひっくり返るほどの極めて重大なことが書いてあることになるのです。これらの言説によって、**「音声言葉であった原日本語は文字化されて古代日本語になった」**と理解されるようになってしまったのです。この本の著者である橋本進吉博士は、本書三十頁の「日本語の意味の構造」の個所で書いてあるような高名な学者ですから、本気でなのか、なにかの思惑があってのことなのか分かりませんが、この言説は、日本語にとって重大事件だったのです。

なぜならば、音声言葉であった原日本語が文字化されて古代日本語になったかどうかは証明されていないのであり、その証拠もまったくないので、このような言説はできない筈だからです。原日本語は音声言葉なので、なにも残存しておらず証明しようがないのです。にもかかわらず、高名な学者によって、このようなことが平気で語られるところに、日本の言語・国語学界の闇があるのです。

なお、**ヒト**という日本語は音声言葉として既に存在したかの如くに書いてありますが、音声言葉だったのではなく、漢字導入後に漢字を素材としてつくられたもので、その語源は**「斐動（フェイトン）」**の多少の訛り読みであり**「優れた動物」**の意味と思われます。

この本の言説にお墨付きを得たのか、その後の文献には、例えば、目に付いただけでも、次のようなものがあります。

「国語学」（東京大学教授築島裕著・東京大学出版会・昭和三十九年初版・平成二年第三十四刷）の一八七頁には、「漢語・外来語の渡来する以前から既に日本に存在した語、又はそれから転化・

派生した語を総称して『和語』又は『やまとことば』という。」と書いてあります。

「日本語のこころ」（上智大学名誉教授・渡部昇一著・講談社現代新書・昭和四十九年第一刷）の八頁には、「**大和言葉とは何か**　だれでも『大和言葉』という言葉を聞いたことがあると思う。そしておそらく、『大和言葉というのは、日本語の中で漢字でない部分』ぐらいにしか考えられていないのではないだろうか。大和言葉こそは有史以前から日本人が使い続けてきた言葉であり、われわれの血と同じく古いのである。」と書いてあります。

「訓読みのはなし」（早稲田大学教授・笹原宏之著・角川ソフィア文庫・平成二十六年初版）の十一頁には、「山が他の漢字とともに日本に伝わってきたとき、もともと日本語にあった mountain にほぼ相当することば、すなわち日本にもともと存在した固有語である大和言葉の『やま』と結びつけることで字の意味が理解された。」と書いてあります。

「ブリタニカ国際大百科事典（小項目版）」には、そもそもが日本の辞典ではありませんが、「大和言葉は、漢語や外来語が入る前から日本語にあった単語をさす。」と書いてあります。

これら四つの文献には「**音声言葉であった原日本語は文字化されて古代日本語になっている**」と書いてあるのです。そして、このような言説は、誰からもなんの批判も受けずに黙認され野放しにされ続けています。したがって、多くの日本人はそのように思っているのです。

なぜか分かりませんが、証明されておらず、なんの証拠もないにもかかわらず、現在ではこの四つの文献のような言説が正々堂々と行われています。つまり、あたかも音声言葉であった原日本語は文字化されて古代日本語になったかの如くに説明されるようになり、現在もそのようにされ続けているのです。

大和言葉は漢字の導入以前に存在した音声言葉

が文字化されたものであるならば、漢字とは関係がないわけですから、その意味を漢字で解読することはできないことになります。しかしながら、万葉集、古事記、日本書紀などに記述された殆んどの大和言葉としての古代日本語は漢字から解読することができるようなのです。ということは、大和言葉は音声言葉が文字化されたものではなく、漢字を素材としてつくられた言語であることを示しています。古代日本語、および、その後もつくられ続けて現在まで連綿と続いている多くの日本語は、漢字を素材としてその音声と意味を利用してつくられていることに間違いないと思われます。このことは、多くの日本語言葉の語源を漢字から解読することによって、いくらでも証明することができるのです。

　奈良・平安時代も、またそれ以降も言葉はつくられ続けたのですが、新しい言葉の作られ方について、上述した「国語学概説」（橋本進吉著・岩波書店）の二八六頁以下には、要約すると次のように書いてあります。

「新しい語がその言語の語彙に加はるには、（一）新に作られるもの、（二）他の言語から輸入せられてその語彙に加はるものとがある。新に語が作られるには、これまであった語に基づいて作られる場合が多い。この場合に属するものは、（a）既にある単語を合せて新な語（複合語）を作ったもの、（b）連語（語の結合したもの）又は文を一語としたもの、（c）接尾語を附けて新な語ができたもの、（d）語尾を活用させて新な語としたもの、（e）語の一部分が独立して語となったもの、（f）漢字に書いた形に基づき、訓読すべき漢字を音読して新な語ができたもの、又は漢字の形から新な語が作られたものなどがある」。

　この言説からすると、多くの新しい語は既存する語の派生語としてつくられるので、既存語がなければ、新しい語は生じないことになります。しかしながら、現実には、既存語とは関係のない多くの新しい語がつくられているのであり、その場合には、**新しい語はなにに基づきどのようにしてつくられたのか、或いは、つくられるのか**という肝心のことが書いてありません。

この学者は、古代日本語は音声言葉であった原日本語が文字化されたものであり、また、新しくつくられる言語の多くは既存となった古代日本語の派生語としてつくられたもの、或いは、つくられるものとしているようですが、そんなことでは国語の進歩発達はあり得ないのであり、現実に平安時代以降にも派生語でない極めて多くの言葉がつくられ続けています。したがって、そのような言説はまったく首肯できるものではありません。

余談になりますが、その二三一頁には、次のように書いてあります。「言語を時の流れに沿うて、各時代を通じて見れば、もと或意味を表はしてゐた音が、他の意味をあらはすやうになり、又、或音によってあらはされてゐた意味が、他の音によってあらはされるやうになって、音と意味との関係に時代による推移変遷が見られるのである」。

日本語言葉における各々の音声と意味は、漢語漢字に裏付されていて、それが語源になるという特徴があるので、漢語漢字の意味が変わらない限り、時代による変遷は起こり得ない筈なのです。しかしながら、なぜ変遷が起こるかというと、**「日本語では言葉の語源が明らかにされていない」**からです。そのために、日本語では変遷が起こり易いといえます。

例えば、**「ヤバイ」**という言葉は、江戸時代につくられた言葉で、「ヤバナこと」のような表現で使われていたものが、最近の若者の間では「すごくいい、すてき、魅力的」などの意味で使われているとされます。これは、そもそもの語源は、殃はヤンと読み「災いである、災いする」の意味であり、暴はバオと読み「粗暴な、乱暴な、暴悪な、とても悪い」などの意味であったと思われます。つまり、ヤバは**殃暴**の多少の訛り読みであり直訳すると**「災いする、とても悪い（こと）」**の意味であったものが、言語・国語学者によってその語源が明らかにされていなかったので、最近では次に述べるような別の意味にも解されるようになってしまったからと思われます。

一音節読みで雅はヤと読み形容詞では「雅やかな、優雅な、優美な」などの意味ですが、副詞では「とても、非常に、著しく」などの意味がありあます。棒はバンと読み、形容詞では「よい、良好な、素晴らしい」などの意味があります。矣はイと読み、語尾につく語気助詞です。つまり、ヤバイは**雅棒矣**であり直訳すると**「とてもよい、とても素晴らしい」**などの意味にもなり得るのです。このようになるのも若者が発見したというよりも、たぶん、当初は裏でしかるべき教養人が関係して示唆していると思われるのであり、このようにしても言葉の意味は変遷するのです。

⑧ 原日本語（音声言葉）の行方

本書では、日本に漢字が導入される以前に存在した音声言葉を、便宜上、「原日本語」ということにしています。太古の日本民族は、文字は持たなかったけれども、音声言葉としての原日本語を持っていたのは確かです。なぜならば、どんなに小規模な集団であっても音声言葉も持たない民族は存在しないからです。しかしながら、本書が主張するように、仮名言葉、つまり、純粋な日本語とされる大和言葉は「漢語漢字を素材としてその音声と意味を利用してつくられた言語」だとすると、当然に、原日本語は一体どこに行ってしまったのかという疑問が生じてきます。

結論を先にいうならば、原日本語がどのようなものであったにせよ、漢字が導入されたときに原日本語は文字化されなかったために消失してしまったか、或いは、漢字という文字に基づいてつくられた新しい言葉に置換されてしまって消失してしまい、現存していない、或いは、現存していないらしいということです。

音声言葉であった原日本語が文字化されたのかどうかについては、極端には、まったく文字化されなかったと思われます。或いは、数量は分かりませんが、当初はそのようなものがあったかも知れません。しかしながら、文字からつくられた音声と意味の明確な言葉に置換され、そのうちに全部が置換されて、最終的にはすべてが消失してしまったと思われるのです。

なぜ、文字化されなかったのか、或いは、漢字を素材としてつくられた文字言葉に置換されてしまったのかというと、(ⅰ)古代日本人にとって、文化・文明の産物である文字は驚嘆すべき極めて有用と思われるものであったこと、(ⅱ)文字を素材とすると、音声と意味が明確な新しい言葉がつくり易《やす》く理解され易いこと、(ⅲ)それまでの言葉とは異なり、文字による音声と意味に基づいて新しい言葉をつくり続けることが企画されたこと、(ⅳ)今後も言葉をつくり続けることを考慮すると、音声言葉である原日本語と文字からつくられた、或いは、これからつくる言葉とが混在するよりも、後者に統一した方がよいと判断されたこと、などであったと推測されます。

もし、音声言葉であった原日本語が文字化された言葉が現存するとすれば、しかるべき学者によって、これこそがその言葉であると指摘されれば、ほんとうにそうであるかどうかは、比較的簡単に検証できると思われます。なぜならば、そのような言葉の意味は、漢字からは解読できないからです。

⑨ 原日本語と古代日本語（文字言葉）の関係

本書では、日本に漢字が導入される以前に存在した音声言葉を「原日本語」ということにしています。万葉集、古事記、日本書紀などに記述された文字言葉は**「古代日本語」**といいます。これらの文献に記述された古代日本語は、まとまった数量で現存する最も古い日本語です。

日本語の起源や由来を云々する際に、論点とすべき大きな問題が二つあります。一つは、**「古代日本語はいかなるものか」**、つまり、純粋な日本語とされる大和言葉の正体はどのようなものかということです。このことについては本書の「大和言葉の正体」欄（四十七頁）をご参照ください。もう一つは、本欄の主題である**「原日本語は文字化されて古代日本語になったのか」**、逆にしていうと、**「古代日本語は原日本語が文字化されたものなのか」**ということであり、このことは、日本語とはいかなるものかを知るために、先ずは解決すべき最も大切な課題の一つなのです。つまり、簡単にいうと**「古代日本語は原日本語なのか」**ということです。

原日本語は音声言葉なので、消失してしまってなにも残存していないので、文字化されて古代日本語になったのかどうかを、原日本語を通じて確かめることはできません。しかしながら、古代日本語がどのようなものであるかを通じて確かめることはできるのです。本書では、古代日本語は「漢語漢字を素材としてその音声と意味を利用してつくられた言語」と考えています。したがって、古代日本語は原日本語が文字化されたものではなく、また、漢語漢字を素材としてつられたものと原日本語が文字化されたものとの混雑語でもないと考えています。つまり、本書の見解は**「原日本語と古代日本語とはまったく関係がない」**ということです。

極めて重要なことであるにもかかわらず、古代日本語は原日本語が文字化されたものかどうかについて積極的に叙述された学説も文献もないように思われます。つまり、原日本語は文字化されて古代日本語となったかどうかは証明されていないのです。ただ、「国語学概説」（橋本進吉著・岩波書店）（五十二頁参照）には「原日本語は文字化されて古代日本語になった」ものの如くに書いてあるので、その言説は本書の見解から忌憚なくいえば極めて可笑しいということになります。

本書では、仮名言葉、つまり、純粋な日本語とされる大和言葉は「漢語漢字を素材としてその音声と意味を利用してつくられた言語」であることは間違いないと思っています。そのことは、言語・国語学界では明らかにされていませんが、それは日本語が漢字を素材としてできていることを明らかにしたくないからと思われます。ヨーロッパからきた言語系統論に従って、ああでもないこうでもないといい続けておれば、明らかになる筈もないことですから、いつまで経っても明らかにしなくてよいことになります。つまり、学問の問題というよりも、国語政策の問題になっているのではないかとも思われるのです。

古代から連綿と引継がれている日本語は、名詞、動詞、形容詞、副詞等を問わず、いずれも漢語漢字を素材としてつくられています。したがって、すべての日本語について、その音声を聴けば、おおよその漢語漢字のものであるかは推測できるのです。

日本語の語源説は、すべての日本語についてですから等《は》いて捨てる程あるのですが、日本語は漢語漢字を素材としてつくられていることを示すために、本欄でも動詞、形容詞、副詞の一例として、動詞の「なく」、形容詞の「よい」、副詞の「しっくり」「たっぷり」などの語源を紹介しておきます。

動詞の**「ナク」**という漢字には、日本人にもよく知られたものに漢語の一音節読みで、泣《チ》、哭《ク》、唏《シ》、鳴《ミン》、啼《ティ》、唧《チ》などがあります。泣、哭、唏は人間について、鳴、啼、唧は他の動物について多く使われます。日本語は合理的によくできていて、同じ意味のものは同じように読むことになっており、これらの六字は訓読ですべて「なく」と読みます。なぜそのように読むかというと、一音節読みで、吶はナ、咕はクと読み共に「声を出す」という意味だからです。したがって、ナクとは**「吶咕」**であり直訳では**「声を出す」**という意味になり、これがこの言葉の語源です。吶咕の読みを、上記のすべての字に転用してあるのです。

形容詞の**「ヨイ」**という漢字には、良《リャン》、好《ハオ》、宜《イ》、佳《チア》、可《コ》、吉《チ》、善《シャン》などがあります。これらの七字は日本語では訓読ですべて「よい」と読みます。なぜそのように読むかというと、一音節読みで優はヨウと読み「優良な、優れている、良い」などの意味があります。矣はイと読み語尾助詞として使われる字ですが、日本語では形容詞の終止形の活用語尾として使われています。したがって、ヨイとは**「優矣」**の多少の訛り読みであり直訳では**「優れている、優良である、良い」**などの意味になり、これがこの言葉の語源です。優矣の読みを、上記のすべての字に転用してあるのです。

副詞の**「シックリ」**については、大言海に「**志ッくり**（副）物事ノ、善ク食ヒ合フ意ニ云フ語。適‖合‖」と書いてあります。一音節読みで、適はシと読み「適合する」の意味、酷はクと読み「とても、非常に、著しく」などの意味があります。哩はリと読み語尾助詞として使われます。つまり、シックリとは、**適酷哩**の促音便もどきの読みであり、直訳すると「適合するのが、とてもである」ですが、表現を逆にしていうと**「とても適合する」**の意味になり、これがこの言葉の語源です。

副詞の**「タップリ」**は、「たくさんある」ことをいいます。一音節読みで、大はタと読み「多くの、大量の」の意味があります。一音節読みで多はトゥオと読むのですが、日本語でタと音読するのは大の読みを転用してあるのです。富はフと読み「豊富な」の意味です。リについては上述したとおりです。つまり、タップリとは、**大富哩**の促音便もどきの読みであり、直訳すると**「多くて豊富な」**の意味になり、これがこの言葉の語源です。

日本語についての最大の問題の一つは、音声言葉であった原日本語は文字化されて古代日本語になったのかどうかということであって、どこからきたかという問題ではないのです。なぜならば、「どこからきたか」というような話は音声言葉であった原日本語についてのことなので、どこからきたとしても原日本語になっているからです。

「どこからきたか」というような話は原日本語についてのことである証拠に、「日本語の起源」（大野晋著・岩波新書）の一七五頁には、「日本語と朝鮮語とは、もし同系であるとしても密接な関係を生じたのは弥生式時代の開始された時代、すなわち西暦紀元前三百年、今から二千三百年前のことであろうと思われる」と書いてあり、また、「日本語の系統」（服部四郎著・岩波書店）の八十七頁には、「日本祖語はだいたい弥生式文化の言語であったということができる。」、その二五四頁には、「『日本語と朝鮮語とが若《も》し同系であるとしても、その分裂年代は今から四〇〇〇年まえ以後ではあり得ない』と言うことができよう。」と書いてあります。ということは、上述したように、どこからきたとしても、それは原日本語となっている、或いは、原日本語に包含されてしまっているのです。

したがって、原日本語がどこからきたものでありどのようなものであったにせよそのことは問題ではなく、古代日本語を含む大和言葉についての最大の問題は、**「大和言葉は、原日本語が文字化された言語なのか、或いは、漢語から導入された漢語漢字を素材としてつくられた言語なのか」**ということです。

⑩ 仮名言葉と漢語漢字の関係

日本語と漢語との関係についていうと、先ず、漢語から漢字を導入して日本語漢字として使用しています。日本語には、漢字言葉と仮名言葉とがありますが、漢字言葉は漢語から導入して日本語としたもので「借用語」とされています。借用語とは、外国から来た言葉、つまり、「外来語」ということです。次に、漢字から仮名言葉を作成して使用しています。仮名言葉は、当初は万葉集、古事記、日本書紀におけるような漢字仮名で書かれました。更に、漢字から日本文字としての平仮名と片仮名をつくり使用しています。

しかしながら、日本語と漢語との関係における最も大きな問題の一つは、**「日本語の仮名言葉と漢語漢字とはどのような関係なのか」**ということです。このことは、日本の言語・国語学界ではまったく言及されませんが、このことこそが究明されるべき最大の問題なのです。

そのためには、仮名言葉の本質というか正体というか、そのことが明らかにされなければなりません。しかしながら、日本の言語・国語学界では、そのことは問題にされずに、漢字言葉は借用語に過ぎない、したがって、漢字言葉とは関係のない仮名言葉までもが漢字とは関係がないとされています。つまり、仮名言葉は、どのようにしてつくられたかや、どのようなものかを明らかにすることなく、或いは、明らかにできずに、「そもそもの日本語」などと称して、漢語とは無関係とされています。いうならば、日本語、つまり、仮名言葉の正体は隠蔽されている、或いは、秘密にされているともいえます。

例えば、「日本語の起源」（大野晋著・岩波新書）の八十一頁には次のように書いてあります。「シナ語の単語は、奈良時代ごろから日本語の中に多く入って来たというにすぎない。こうした単語は『借用語』といって、言語の系統の問題とは切り離さなければならない」。

また、「漢字と日本人」（高島俊男著・文藝春秋）の十八頁には、次のように書いてあります。「日本人が漢字をもちいるようになり、現在ももちいていることから、漢語と日本語とは同系統の言語であるように思っている人がある。しかしそれはまちがいである。漢語と日本語とはもともとまったく別個にうまれた言語であって、類縁関係はない」。その一七七頁には、次のように書いてあります。「もともと日本人にとって漢字は借りものであり、日本語とあわなくて苦労しているのである」。その一八八頁には、次のように書いてあります。「『支那文字』というと、支那でできた支那語のための文字であることがだれにもあきらかであり、性格のことなる日本語を書きあらわすには不適当かつ不便な文字であることがわかりやすい」。

この二書の二人の著者は、いずれも現在の東京大学文学部国文科の出身であり、本気なのかどうかは分かりませんが、上述のようなことを書いています。同科出身の他の人たちも、他の大学の教官になったりして、同じようなことを学生たちに講義していると思われます。ということは、日本語の仮名言葉と漢語漢字との関係の真実は、いつまで経っても明らかにされないということです。

日本語の仮名言葉と漢語との関係についていうと、本書で繰返し述べているように、日本語の仮名言葉、つまり、純粋な日本語とされる大和言葉は**「漢語漢字を素材としてその音声と意味を利用してつくられた言語」**ということです。いわば、鉄鋼石を原料として鉄という製品をつくるように、**「漢語漢字を素材として仮名言葉という製品をつくったようなもの」**といえます。このことこそが、日本語の仮名言葉と漢語漢字の関係についての真実であり最も肝心なことです。

日本の言語・国語学界では、多くの学者が「日本語の起源」「日本語の由来」「日本語の成立」などと称して、日本語について、南方からきたとか北方からきたとか論じていますが、それは音声言葉であった「原日本語」についてのことであり、古い仮名言葉は文字言葉である「古代日本語」のことですから、音声言葉であった原日本語が文字化されて古代日本語になっていなければ、両者の間にはなんの関係もないことになります。

本書では、上述したように、音声言葉であった原日本語は、文字化されて古代日本語にはなっていないと考えています。つまり､逆にしていうと、古代日本語は原日本語ではないと考えています。古代日本語は原日本語が文字化されたものではなく、漢語漢字からつくられたのです。

シナの文献上の記録からすれば、漢字導入の始めは紀元一世紀頃だったと推測されます。日本語の仮名言葉は、シナから漢字導入後に、長期間にわたり日本人が漢字を素材として営々としてつくり続けたものの累積なのです。

言語の由来は、往々にして民族の由来と重ねて語られますが、日本語の場合、原日本語については民族と共であったとしても、万葉集、古事記、日本書紀などに記述された古代日本語についていえば、日本民族はどこからきたかなどとは関係ないと思われるのです。なぜならば、原日本語は民族と共にきたとしても、その言葉は音声言葉だったので、漢字導入後に日本人が漢語漢字から仮名言葉、つまり、純粋な日本語とされる大和言葉をつくった際に、文字化されずに消失してしまったと思われるからです。

日本人が肝に銘ずべきことは、漢字を軽んずるような学者の言説に惑わされることなく、「漢字はすでに日本語になっている」、したがって**「漢字は日本語の一部である」**と理解して大切に扱うべきだということです。以下に述べるように漢語漢字と日本語漢字とは異なるものになっているのです。

漢語は、①漢字、②意味、③音、④声、の四要素から構成されています。ここでの音とは「読み方」、声とは「声調」のことです。

日本に漢字が導入された当時から、日本では漢語漢字と日本語漢字ともいうべきものに分けられています。漢字は借用語とされていますが、正確には一部を借用し、一部を改変しているというべきものです。つまり、漢語漢字のもつ四要素のうち、漢字と意味は導入されましたが、音の殆んどは導入されず、声はまったく導入されませんでした。したがって、日本語の漢字言葉における音声について、日本語の音声でシナ人と会話をしようとしてもまったく通じないのです。つまり、音と声を導入しないことによって、漢語漢字を日本語漢字にしたのです。日本語漢字の音読には、呉音、漢音、唐音などがあるとされますが、それらはシナに存在したというよりも、その各時代の多少の発音の相違を捉えて、日本人が漢字を日本語にするために勝手につくった日本語音読ともいうべきものなのです。更に、漢字を、仮名言葉、つまり、純粋な日本語とされる大和言葉で訓読することによって、漢語漢字を日本語としての漢字言葉にしたのです。

⑪ 日本語は孤立語

日本語についても、ヨーロッパからきた言語系統論で、その系統がどうのこうのと云々されています。ところが、その系統論に使用すべき日本語とはなんなのかが特定されていないのです。

例えば、「日本語の系統」（服部四郎著・岩波書店）の十二頁には、次のように書いてあります。「日本語の中に含まれる漢語とシナ語の単語とを比較すると、明瞭な音韻法則を認めることができるが、周知の如く、漢語はシナ語から日本にはいった借用語である。【音韻体系の類似】とはいえ、形態素（語根や接辞など）から離れて、言語構造のみを指摘しても。言語間の親類関係の存在を明かにしたことにはならない」。

しかしながら、この本の言説は冒頭から論点がずれているのではないかと思われます。なぜならば、日本語の系統について論ずるときに採用すべき日本語は、借用語とされる漢字言葉ではなくて純粋な日本語とされる仮名言葉だからです。にもかかわらず、仮名言葉についてはなんら言及されていません。仮名言葉の形態素とされる語根は漢字からできているのです。また、漢語から導入した漢字言葉における漢字は一定の法則によって日本語音読することになっているので、明瞭な音韻法則を認めることができるのは当然ともいえるのです。したがって、日本の漢字言葉が漢語と近い関係にあることは、子供でも分かりそうな自明のことです。繰返していうと、日本語の系統を云々するときには、漢字言葉ではなく仮名言葉こそが問題にすべき言語なのです。

なお、正確にいうと、日本語の中に漢語は含まれていません。漢語とは、シナ人が使うシナ語のことだからです。

その十七頁には「日本語の音韻的構造はあまりに単純なために、音義説のような非科学的分析の行われる危険がある。」と書いてあります。しかしながら、過去の音義説には少々問題があったとしても、日本語を正しく理解するためには、音義説を正しく修正することこそが最も必要なことです。音義説を頭から非科学的と見做すべきではありません。

この本の「あとがき」欄には、「読者の中には、私の或友人のように、日本語の系統を研究する努力はほとんど無駄骨となる見とおしがついたから、もっと有益な研究に精力を注ぐべきではないかという人もあるかも知れない。」と書いてあります。「無駄骨となる見とおしがついた」ということは、日本語には系統はないということがはっきりしたということです。つまり、日本語はどこにも親戚関係のない孤立語だということです。

日本語は孤立語だとして、もう一つ残る大きな問題は、漢字が導入される以前の「原日本語」は音声言葉だったのですが、文字化されて万葉集、古事記、日本書紀などに記述されて現在まで連綿と引継がれている古代日本語になったのかどうかということです。しかしながら、奈良・平安時代以来、今日に至るまで、このことについて明確に言及された学説や文献はなに一つ存在しません。

憶測すると、現在の日本の言語・国語学界としては、古代日本語は音声言葉であった原日本語が文字化されたものであることにしておきたいらしいのですが、「古代日本語は原日本語が文字化されたものである」などとは、事実ではないので書きにくいのです。したがって、なにも書かれないと思われるのです。現代に至っても、そのことが明らかにされないのは、そのことには触れないでそっとしておいて、あたかも日本語は原日本語が文字化されたものであるかの如くに繕《つくろ》っておくためかも知れません。日本の然るべき人たちは日本語の正体を明らかにしたくないのです。東京大学国文科卒の高名な学者先生たちが、こぞって仮名言葉のことは問題にせずに、漢字言葉のことに話を外らして、漢字言葉は借用語であり日本語とは直接の関係はないとしながら、仮名言葉、つまり、純粋な日本語とされる大和言葉との関係については一切触れられないところをみると、そのことが顕著に窺われます。仮名言葉、つまり、純粋な日本語とされる大和言葉の本質というか、大和言葉の正体は、「漢語漢字を素材としてその音声と意味を利用してつくられた言語」ということです。したがって、日本語は系統などのない孤立語なのです。

日本語には、いわゆるヨーロッパ式の言語系統論におけるような祖語などは存在しません。なぜならば、上述したように、日本語における仮名言葉、つまり、純粋な日本語とされる大和言葉は、日本人が漢語漢字を素材にしてつくった独自のものであり孤立語ともいうべきものだからです。

当然に、日本語における仮名言葉は、他のいかなる言語とも関係のないものです。したがって、漢字言葉は孤立語ではなくても、仮名言葉に限っていうならば完全な孤立語なのです

南方からきたとか北方からきたとかの系統の話は、仮名言葉、つまり、純粋な日本語とされる大和言葉についてのものではなく音声言葉であった太古の原日本語についてのものなのです。ところが、大和言葉と原日本語とは関係がないので、そ

のような系統の話は論じても意味がないということになります。

周辺国の言語と日本語とを、語彙、音韻、文体の三点にわたって比較検討し、周辺国の或る言語との類似点があれば、その或る言語は原日本語と親戚関係にあり、原日本語は文字化されて古代日本語になっている、との論理構成にされているものと思われますが、この論理構成には無理があります。そもそも周辺国の言語には日本語と深い関係にある言語は存在しないことはすでに分かっていることです。また、周辺国には残存する古代文献というものは極めて少なく殆んど存在しないとも言えるのであり、今さら周辺国の現代語と現在の日本語とを比較検討してもあまり意味がないと思われるのです。それに、或る周辺国の言語と原日本語とは薄い関係のものしかないと思われることから、その薄い関係から推測して原日本語は文字化されて古代日本語となっているとまで結論付けることは殆んど不可能と思われるのです。

⑫ 学説の一傾向

漢字と日本語との関係について言及された、日本の言語・国語学者、研究者の著書が二つ目についたので、本書の意見を交えて以下にご紹介します。

その一つは、「日本語の起源」（東京大学文学部国文科卒、学習院大学文学部教授大野晋著・岩波新書。昭和三十二年初刷、昭和五十二年第二十四刷）という本で、数年間ベストセラーの仲間入りをしたとされています。ということは、多くの日本人に広く読まれたということです。この本は、その題名にあるように「日本語はどこからきたか」について叙述されているのですが、シナ語（漢語）と日本語との関係について叙述されている部分を抜き出すと以下のようになっています。

その八〇頁には、次のように書いてあります。

「日本人は、自分の言語を書くのに漢字を使う。漢字はもともと、シナ人がシナ語を書くために作り出した文字である。だから、日本人とシナ人とを、よく、同文同種などといったものである。同じ文字を使う同じ人種の人間という意味である。しかし、同じ文字を使いさえすれば、人種が同じであるとは言えないように、同じ文字を使っても言語が親戚関係にあるとはいえない」。

しかしながら、ここに書いてあることは最初から論点がずれているように思われます。なぜならば、日本人は、シナから漢字と共に多くの漢字言葉を導入して日本語として使用しているのであり、そのことについていうならば、極めて近い関係にあることは自明のことだからです。

シナ語（漢語）と日本語との関係を論ずるのならば、シナ語と日本の漢字言葉との関係ではなく、**「シナ語と日本語の仮名言葉との関係がどうなのか」**を明確にして論じなければならないのです。そもそもこの本は、日本語の仮名言葉、つまり、純粋な日本語とされる大和言葉はどこからきたかを追求する本であるにもかかわらず、そのことについては明確には触れられておらず、仮名言葉や大和言葉という文言さえ一度もでてきません。「古代日本語」という文言は度々でてきますが、音声言葉であった原日本語のことなのか、万葉集、古事記、日本書紀などに記述された文字言葉である仮名言葉のことなのかもこれまた言及されていません。

その八十一頁には引き続いて、次のように書いてあります。「こんなにもシナ語を多く取込んでいても、これで日本語はシナ語と親戚関係にあるかと言えば、これだけでは日本語とシナ語とが親戚だとは言わない。ちょうど、ヨーロッパから、ラジオ・レコード・トラック・ジュースなどと、たくさんの単語が日本語の中に入って来ても、それによって日本語がヨーロッパ語と親戚になったとは言わないのと同じである。シナ語の単語は、奈良時代ごろから日本語の中に多く入って来たというにすぎない。こうした単語は『借用語』といって、言語の系統の問題とは切り離さなければならない」。

シナ語は漢字言葉ですが、たくさん導入されて日本語として使用されているので、これだけに限っていえば、シナ語と日本語の漢字言葉とは極めて近い関係にあるというべきものです。シナ語と日本語とを親戚関係といわないのは、シナ語と日本語の仮名言葉、つまり、純粋な日本語とされる大和言葉との関係が明らかにされていないからです。

「シナ語の単語は、奈良時代ごろから日本語の中に多く入って来たというにすぎない」という言説は、学問的にはかなり問題のある発言と思われます。なぜならば、奈良時代は七一〇年から七九四年までの八十四年間とされていますが、日本書紀には、奈良時代以前にあたる飛鳥時代の「大化の改新」ともいわれる政変である六四五年の「乙巳《いっし》の変」に際して蘇我蝦夷《そがのえみし》が「天皇記、国記、珍宝を焼く」とあるので、この頃までには複数の歴史書をつくるまでに多くの漢字と漢字言葉は導入され、また、漢字から漢字で書かれる日本語としての仮名言葉がつくられていたと思われるからです。

万葉集についてみると、シナ語の単語、つまり、漢字言葉は、五世紀後半の第二十一代雄略天皇の詠んだ歌とされる万葉集の最初の歌に、岳《おか》、菜《な》、児《こ》、家《いえ》、山《やま》、国《くに》、吾《われ》、名《な》、七世紀半ばの第三十四代舒明天皇の詠んだ歌とされる二番目の歌に、煙《けむり》、海原《うなはら》、鷗《かもめ》、島《しま》、同じ頃の三番目の歌に、大王《おおきみ》、朝《あした》、夕《ゆふべ》、梓《あづさ》、弓《ゆみ》、音《おと》などがあり、以下の歌でもたくさんでています。このように、シナ語の単語は、奈良時代頃からではなくて、すでに飛鳥時代、或いは、それ以前の歌からでているのであり、漢字が日本に導入され始めた早い時期から日本語の漢字言葉として使用されて、仮名言葉で訓読されたと推測されます。

引き続いて「こうした単語は『借用語』といっ

て、言語の系統関係とは切り離さなければならない」とありますが、借用語というのは漢字言葉のことですから、少し論点がずれているのではないかと思われます。なぜならば、シナ語と日本語との関係問題は、漢字言葉の問題ではなくて仮名言葉の問題だからです。万葉集の最初の歌についていうならば、岳、菜、児、家、山、国、吾、名などの漢字言葉の問題ではなくて、「おか」「な」「こ」「いえ」「やま」「くに」「われ」「な」などの仮名言葉の問題なのです。日本語には、シナ語から導入された「漢字言葉」と日本語としてつくられた「仮名言葉」とがありますが、漢字言葉はシナから導入されたものなのでシナ語と関係が深いのは自明のことであり、仮名言葉、つまり、純粋な日本語と称される大和言葉が漢字といかなる関係にあるかということこそが問題なのです。つまり、遠い古代において日本語がどこからきたとしても、それは音声言葉であった原日本語になっているので、そのことは問題ではなく、万葉集、古事記、日本書紀などに記述された古代日本語としての仮名言葉は、音声言葉であった原日本語が文字化されたものなのかどうか、それとも他の方法で調達されたものなのかについてこそが先ずは究明されるべきことなのです。このことを明らかにせずに、「日本語の起源」、つまり、「日本語はどこからきたか」を論じてもなんの価値もないと思われます。

また、「シナ語の単語」というのは漢字言葉であり、「日本語」というのは仮名言葉のことですが、仮名言葉について、どこからきたのか、どんな言葉であるかについて言及されていません。つまり、仮名言葉は、音声言葉であった原日本語が文字化されたものなのかどうかについて言及されていないのです。この種の話は、そのことについて一通り言及してからのものにすべきものと思われるのです。

また、ラジオ・レコード・トラック・ジュースなどのヨーロッパ語は、現在ではまだ少ないからいいようなものの、半数近く、或いは、それ以上にでもなれば、言葉の基本は語彙ですから、文体は異なるとしても日本語はヨーロッパ語と新しい親戚関係に入ったと考えるべきものです。つまり、ヨーロッパ語との混雑語になったと見做すべきものです。親戚関係というのは、婚姻によっても変化するのです。

その八十八頁には、次のように書いてあります。「シナ語がいくら日本語に入っていても、借り入れ語にすぎず、シナ語と日本語とは、同系とはいわない。他に構造上の問題があるのである」。

この言説は可笑しい。なぜならば、「借り入れ語」というのはシナ語、つまり、漢語から導入された漢字言葉のことですが、同系関係は漢字言葉を借り入れたことではなく、漢字と日本語の仮名言葉とがいかなる関係にあるかということについてこそ論じられるべき問題だからです。シナ語は漢字言葉ですが、それを導入して日本の漢字言葉にしている訳ですから、このことに限っていえば、借入語であろうがどうであろうが、同じものを使っている限り同系とはいわないとしても深い関係にあるというべきものです。上述したように、問題は、漢字と仮名言葉の関係、つまり、漢字と「純粋な日本語」とされる大和言葉との関係がどうなのかということです。シナ語と日本語との関係を云々するときは、このことこそが最も肝心なことです。

構造上の問題というのは、シナ語のＳＶＯ型と日本語のＳＯＶ型の文体のことと思われますが、文体は、確かにシナ語と日本語では異なっています。しかしながら、シナ語と日本語との関係問題は、構造上の問題などではなくて、上述したように漢字と仮名言葉の関係がどうなのかということなのです。具体的には、日本語の仮名言葉は音声言葉であった原日本語が文字化されたものなのか、或いは、漢語漢字からつくられたものなのかということです。

その一〇二頁には、次のように書いてあります。「古代シナ語から日本語の基本語の中に入った単語がありはしないかという研究がいくつか行われてもいるが、確実だと思われるものはない」。

ここで、なにをいいたいのかよく分かりませんが、この場合の日本語というのが漢字言葉のことであるならば、シナ語の単語は漢字言葉ですから、日本語の基本語の中にたくさん入っています。仮名言葉のことであるならば、シナ語の単語が入っているかどうかの議論は殆んど無意味です。なぜならば、シナ語は漢字言葉であり、純粋な日本語とされる大和言葉は仮名言葉だからです。漢字言葉と仮名言葉とは同じではないので、研究などしなくても「入っている」筈がありません。

その一八八頁には、次のように書いてあります。「朝鮮語との文化的交渉のはげしくなった弥生時代以後、朝鮮以外に日本語の語彙に大きい影響を与えたのはシナ語である。シナ語以外に、こうした基本的な単語についてまで日本に入り込んで来た言語はない。しかし今問題になっている単語は、まったくシナ語ではない。してみれば、これらの人体語は何処から何時、きたものであろうか」。

朝鮮語が日本語の語彙に大きい影響を与えたとありますが、そうとはぜんぜん思われません。朝鮮語と日本語とは、漢字を通じてのもの以外は殆んど関係がないのです。また、「今問題となっている」人体語としての単語には、テ(手)・カホ(顔)・ヒタヒ(額)・マ(目)・シタ(舌)・ワタ(腸)・キモ(肝)・ヘソ(臍)・カラダ(体)の九語が挙げられています。しかしながら、これらの人体語に限らず、すべての人体語は「何処から何時」きたものでもなく、その多くは人体に関するシナ語(漢語)を「説明」或いは「解釈」する日本語の仮名言葉として、漢字のもつ音声と意味という二つの機能を利用して日本人によりつくられたものです。それは、本書前編の「人体語源」で示したとおりです。

日本語には漢字言葉と仮名言葉とがありますが、漢字言葉はシナ語からの借用語なので、日本語の起源や類縁関係の話をするときの日本語とは、純粋な日本語とされる仮名言葉のことでなければなりません。

結局のところ、この本には、漢字言葉についてシナ語からの借用語に過ぎないのだから、シナ語と日本語との間には親戚関係はないと書いてあるのです。しかしながら、この言説は可笑しい。なぜならば、先ず、借用語であろうがなんであろうが、日本の言語・国語学界では親戚とはいわないとしても、同じものを使っている限りシナ語と漢字言葉は極めて近い関係にあると見做すべきものだからです。

次に、漢字言葉は借用語であるとしても、仮名言葉は借用語ではないのだから、シナ語と日本語の仮名言葉とは関係がないことにはならないのです。この本では、漢字言葉と仮名言葉とを「ごちゃ混ぜ」にした話になっています。シナ語と日本語との関係の問題は、漢字言葉が借用語であるかどうかにはまったく関係なくて、**「日本語の仮名言葉は漢語漢字といかなる関係にあるか」**ということにあるのです。

日本語の起源や由来については、ヨーロッパから伝来の言語系統論がもてはやされていますが、それとはまったく関係ないのです。なぜならば、日本語は伝来したものではなく造作されたものと思われるからです。日本語の起源や由来の問題は、古代日本語は①「音声言葉であった原日本語が文字化されたものなのか」、或いは、②「漢字を素材としてつくられたものなのか」のどちらなのかということなのです。①については、原日本語は音声言葉だったので消えてしまってなにも残存しておらず証明することは困難といえます。しかしながら、②を証明することによって①もまた証明できるのです。つまり、仮名言葉である古代日本語の意味が漢字で解読できれば古代日本語は漢字からつくられていることになり、解読できなければ原日本語が文字化されたものかも知れないことになるのです。前者であれば後者ではなくなり、後者であれば前者ではなくなります。本書では、古代日本語は①と②との混雑語とは考えていません。なぜならば、殆んどの古代日本語は漢字からその意味を解読できるからであり、また、その後も現代に至るまで多くの仮名言葉、つまり、純粋な日本語とされる大和言葉が漢字からつくられ続けてきたからです。

その一九八頁には、次のように書いてあります。「**日本語のアルタイ化の時期**　では何時ごろ日本語は、アルタイ語系化したものであろうか。朝鮮からの新しい言語が、日本人の文法体系を、アルタイ系化してしまったのは、西暦紀元三世紀より以前である。何故なら、三世紀の著作である、かの有名な『魏志倭人伝』に現われてくる一字一音の人名や役人の名は、不明のものもあるけれども、すでにアルタイ系の語順をもち、奈良時代（八世紀）の日本語の文法と語彙とをもって、十分理解できるものが少なくないからである。彦《ひこ》・伴《とも》・姫子《ひめこ》・夷守《ひなもり》・中臣《なかとみ》などと解される、それらの例は、形容詞の位置から見ても、単語の意味から見ても、インドシナ語系やシナ語系の言語では決してない。すでにアルタイ系の文法的構造を十分に示している。だから日本民族は、弥生式時代の始まった西暦紀元前三百年から、紀元後三百年の間に、言語的にも大転換を行ったのである」。

ここには納得しにくいことが書いてあります。先ず、「朝鮮からの新しい言語が、日本人の文法体系を、アルタイ系化してしまった」とありますが、朝鮮からの新しい言語が日本にきている確たる証拠はなく、日本語がアルタイ系化してしまった証拠もまったくありません。なぜならば、そもそも原日本語は音声言葉だったので消失してしまって何も残存していないので、どんなものであったかも分からないのだから、そんなことはいえないからです。次に、「魏志倭人伝」はシナの文献ですから、シナ語の漢文であることは明らかなので、「アルタイ系の文法的構造を十分に示している」筈がないのです。更に、「西暦紀元前三百年から、紀元後三百年の間に、言語的にも大転換を行った」とありますが、その証拠はこれまた微塵もないのであり、むしろこの時期は日本人が漢字を導入して日本語をつくり始めていた時期と考えるべきだと思われます。

総じて、学者による日本語の起源説や由来説は近隣の他地域から伝来したのではないかという観点からのみ追求されているのであって、**「日本語は日本人自身がつくった言語であるとの視点がまったく欠けている」**のです。極めて僭越ながら忌憚なくいうならば、正直いって、この本は日本語の本質というか、日本語の正体を隠蔽するために書かれたのではないかとの疑いさえ持たれかねないものになっています。

もう一つの本は、「漢字と日本人」（東京大学大学院修了、中国語学・中国文学専攻、高島俊男著・文藝春秋。平成十三年初版第一刷・平成十四年第一〇刷）という本です。この本も、かなり、読まれているようです。

その十五頁には、次のように書いてあります。

「漢字がはいってくるよりずっと前からこの日本列島に人は住んでいて、その人々の話していることば、それはすなわちわれわれがいましゃべっていることばの祖先にあたるわけだが、それはあった。あたりまえです。しかし、それを表記する文字はなかった、ということです」。

ここで疑問なのは、「その人々の話していることば、それはすなわちわれわれがいましゃべっていることばの祖先にあたる」という部分です。原日本語は音声言葉だったので、消失してしまってどんな言葉だったかぜんぜん分からない筈なのです。つまり、われわれがいましゃべっている言葉は、音声言葉であった原日本語が文字化されたものかどうか分からないので、必ずしも祖先にあたるかどうかもまた分からない筈なのです。したがって、この種の話は原日本語は文字化されて古代日本語になっているのかどうかをはっきりさせた上での言説にすべきものです。

その十八頁には、次のように書いてあります。

「日本人が漢字をもちいるようになり、現在ももちいていることから、漢語と日本語とは同系統の言語であるように思っている人がある。しかしそれはまちがいである。漢語と日本語とはもともとまったく別個にうまれた言語であって、類縁関係はない」。

日本語には、漢字言葉と仮名言葉とがありますが、漢字言葉は同じものを使っている限り同系統の言語と見做すべきものです。別個に生まれた言語とは仮名言葉のことと思われますが、それはどのようにして生まれたどのような言葉なのかについてはなにも書いてありません。類縁関係が「あるとかないとか」というのは、そのことを明確にしてから論ずべきものです。また、「別個に生まれた言語」であっても、一概に類縁関係はないとはいえません。なぜならば、日本語としての仮名言葉、つまり、純粋な日本語とされる大和言葉は、主として漢字を対象としてつくられたものであり、漢字を素材としてその音声と意味を利用してつくられていることは、殆んど確実であると思われるからです。

その二〇頁には、次のように書いてあります。

「漢語は『支那西蔵語族』に属し、チベット語、タイ語、ビルマ語などと系統を同じくする。日本語はこの語族と無縁である。日本語の系統はまだわかっていない。今後も、わかる見こみはまずないでしょうね。要するに日本語は、地球上どこにも親戚のいない、孤立無縁（無援じゃなくてね）

のことばである」。

日本語は、漢字言葉と仮名言葉から成り立っていますが、漢字言葉は漢語から導入して日本語としたものであることは明確であり、他方の仮名言葉はどのようにしてつくられた、いかなるものであるかこそが問題なのです。ここで、「日本語は、地球上どこにも親戚のいない、孤立無縁のことばである」と断言されていますが、なぜ断言できるのでしょうか。それは、日本語の仮名言葉は「漢語漢字を素材としてその音声と意味を利用してつくられた言葉」なので、地球上のどこにも親戚のいない孤立無縁の言葉だからです。今でも、日本の言語・国語学界では明らかにされていませんが、この本の著者が漏らしたように、日本語はどこからきたものでもない「孤立無縁の言葉である」ことは、すでに分かっていることなのです。

その二十三頁には、次のように書いてあります。「日本が中国から漢字をもらったことをもって、恩恵をうけた、すなわち日本語にとって好運なことであったと考える人があるが、それもまちがいである。それは日本語にとって不幸なことであった。なぜ不幸であったか。第一に、日本語の発達がとまってしまった。当時の日本語はまだ幼稚な段階にあった。例えば、具体的なものをさすことばはあったが、抽象的なものをさすことばはまだほとんどなかった。個別のものをさすことばはあったが、概括することばはなかった。それはこういうことだ。『雨』とか『雪』とか『風』とか、或いは『あつい』とか『さむい』とかの、目に見え体で感じるものをさす。或いは身体的な感覚をあらわすことばはある。しかし『天気』とか『気象』とかの、それらを概括する抽象的なことばはない。われわれはいま『お天気』ということばをごく日常にもちいているが、この『天気』という語も本来の日本語ではない。これも、概括的、抽象的なことばなのである。同様に『春』『夏』『秋』『冬』はある。しかしそれらを抽象した『季節』はない」。

ここに書いてあることは可笑しいというよりも滅茶苦茶といえます。なぜならば、そもそもなんについての話なのかはっきりしないからです。つまり、音声言葉であった原日本語についての話なのか、文字言葉である古代日本語についての話なのかはっきりしないのですが、「漢字を貰ったことによって、発達がとまってしまった」とか「まだ幼稚な段階にあった」というのですから、音声言葉であった原日本語についての話らしいということになります。しかしながら、原日本語は音声言葉ですから、消失してしまってなにも残っていないので、文字化されない限りなにも分からない筈なのです。ということは、この本に書いてあることは、原日本語は文字化されて古代日本語になっているとの前提に立っての話のようです。

にもかかわらず、原日本語が文字化された証拠はまったくないのであり、したがって、原日本語が文字化されたかどうかはまったく分からないのです。本書では、原日本語は文字化されなかったのであり、したがって、現在まで残存している原日本語は存在しないと考えています。

このことを踏まえた上で、この本を更に読み進めてみます。第一に、漢字の導入によって日本が大きな恩恵を受けたことは明らかです。先ずは漢字言葉を導入して日本語の漢字言葉としたし、導入した漢字から仮名言葉、つまり、純粋な日本語とされる大和言葉をつくっています。更に、漢字から日本文字としての平仮名と片仮名をつくっています。そして、これらの漢字言葉と仮名言葉を使用して、万葉集、古事記、日本書紀などが書かれ、平仮名と片仮名とがつくられてからはそれらの使用を加えて古今和歌集、竹取物語、源氏物語、枕草子その他の多くの優れた作品がつくられ、後世の今日まで残されています。漢字が導入される前の原日本語は音声言葉だったので、消失してしまって、どのような言葉だったのか、どの程度の発達段階にあったのかなどもまったく分からない筈なのに、「日本語の発達がとまってしまった」

とは一体どういうことなのでしょうか。ここでのこの本の言説は、原日本語は文字化されて古代日本語になったものの如くに書いてあります。でなければ、このような言説はできないからです。

第二に、この本では、漢字が導入される前の音声言葉であった原日本語はどのようなものであったかについての言及がありません。つまり、「発達がとまってしまった」といっても、その音声言葉がどのような発達段階にあったのか分からない筈なのです。また、漢字の導入後に文字化されたのかどうかも分からない。したがって、先ずはそのことを、はっきりさせてからの話にすべきなのです。

第三に、漢字がないのなら、音声言葉ならともかく、雨、雪、風などの漢字言葉自体がある筈がないのであり、春、夏、秋、冬についても同じことがいえます。また、平仮名や片仮名は漢字からつくられたので、漢字がなければ平仮名や片仮名もある筈がなく、したがって、「あつい」とか「さむい」とかの文字言葉もまたある筈がないのです。

第四に、「具体的なものをさすことばはあった」とか「個別のものをさすことばはあった」ということですが、もしそうだとしても、原日本語は音声言葉だったので消失してしまって、どんなものであったか分からない筈なのです。それとも、文字化されてはいなくても、アメ、ユキ、カゼとか、ハル、ナツ、アキ、フユとかの二音節語、「あつい」「さむい」とかの三音節語が音声言葉として存在していたのであり、そのことを証明できるとでもいうのでしょうか。

第五に、それらの具体的、個別的な言葉が原日本語に音声言葉として存在していたとしても、それが漢字導入後に文字化されたのかどうかについての言及がありません。しかしながら、そのことは極めて大事なことなので、明確に言及すべきことです。

第六に、漢字が導入されていなければ、漢字はもちろんのこと、平仮名も片仮名もない訳ですから、どのようにして言葉を保存したというのでしょうか。日本人は、漢字からつくった平仮名や片仮名でない日本文字をつくって保存したとでもいうのでしょうか。

第七に、普通には、文字で書いた文章を読んで、或いは、文字で書いた文章を頭の中で思い浮かべて思考を深めるのに、文字がないのにどうして思考を深めて「天気」「気象」「季節」などの高度な抽象語をつくり得たというのでしょうか。

第八に、漢字が導入されなければ、アメ、カゼ、ユキとか、ハル、ナツ、アキ、フユとか「あつい」や「さむい」とかの仮名言葉の延長上に、漢字言葉である「天気」「気象」「季節」などの抽象語が発達していったかの如くに書いてあります。しかしながら、漢字がないのだからそのような漢字抽象語ができる筈がないのです。したがって、このような説明もまた矛盾していて極めて可笑しいといえます。世界中で、文字のない言葉で、発達した言語などは存在しません。人間は知能が発達しているといっても限界があるのです。漢字が導入されていなかったら、日本人はなにを素材にして日本語としての言葉をつくり発達させたというのでしょうか。

東南アジアでは、九世紀にウイグル文字、十世紀に契丹文字、十一世紀に西夏文字、十二世紀に女真文字、十三世紀にパスパ文字（元代の蒙古文字）、十五世紀の朝鮮では日本語の平仮名や片仮名よりも複雑な音声文字であるハングル文字がつくられています。日本人は漢字から**「日本文字」**として**平仮名**と**片仮名**という音声文字をつくっていますが、上述した他言語と比較すると、この仮名文字は極めて簡単で分かり易いものです。話者の多さもさることながら、この平仮名と片仮名の存在は、日本語が世界の十大言語の一つとされる根拠にもなっています。

ちなみに、ここにでているアメ、カゼ、ユキとか、ハル、ナツ、アキ、フユとか、「あつい」「さむい」の語源に触れますと、ハル、ナツ、アキ、フユは拙著の「草木名の語源」で叙述しているので、ここでは名詞のアメ、カゼ、ユキと、形容詞の「あつい」「さむい」の語源に言及しておきます。

アメ（雨）の語源：古代人が、雨にアメの読みを付けたときに、たぶん、なぜ、天空から降ってくるのだろうかと考えた筈です。そのときに、天空に水桶か水溜り、或いは、池か湖があって、そこから溢れでてきたものが雨であると推測したであろうことは充分に想像されます。一音節読みで、盎はアンと読み、程度が甚だしいことを表現するときに「とても、非常に、著しく」などの意味で使われます。沔はミィエンと読み「水が溢《あふ》れでる」の意味です。つまり、アメとは、**盎沔**の多少の訛り読みであり、直訳すると「著しく水が溢れでた(もの)」、少し表現を変えると**「大量の溢れでた水」**の意味になり、これがこの言葉の語源と思われます。

なお、天の字はアメとも読みますが、同じ音声でも意味が異なり、雨とは同音異義語になっています。ちなみに、天の語源をいいますと、アについては上述しました。美はメイと読み「美しい」の意味です。つまり、天の読みであるアメは**盎美**であり**「とても美しい（所）」**の意味になり、これがこの言葉の語源と思われます。また、天をアマと読むときは、曼はマンと読み「美しい」の意味なので**盎曼**になり、盎美と同じ意味になります。したがって、誰もが死後に天国へ行きたがるのです。

広辞苑の編者であり語源学者を自称している新村出は、「言葉の今昔」（河出新書）という著書の中で、雨《アメ》と天《アメ》の語源のことについて、次のように述べています。

「国語で天のことを『アメ』あるいは『アマ』といっていた。天から降る水をアメ（雨）という。そのアメは天から天下る水であるから、rain の雨は heaven が語源になるということは、常識的にすぐ推察することができる」。

しかしながら、rain のアメと heaven のアメとは意味が異なるのであり、rain のアメの語源が heaven のアメであるとは到底思われません。

カゼ（風）の語源：カゼは漢字で風と書き、「空気の流れ」のことをいいます。その流れは、気温の変化などによって起こる気圧の変化によって生じます。一音節読みで、颳はクワと読み「吹く、風が吹く」の意味、躦はズェンと読み「速く移動する」の意味があります。つまり、カゼは**颳躦**（クワ・ズェン）の多少の訛り読みであり、直訳すると「吹いて、速く移動する（もの）」ですが、順序を入れ替えていうと**「速く移動して吹く（もの）」**の意味になり、これがこの言葉の語源です。

ユキ（雪）の語源：ユキ（雪）を顕微鏡で拡大して見ると、星状、針状、角板状、角柱状などの、実に繊細で美しい様々な珍しい形状をしています。ユキという言葉は、すでに奈良時代にはできていて、万葉集に「由吉」や「由企」と書いて詠われています。

・わが園《その》に梅の花散るひさかたの
天《あめ》より由吉《ゆき》の流れくるかも（万葉８２２）
・梅の花散らくは何処《いずく》しかすがに
此の城《き》の山に由企《ゆき》は降りつつ（万葉８２３）

一音節読みで、玉はユと読み「美しい」の意味、瑰はキと読み「美しい、珍しい、美しくて珍しい」などの意味があります。つまり、ユキは、**玉瑰**の読みであり直訳すると**「美しい珍しい（もの）」**の意味になり、これがこの言葉の語源と思われます。上述の万葉集でも、「梅の花が散っているが」それは「雪が降っているのではないか」と詠われているように、この時代には雪は「美しい白い花」とも見做されていたことが窺われます。

アツイ（暑い）の語源：一音節読みで、盎はアンと読み、程度が甚だしいことを表現するときに、通常は「とても、非常に、著しく」などの意味で使われます。毒はツやトと聴きなせるように読み「熱い」の意味があり、漢語では毒日頭《ツリトウ》は「強烈な熱い太陽」、毒花花《ツホアホア》は「陽光の熱さが強烈である」の意味とされています。矣はイと読み、接尾助詞ともいうべきもので、日本語では形容詞終止形の活用語尾として使われ、俳句などでは「かな」と読まれたりしています。つまり、**アツイ**は、**盎毒矣**の多少の訛り読みであり直訳すると「とても熱い」ですが、気温の程度をいうときは熱の代わりに暑を使うので**「とても暑い」**の意味になり、これがこの言葉の語源です。

サムイ（寒い）の語源：一音節読みで、凄はツアンと読み、名詞では「寒さ、冷たさ、寒冷」、形容詞では「寒い、冷たい、寒冷な」などの意味があります。この意味は、なぜか日中辞典や漢和辞典には記述されていません。「英語は英英辞典、漢語は漢漢辞典を見よ」という所以はその点にあります。募はムと読み「募《つの》る」の意味があります。つまり、**サムイ**は、**凄募矣**の多少の訛り読みであり直訳すると「寒さが募る」の意味ですが、寒さが募ると一層寒いので、形容詞にすると**「寒い」**になり、これがこの言葉の語源です。

その二十八頁には、次のように書いてあります。

「漢語と日本語とがあまりにかけへだたっていたために、日本語を漢字で書く、ということには、非常な困難と混乱がともなった。その困難と混乱とは、千数百年後のこんにちもまだつづいている。そんな不便な文字を、なぜ日本人は採用したのか。もし、漢字と同時にアルファベット文字が日本にはいってきていたら、日本人は、考慮の余地なくアルファベットを採用していたろう。しかしその時、日本人にとって、漢字はこの世界で唯一の文字だったのである。これ以外に別な文字も有り得る、とは、当時の日本人には思いもよらないことであった」。

「漢語と日本語とがあまりにかけへだたっていた」とありますが、「あまりにかけへだたっている」

とはぜんぜん思われません。なぜならば、日本語とは仮名言葉のことと思われますが、たぶん、それは漢語漢字を素材としてその音声と意味を利用してつくられているからです。それに、標準的な日本文は「漢字仮名交じり文」として、漢字と仮名とが実にしっくりと適合しています。この本にしても、不便な文字というのならば使わなければいいのに、三分の一程度は漢字が使われているのは適合している証拠といえます。

「日本語を漢字で書く、ということには、非常な困難と混乱がともなった」とありますが、具体的には、いつどんな困難と混乱がともなったのでしょうか。そして「こんにちもまだつづいている」困難と混乱とはどんなものでしょうか。正直いって、困難と混乱を感じている日本人はさほどいないのではないでしょうか。

一般的に、世界中の文字や言語で、困難と混乱が伴っていないものなどは存在しないのです。「漢字と同時にアルファベット文字が日本には入ってきていたら」、なぜ、「日本人は、考慮の余地なくアルファベットを採用していた」のでしょうか。その理由はなんなのでしょうか。アルファベット文字の言語もまた極めて難しいのです。そんなものを簡単に採用したとは思われません。シナの文献からみて、漢字が日本に知られたと思われる紀元一世紀頃は、ヨーロッパ世界はローマ帝国の時代であり、アルファベット文字の言語には大きく分けて難解なギリシア語、ラテン語、ゲルマン語などがあったのですが、日本人はそのどれを採用したというのでしょうか。そして、後世において、アルファベット文字を使ってヨーロッパ諸国が自国語をつくったように日本語をつくったとでもいうのでしょうか。この本の著者は紀元一世紀頃、或いはそれ以降のヨーロッパのアルファベット文字の言語はどのようなものであり、どのように変遷したかをご存知なのでしょうか。

「漢字と同時にアルファベット文字が日本にはいってきた」としても「考慮の余地なくアルファ

ベットを採用していた」ことなど到底考えられないことです。なぜならば、ヨーロッパ世界と接していた当時のアラブ世界がアルファベット文字には見向きもしていないし、ヨーロッパ世界と同じインドヨーロッパ語族に属するとされるインドでさえも見向きもしていないからです。また東アジアや東南アジアの国々でアルファベット文字を採用した国は存在しません。

その三十八頁には、次のように書いてあります。「漢語というのはおもしろいことばで、単語はすべて一音節なのだが、それが二つあつまって二音節のかたまりになって安定する。だから『学校』とか『教育』とかいったふうな二音の（したがって二文字の）くみあわせ語が非常に多いのです。であるから、おなじような意味の単語を二つならべたことばが多い。ものすごく多い。それがそのまま日本にはいってきて日本人に負担をかけてきた。いまもかけつづけている。中略。もともと日本語にはおなじような意味の語をかさねないと安定しないというような性格はないのに、漢字ではそうだから、文字はなんでも二つ以上おぼえなきゃならない。無駄な労力みたいなものです。中略。いろんなくみあわせがあるのだが、この種のものが日本人にとっては一番無駄な労力だと申しておるのです」。

「もともと日本語」とは、どんな日本語のことをいうのでしょうか。大昔の音声言葉であった原日本語が文字化されて古代日本語になったものとでもいうのでしょうか。しかしながら、原日本語は音声言葉だったので消失してしまってなにも残っていないので、つまり、原日本語は文字言葉である古代日本語になって残存してはいないので、どんな言葉だったかまったく分からないのです。したがって、原日本語について「おなじような意味の語をかさねないと安定しないというような性格はない」などとはいえない筈なのです。

日本語には、漢字言葉と仮名言葉とがあるので、漢字の組み合わせ語を負担だと思う人は使わずに仮名言葉だけを使えばよいのです。普通には、同じ意味の漢字を組み合わせても少しも負担でないどころか簡潔で締まりのある言葉になっていいます。「学校」とか「教育」とかいうふうな二音節になる漢字の組み合わせ語が負担だと思う人は「まなぶところ」とか「おしえそだてること」といえばよいのです。ただ、見た一瞬では分かりにくい間延びした言葉になり、かえって負担になるのではないでしょうか。シナ人は全部漢字を使っていいます。朝鮮人は、日本の平仮名や片仮名よりもはるかに複雑な音声文字であるハングル文字を使っていいます。なぜ、日本人だけが、そんなに簡単な文字を使わなければならないのでしょうか。なんどもいうようですが、世界中の文明国に簡単な文字言葉などというものは存在しないのです。

その五十六頁には、次のように書いてあります。

「さきにも言ったように、いまから千数百年前の日本にアルファベット式の文字がはいってきていたら日本人はもうすこししあわせだったのだが、そうは問屋がおろさなかった。文字はあとにもさきにも漢字しかなかった。語が変化しない言語のためにつくられた文字を変化する言語に適用するには、相当めんどうな加工が必要であった」。

なぜ、「アルファベット式の文字がはいってきていたら日本人はもうすこししあわせだった」のでしょうか。もし、這入《はい》って来ても、日本人は見向きもしなかったと思われます。なぜならば、歴史的な文化・文明の素地はない上に、アルファベット文字だけが這入って来ても言葉ではないのでなんにもならないし、近隣にも教えてくれる人はいないのだからどんな意味だかぜんぜん分からないので、これまたなんにもならないからです。幸せどころか、大変な苦労をしたと思われます。アルファベット文字を使う人たちはヨーロッパにしかいなかったのです。文字は、文化・文明の産物なので、その地域の文化・文明と深く結びついてできている言葉が多いのでありそんなに簡単なものではないのです。しかも古いアルファベット文字の言葉であるギリシア語、ラテン語、ゲルマン語の言葉は、極めて難解なものだったとされています。

「相当めんどうな加工」とは、なんのことを指すのでしょうか。日本語には漢字言葉と仮名言葉とがありますが、漢字言葉には音読と訓読があり、音読は漢語読みに準じて読み、訓読は日本語の仮名言葉で読むに過ぎないのであって、めんどうな加工はなにもされていません。

例えば、名詞の山河は、音読でサンガ訓読でヤマカワ、泥沼は、音読でデイショウ訓読でドロヌマと読むに過ぎません。

動詞や形容詞の活用のことであれば、それは、日本語の活用のことであって、漢字と活用とは関係のないことです。例えば、日本語の動詞のアルク、ハシル、形容詞のウツクシイ、メズラシイは純粋な日本語とされる仮名言葉ですが活用があります。漢字を使って、歩ク、走ル、美シイ、珍シイとも書きます。この場合も、純粋な日本語とされる仮名言葉に漢字を当てはめているに過ぎないのであって、めんどうな加工はなにもされていません。これらの仮名言葉は、それだけでも使えるのであり、漢字は使わなくてもよいのです。ただ、文章を素早く正確に把握し理解するうえで、漢字も使った方が極めて効率的であり便利だから使われているのです。

その六十三頁には、次のように書いてあります。

「世のなかの様相のことを『世《よ》の相《さが》』と言うが、こういうのはほとんど和語あつかいである。呉音以前の音はたいていこの『さが』のように完全に日本語にとけこんでしまっている。馬《うま》、梅《うめ》、銭《ぜに》、竹《たけ》のように」。

この本では、「さが（相）」は漢語であり呉音以前の音とされていますが、二音節語なので漢語ではなくて日本語の訓読言葉であり、「うま」「うめ」

「ぜに」「たけ」も漢語漢字の音読ではなくて日本語の訓読言葉であることに間違いありません。

その語源についていいますと、「うま（馬）」の語源は拙著の「獣名源」、「うめ（梅）」と「たけ（竹）」の語源は拙著の「草木名の語源」で説明しているので、ここでは「さが（相）」と「ぜに（銭）」だけの語源を説明します。

先ず、**「サガ」の語源**についていいますと、一音節読みで相はシャン、観はグァンと読み、漢和辞典をひもといて頂くとお分かりのように、名詞では共に「様相、有様、様子」などの意味があります。つまり、サガ（相）は**相観**の多少の訛り読みであり**「様相、有様、様子」**などの意味になり、これがこの言葉の語源です。

次に、**「ゼニ」の語源**についていいますと、弥は、一音節読みでゼンと読み、和同開弥《わどうかいちん》という八世紀頃に日本で始めて流通したとされる銅製貨幣の名称で使われている字ですが、名詞では「貨幣、貴重なもの」、形容詞では①貴重な（precious）、②珍重な（valuable）、③珍奇美麗な（rare and beautiful）、④精美な（fine）、などの意味があります。旋はニと読み「美しい」の意味がありますが、敷衍して「良好な、素晴らしい」の意味があります。つまり、ゼニ（銭）は、**弥旋**の多少の訛り読みであり直訳すると**「貴重で素晴らしい（もの）」**の意味になり、これがこの言葉の語源です。一般的に、ゼニ（銭）というのはそういうものなのです。

なお、銭はチィエンと読むのですが、「漢字の過去と未来」（藤堂明保著・岩波新書）という本の一三六頁には、「銭《ゼニ》（dzen のなまり）」と書いてあります。ただ、銭は漢語でも日本語の音読でも dzen とは読まないのですが、たとえゼン（dzen）と読んでそれが訛ったとしても、一音節語のゼン（銭）が二音節語のゼニ（弥旋）にまでなるとは思われません。つまり、ゼニの語源は銭の訛り読みとは思われないのです。

その七十五頁には、次のように書いてあります。「漢字を、その意味によって直接日本語で読むことにした。例えば『山』という字、これを音でサン（或いはセン）とよんでいたのであるが、この字のさすものは日本語の『やま』に相当することあきらかであるから、この『山』という漢字を直接『やま』とよむことにしたのである。これは相当奇抜な所業であり、また一大飛躍であった」。

ここでは、漢字が導入される前に、原日本語としての「やま」という音声言葉がすでに存在していたかの如くに書いてありますが、そのような証拠はまったくどこにもありません。つまり、書いてあることとは逆であって、「山」という漢字に対して「ヤマ」という日本語としての仮名言葉がつくられたのです。「ヤマ」の語源については本書の二十一頁に記載してあります。

その七十六頁には、次のように書いてあります。「『訓《くん》』というのは、『その字の解釈、意味』ということである。その『訓』は『日本語による意味説明』なのであるから、かならず和語、すなわち本来の日本語である。『訓』がいつごろできたものか、古いことなのでわからない。万葉集では訓を自由自在につかいこなしており、優に百年や二百年、或いはそれ以上の経験の蓄積があることを思わせる。無論いっときにできたのではなく、長いあいだにぼつぼつできてきたにちがいない」。

訓について、「いつごろできたものか、古いことなのでわからない」というよりも、漢字を訓読するときの訓読言葉は仮名言葉であり、仮名言葉ということとは純粋な日本語ということですから、訓は漢字導入後に、漢字から日本語がつくられ始めた最初の頃から徐々につくられて蓄積され存在したと思われるのです。なぜならば、漢字を純粋な日本語である仮名言葉で読むこと、つまり、訓読することが企画され、それが実行されてきたからです。

その九十六頁には、次のように書いてあります。「自然発生的にかながができてカタカナ系統とひらがな系統にわかれたが、これが日本語の文書を書く正規の文字としてその地位を確立したというわけではない。かなはやはり『假字』『假名』、かりそめのまにあわせの、本式でない文字であった。かなに対して漢字を『まな』(真字、真名)と言う。ほんとうの字の意である。われわれが子どものころでも、漢字のことを『本字《ほんじ》』と言う人がまだあった。漢字にくらべて、かなは格段に地位がひくかったのである」。

この本におけるだけでなく、「かなは『假字』『假名』、かりそめのまにあわせの、本式でない文字であった。漢字を『真名』といいほんとうの字の意である」という理解の仕方は、やや問題があるのではないかと思われます。なぜならば、仮名とは仮借文字という意味であって、仮名という言葉の字義についての正しい理解もさることながら、平仮名や片仮名は平安時代につくられて以来、延々と現在まで使い続けられているのであり、決して「かりそめの、まにあわせの、本式でない」文字ではなくむしろ本字というべきものだからです。絵文字↓象形文字↓表意文字↓表音文字という文字発達の変遷の流れからすれば、日本語としては、平仮名や片仮名こそが本字というべきものです。仮名のほんとうの正しい意味については、本書の「仮名と真名」の欄で紹介しています。

その一一八頁には、次のように書いてあります。「前に言ったように、漢語漢字がはいってきて和語は成長がとまってしまったから、ある程度以上のこと(例えば『学問』『文字』)は漢語でいうほかないのである」。

漢語漢字が這入って来る前の言葉は音声言葉だったので、文字化されないで消失してしまったと思われることから、どんな言葉だったか皆目分からないのです。「成長がとまってしまった」といってもその時点での和語はどのようなものであったかについて言及がない。ということは、分からないということです。そんなものに「成長がとまってしまった」などというのは可笑しい。それに、音声言葉がいくら成長してもなんにもならないのです。なぜならば、文字がないので記録できなくて消失してしまい残存しないからです。そもそも、文字を導入しなくても成長する言語ならば、漢字は導入する必要もないので、導入しなかったかも知れないのです。つまり、文字のない言語は成長しないのです。

その一七七頁には、次のように書いてあります。
「もともと日本人にとって漢字は借りものであり、日本語とあわなくて苦労しているのである」。

ここでの日本語とは、なんのことをいうのでしょうか。仮名言葉のことならば、それと漢字が合わなくて苦労している人はいないと思いますが、もし、いるとすればその人は漢字を使わなければよいのです。

漢字は「借りもの」で返却しなければならないものではなく、日本に導入して日本語の漢字言葉として使っているものであり、仮名言葉、つまり、日本語は漢字を素材としてできているのは確かです。したがって、漢字と日本語とはよく合うから、おおよそ千数百年もの間ずっと使われているのです。それに、「日本語とあわなくて」ということは、「漢字と仮名言葉とが合わなくて」ということになりますが、それで苦労している日本人なんていないのです。漢字が日本語と合わないと思う人は漢字も漢字言葉も使わず、仮名言葉だけを使えばよいのであり、現に、朝鮮人は日本の平仮名や片仮名に相当するハングル文字だけを使っています。つまり、朝鮮人のように仮名言葉だけにすればよいのです。しかしながら、そのような日本人は殆んどいません。なぜ、日本では「漢字仮名交じり文」になっているかというと、漢字は完全な日本語になっているし、平仮名や片仮名は漢字からつくられた文字であるし、仮名言葉は漢字を素材としてつくられていることは間違いないと思われることから、漢字言葉と仮名言葉はよく合うので、両者を併せて使った方が分かり易く便利だからです。

その一八七頁には、次のように書いてあります。『支那文字』というと、支那でできた支那語のための文字であることがだれにもあきらかであり、性格のことなる日本語を書きあらわすには不適当かつ不便な文字であることがわかりやすい」。

支那文字とは漢字ということですが、「性格のことなる日本語を書きあらわすには不適当かつ不便な文字である」とは思われません。なぜならば、おおよそ千数百年もの長い間、漢字からつくられた平仮名や片仮名などの仮名文字と併せて使われてきたからです。漢字が、不適当かつ不便な文字であるならば、日本人は漢字の使用を早々に放棄した筈です。不適当かつ不便な文字であると思う人は仮名文字だけを使って漢字を使わなければよいのであり、「日本語とあわなくて苦労している」人などはいないのです。それに、「性格のことなる」といっても、それは文体のことであり、単語を使用する分にはなんら問題はありません。このことは漢字だけでなく他のいかなる言語についても同じことがいえます。

この本の言説は、この著者の学究成果に基づいてのものなのか、学界の流れに迎合してのものなのかは分かりませんが、首をかしげざるを得ないものといえそうです。

それにも増して、このようなことについての、なんにもならない、つまらない話を、なんのためにするのかという疑問があります。単に、なんらかの受けを狙った、或いは、漢字をけなすためだけの言説としか思われません。このような言説は、自国語として漢字を常用している日本人にとって決して好ましいものではありません。世界に誇るべき立派な言語である「漢字仮名交じり文」の日本語が、つまらない劣った言語と誤解されかねないからです。

以上のように、この二書に限ったことではありませんが、日本の学者や研究者の間では、漢字と日本語との関係について否定的なものが多く見られます。それも仮名言葉ではなく漢字言葉について「借用語」であるなどと的外れのことをいって、むきになって漢字と日本語との関係を否定してあるのは滑稽とも思われるほどです。ということは逆に、漢字と日本語とは深い関係にあるらしいことが暗示されているともいえます。この二人の学者と研究者は現在の東京大学教育学部国文科をでた人なので、本気でいっているのかどうか疑ってしまいます。他の分野と異なって、日本語の絡む言語・国語問題については、その学者や研究者は、頭脳は明晰であっても必ずしもほんとうのことをいうとは限らないように思われます。なぜならば、彼らも社会的な人間であり、高名になればなるほど立場がありいろいろな思惑もでてくるからです。或いは、国策や言語・国語学界の権力や流れへの迎合があるかも知れないからです。

結局のところ、日本語には漢字言葉と仮名言葉とがありますが、漢字言葉の大部分は漢語を導入したもので、漢語に準じて読む音読と、漢字からつくった仮名文字で読む訓読とがあります。仮名言葉は漢語漢字を素材としてその音声と意味を利用してつくられたものです。今でも明らかにされませんが、このことこそが日本語の本質、或いは、日本語の正体なのです。

繰り返していうと、仮名言葉は純粋な日本語とされて大和言葉ともいわれます。つまり、仮名言葉と純粋な日本語と大和言葉とは同義語なのです。そして、**仮名言葉**は日本人により**「漢語漢字を素材としてその音声と意味を利用してつくられた言語」**ということであり、それがすなわち純粋な日本語とされる**大和言葉**なのです。それは、原則として**「ある漢字の意味を他の漢語漢字の音声と意味で説明或いは解釈する言葉」**としてつくられています。したがって、日本語は「**説明言葉**」或いは「**解釈言葉**」というべきものになっており、結果として、日本語の語源は「**漢語漢字およびその音声と意味である**」ということになります。このように、漢語漢字と大和言葉との関係は「**素材と製品の関係**」にあるということです。

学問的な成果はどうなっているのか分かりませんが、明治以来、年号が「令和」に改まった今年まで一五〇〇年も経過しましたが、本書で叙述しているような日本語の本質というか、日本語の正体のことはいかなる高名な学者によっても主張されたことも言及されたこともありません。そして、南方からきたのではないかとか、北方からきたのではないかとかばかりが云々されています。ということは、この問題は学者に任せていては、いつまで経っても解決しないもののようです。なぜならば、この問題は、一応、表面上は「日本語はどこからきたか」のような学問上のこととされていますが、漢字のことが始めから除外されているということは、学問の問題というよりは他の問題のように思われるからです。

最後に、繰り返しになりますが、**新音義説**とはなにかを一言でいうと、第一に「**一音多義**」であること、第二に仮名言葉、つまり、純粋な日本語とされる大和言葉は日本人により「**漢語漢字を素材としてその音声と意味を利用してつくられた言語である**」という説であり、殆んど間違いないものと思われます。なぜならば、何時でも誰でも、純粋な日本語とされる多くの大和言葉の語源と意味を、漢字から解読することによってそのことを証明できるからです。

末言

唐突だけれども、以前から不思議に思っていたことがあります。というのは、「序言」という熟語はあるのに、今に至ってもこれにぴったりと対応する終わりの言葉が作られていないようなのです。「跋文《ばつぶん》」や「跋語《ばつご》」という熟語はあるようですが、これは文や語であって言ではないので対応しているとは見做しにくく、「結び」ともされますが、これも対応しているとは思われないので、近頃では「はじめに」と「おわりに」や「まえがき」と「あとがき」などが対応して使われるようになっています。したがって、僭越ながら、本書では、敢えて序言に対応する言葉として、終末という言葉の一字を使った「末言《まつげん》」という言葉を造語して使いました。跋言という造語でもよいのでしょうが、跋という漢字は、常用漢字二一三六字の中にも含まれておらず、そのためもあり字義上も直ぐには分かりにくいものだからです。

さて、わが日本国《にっぽんこく》は、先のアメリカ合衆国(以下、アメリカといいます)との大東亜戦争(太平洋戦争とも)に惨敗し、一九四五年(昭和二〇年)八月に無条件降伏に近い形で降伏して以来、軍事的には牙を抜かれた平和志向国として、かつ、アメリカの従僕国として、国民の勤勉と努力とにより経済的には発展して敗戦後七十五年間を過ごしてきました。経済的にはアメリカに次いで世界第二位とか第三位とかいわれても、人口が一億二千万人強と世界で十番目に多い国だからでもあり、国民の一人当たりの所得からすれば世界第二十六位程度、税金はその種類が多く相応の福祉が伴わないので綜合的にみて世界一高いのではないかとされています。したがって、幸福度からいえば更に下位の五十八位程度とされています。ちなみに、ヨーロッパ先進国の人口は、イギリスとフランスが六千万人程度、ドイツが八千万人程度で、国民一人当たりの所得はイギリスが二十二位、フランスが二十一位、ドイツが十八位程度、幸福度はイギリスが十五位、フランスが二十四位、ドイツが十七位程度のようです。

日本国は、現在ではアメリカの従僕国、かつ、同盟国となって、国土をアメリカの軍事基地として提供し、アメリカがその国益のためにする戦争の戦費などを負担させられています。世界中には、アメリカが好きな国ばかりではありません。アラブの国々を初めとしてアジアやアフリカの国々は必ずしもアメリカに好意的ではありません。南アメリカの国々や東欧の国々もそうであるといえます。なぜならば、アメリカは覇権国家《はけんこっか》だからです。覇権国家というのは、軍事力や経済力などで他国を抑圧している、或いは、抑圧しようとする国のことをいいます。現代の極端な覇権国家には、アメリカの外にロシアとシナがあります。

一八九八年（明治三一年）に、アメリカはスペインにあらぬ因縁をつけて米西戦争を起し、スペインからフィリピンを強奪して一九四六年（昭和二十一年）までの四十八年間殖民地としていました。その為に、英語が使われて、現在ではフィリピンの公用語とされており学校でも教育されています。したがって、フィリピン人の多くは英語を話すことができ英語が通じるのですが、フィリピンの主要母語であるタガログ語と英語との混雑語も多いとされています。タガログ語も文字はアルファベットが使われています。つまり、言語はかなり複雑なものになっているようです。

ハワイは、王国だったのですが、一八九八年（明治三一年）に強引にアメリカに併合されてハワイ州となり、現在ではハワイ語を話す人は少なくなり消滅危惧言語とされています。つまり、人々はいても言語がなくなればハワイ民族は言語のない民族となり事実上消滅するのです。

アメリカとは直接の関係はありませんが、満州は、現在も人々はいても、多くがウイグルに移住させられ、満州語を話す人々は極めて少なくなり、満州民族はシナ族、つまり、漢族に併呑されて事実上消滅しています。

アメリカの第三十二代大統領になった民主党のフランクリン・ルーズベルトはユダヤ系でシナとの阿片貿易によって財をなした一族ですが、そのために親シナであり、日本が大嫌いな人だったようです。大統領になって打ち出したニューディール政策も必ずしも順調ではなく、戦争によって打開しようにも他国の戦争に介入しないことを公約して当選していた手前、ナチスドイツと欧州各国との戦争にも介入できないでいたときに考え出したのが、日本を徹底的に苛め抜いて日本を挑発し戦争に引き出すことだったのです。軍事国家になって調子づいていた日本は、その挑発にまんまと引っ掛かり、堪忍袋の緒が切れて始めたのが大東亜戦争なのです。この戦争はアメリカの意図したどおりに引き起こされたとされています。戦争の勝利によって手に入れた日本をアメリカは自分のものと思っているので手放そうとせず、日本を実質上の従僕国としています。

「プーチンよ、悪《ワル》は米国に学べ」（高山正之著・新潮社）という本には、フランクリン・ルーズベルトとチェコ出身の人類学者アレス・ハードリチカの言動について、次のように書いてあります。

「彼（アレス・ハードリチカ）は20世紀初め『米国インディアンはアジアかシベリアからアラスカ経由で渡来した』説を唱え、一躍有名になった。人類学の分野では『アジアで見つかる類人猿は猿の仲間』でしかなく『人類は別に欧州で生まれた』説を唱えた。平たく言えば白人以外は人間ではないと。学術的に白人の優秀さを謳《うた》うハードリチカは米社会に歓迎され、スミソニアン自然史博物館の主任研究員に招かれた。就任間もなく日露戦争が起きて彼の学説とは裏腹に日本が勝ってしまう。どうもそれでハードリチカの日本嫌いが始まったと言われる。フランクリン・ルーズベルトが大統領に就くと彼は『日本はアジアからの白人排除を企んでいる』と警告の書簡を出した。『日本人は原始的な冷酷さを文明の衣で隠している海賊』だと。同じく日本嫌いの大統領は喜んで彼を大統領の私的顧問にし、様々な問いかけを始めた。『日本人はなぜ凶暴なのか』もその一つだった。『彼らの頭蓋骨は我々より2000年遅れ、猿に近い』（英首相府文書ファイル4）と教授。大統領はそんな日本人や劣ったアジア人を改良できるのか。それとも淘汰《とうた》した方がいいのかを問う。『白人とアジア女を交配させれば改良できる。アジアの男は電気で去勢すればいい』。日本人はどうするか。『日本人は白人と掛け合わせてもダメだ。四つの島に閉じ込めて次第に滅ぼすのがいい』。ハードリチカとルーズベルトのやり取りはユダヤをどうしようか、と語り合うヒトラーとメンゲレ（ドイツの遺伝生物学者）の姿そのままだった。気に食わない日本人は『四つの島』というゲットーに閉じ込めよう。その上でユダヤ人はガス室だったが、こっちは無差別爆撃と原爆で焼き殺してしまえ。ルーズベルトが死ぬとその遺志はトルーマンが忠実に実行した。まず原爆を落とし全世界から日本人を引き揚げさせて四つの島に閉じ込め、それ以外の領土はみな没収した」。

また、この本の別頁には、次のように書いてあります。「トルーマンは広島、長崎に原爆を落とし、黄色人種淘汰の一つの形を示した。また、（第35代アメリカ大統領の）ケネディも別のアジア人淘汰を考えていた、と先日の共同電が伝えていた。『米国が60年代に名護と首里でイモチ病、黒さび病を研究』し、コメ収穫量をゼロにする生物兵器を開発していたという内容で、対象は『中国、東南アジア』だったという」。

この東南アジアの国々の中に日本も含まれていたのかどうかは不明ですが、このような心根《こころね》は敵に塩を送る日本人には理解できないことです。このように、現在でもアメリカの大統領以下の指導者層は「日本人は四つの島に閉じ込めて次第に滅ぼす」という思考を心底に持っているということを忘れてはなりません。

日本はそんなに多くの国家と戦争したとは思わ

れないのに、アメリカの提唱で一九五一年九月にサンフランシスコで行われた世界四十八か国との対日講和条約締結の際に、日米安全保障条約と日米行政協定（現在の日米地位協定）とを強制的に締結させられました。この条約は、忌憚《きたん》なくいうならば、アメリカが日本を制圧し続け、かつ、日本国土をアメリカの軍事基地として提供せしめるためのものですから、日本国土には米軍基地が六十数か所存在し、米軍機は日本上空をさしたる制約も受けずに自由に飛び回るし、首都圏の航空管制権、つまり、制空権は現在でもアメリカが掌握しています。このような国は世界広しといえども日本しかないそうで、先般来日したドイツの女性首相もびっくりしたそうです。このように、日本にはアメリカという狼が居座っているので、ロシア（露国）という狼もシナ（芝那）という狼も日本への手出しを控《ひか》えているのです。

一九九一年（平成三年）のアメリカを始めとする連合軍とイラクとの湾岸戦争時には、日本は自衛隊を出さなかったのでアメリカから戦争への貢献不足を指摘されて、関係各国の中では最高額の一三五億ドル（日本円にして一兆六九〇〇億円）もの巨額の金を負担しました。にもかかわらず、この戦争に貢献した国々として、アメリカ国防総省が作成してクウェートに提出した名簿には日本国は入れられていなかったのです。ドイツは、日本と同じように兵隊は出さずに金だけ七〇億ドル出したようですが貢献した国としてちゃんと挙げられていました。当時の日本の外務大臣は、「人命をかけて平和のために貢献する」ときにのみ、「国際社会は敬意を払い尊敬する」といったようですが、この戦争がほんとうに平和のための戦争だったのかは分かりません。したがって、日本が人的貢献、つまり、自衛隊を出さなかったのは、むしろ良かったのではないかと思われます。この後、日本ではＰＫＯ（国連平和維持活動）に貢献するための法律としてＰＫＯ協力法がつくられました。

第二次湾岸戦争ともいわれるイラク戦争時には、日本の総理大臣はアメリカの茶坊主よろしく、「アメリカの武力行使を理解し賛成いたします」とかいって、真っ先にその戦争に賛成したのみならず、アメリカのイラク攻撃に反対していたドイツやフランスなどの国々に賛成するよう説得したとされるのは、自分の政権維持には役立ったのかも知れませんが、長い目で見れば日本人らしからぬ適切とは思えない態度だったように思われます。なぜならば、世界各国が反対したにもかかわらずアメリカが強引に仕掛けた大義名分のない戦争だったからです。同調したのはイギリスとオーストラリアなど少数国でした。国連常任理事国のフランス、ロシア、シナに加えてドイツは戦争に反対しました。その他多くの国々が反対しました。なぜならば、イラクのフセイン大統領は政権交代さえ求めなければアメリカのすべての要求に応ずる用意があると何回も答えており、アメリカが戦争の口実とした大量破壊兵器がないことは殆んど明らかだったからです。アメリカはアラブ人国家であるイラクを滅ぼして石油を支配するためだけに強引に戦争を仕掛けたのではないかとされています。アメリカのような狼国家群の狭間で平和志向国として生きていくことは大変なことです。平和というのは相手があってのことなので、こちらが平和を望んでも相手も同じように応じなければ、平和を保つことは難しいのです。

現在の世界は、軍事面では核兵器の時代になっていますから、それを持たなければ脅しは利かない、つまり、抑止力にはならないし、本格的な戦争となったら問題になりません。ロシアは核兵器を持たない国は相手にしないというし、アメリカは基地を返せというと「俺と再び戦争する気か」と脅かします。つまり、両国共に戦争で取られたものは戦争で取り返えせという態度なのです。しかしながら、日本国は、核兵器をもって軍事面で強くなることは難しいように思われます。なぜならば、先ず、広島と長崎で核爆弾の悲惨さを経験した日本国民は、たとえ敵に対するもので防御的なものであっても、核兵器を持つことに賛成するかどうか分からないからです。次に、日本が核兵器を持とうとしても、日本の報復を懸念するアメリカが容認しないであろうし、加えてロシアやシナも反対すると思われるからです。これらの国々は「俺は持つけどお前は持つな」という身勝手な政策なのです。アメリカの常套手段は、先ずは経済制裁をして相手を苛めることです。例えば、アメリカはアラブの国々が核兵器を持つことを認めません。上述したように、イラクは、アメリカに因縁を付けられ、湾岸戦争やイラク戦争を仕掛けられて、事実上、滅ぼされて混乱した国家になっています。現在ではイラクの石油利権はアメリカが支配しているともいわれます。現在、イランは核兵器を開発しようとしているとして経済制裁を受けています。

日本は、当面はこれら狼国家群の狭間で牙を抜かれた平和志向国として、上手に生きていくより仕方がありません。軍事費を増やしても、ロシアやシナなどには対抗できず、究極的には殆んど役に立たない兵器をアメリカから大量に買わされることになるだけなのです。したがって、日本国は一定の条件が整うまで、現在の平和憲法を改正すべきではないと思われます。なぜならば、アメリカが世界中でその国益のためにする戦争に参加を求められて利用される恐れがあるからです。アメリカの要請にもかかわらず、日本が朝鮮戦争にもベトナム戦争にも湾岸戦争にも参加しなくて済んだのは、アメリカが無理矢理に押し付けた日本国憲法があるから断れたのです。現在の第四十五代アメリカ大統領のドナルド・トランプは、現在の日米安全保障条約では、アメリカは日本を守ることになっているのに、日本はアメリカの戦争に参加しないのは不公平だといっています。共同の敵に対する正当性のある戦争ならば共に戦うべきだと思われます。自分の国は自分で守らなければならないからです。しかしながら、アメリカと調整して何らかの形で核兵器を保有する必要があるでしょう。核兵器の時代においてそれを持たずに戦争に加わるなど愚の骨頂だからです。核兵器を保有でき実際に保有すれば、戦争の抑止力にもなるので、憲法を改正して戦争のできる国になって核兵器の抑止力を利用すればよいのであり、他国から万が一戦争を仕掛けられたら迎え撃つことのできる普通の国になれると思います。ただ、核兵器の時代において、他国との戦争になったら、敵味方共に悲惨なことになるので戦争は絶対にしないように真摯に努力しなければなりません。

日本人が、アメリカについて大きく誤解していることがあります。それは、アメリカは日本にはは友好的であるがシナとは敵対しているという理解です。これは、むしろ逆であって、意外にもアメリカは以前からシナとは割と仲がいいのです。現在、シナが世界第二位の経済大国になっているのもそのことを示しています。シナは、アメリカとの貿易によって発展しているのです。アメリカは、日本国土を軍事基地としており、日本経済を食い物にしているので友好的なふりをしているのです。その証拠に、最近でもオバマ大統領夫人は大統領と共に夫妻で招待されたのに子供の学校があるとかいって一緒に来なかったし、他日に一人で来るには来ても日本には一日しかいませんでしたが、シナには子供連れで訪れていて数日間滞在したとされます。また、アメリカの政府高官は、日本の駐米外交官とは誘っても殆んど会食しないのに、駐米シナ外交官とは仲良く度々会食しているとされることなどからも容易に判断できます。

「アメリカと中国は偉そうに嘘をつく」（高山正之著・徳間書店）という本には、要約すると次のように書いてあります。「（支那の）江沢民は国家主席として訪米したとき、ハワイにわざわざ立ち寄り、真珠湾の慰霊碑に献花して『日本は米支共同の敵だ』といった趣旨の挨拶をした。中略。海底油田が見つかって俄《にわ》かに『尖閣は俺のモノだ』と言い出した支那の意地汚さに米国が一言もたしなめようとしないのはなぜか、反日デモをやって、放火と略奪に耽《ふけ》る支那人の行状にも米誌は黙っている。どうにも不思議でならない。しかし歴史を見れば日本が勝手に日米は緊密と思い込んでいるだけで、むしろ江沢民のいう『日本は米支共同の敵』が正しいと思えるフシがいくつもある。中略。米国は原爆投下を正当化することもあって今も『日本は侵略国家で、残忍で』という主張を変えていない。だから米国の創作した南京大虐殺をなぞった江沢民は大歓迎され、(第四十二代アメリカ大統領の) クリントンは彼に『戦略的パートナー』の位を与えている。加えて今はウォルマートで売る商品の八割を支那の奴隷工場でつくらせる。国防だけでなく経済の紐帯《ちゅうたい》も強くなった。戦後六十年の節目には親父ブッシュが支那の西端の騰越《とうえつ》の市長に宛てて親書を送っている。中略。ブッシュの親書はまさにその戦い (騰越の戦い) で米支の兵が力を合わせ、悪い日本軍をやっつけた健闘を称えたものだった。江沢民のいう『日本は米支共同の敵』は今も生きている。中略。日本はいい加減、米国の性悪さに気づくときだろう」。

日本政府は、このことはとっくに気づいているのですが、アメリカにいいように搾取され扱われているので、国民に対してはアメリカと緊密であり同盟国だからと苦しい説明をしていると思われるのです。しかしながら、日本国民はこの事実をしっかりと認識して、アメリカに対しては賢明に対処して行く必要があります。国際関係というのは複雑で対処の難しいことが多いのです。

どこの国の人間も、大抵は、個人の立場では善良で友好的な人が多いのですが、国家の立場になると冷酷で残忍になるのです。したがって、戦争になると敵となる相手国の兵士を容赦なく撃ち殺すことができ、相手国を爆撃することができることになります。アメリカ人も例外ではありません。ロシア人もシナ人も同じです。これらの国々は、現在でも、巨額の軍事費を使用して最新兵器の開発に邁進しています。何のために殺人兵器の開発をしているのでしょうか。それは、他国を脅かすためであり、他国から脅かされないためであり、いったん、戦争にでもなれば、相手を徹底的に打倒するためです。このような世界情勢の中で、日本国は滅亡することなく、どのように上手に生きていけばよいのでしょうか。

特に、現在以上のアメリカの従僕国、つまり、アメリカの属国にまで進むことを防止するためには、日本文化をしっかりと守っていくことが肝要と思われます。日本文化の根幹は日本語の存在と日本国民がそれを使用していることにあります。日本語は文字としては漢字、平仮名、片仮名の三種類、言葉としては漢字言葉と仮名言葉、文章としては「漢字仮名交じり文」になっています。特に仮名言葉は日本人が日本語としてつくった独自の貴重な言葉です。

本書では、「民族は言語と共にある」との考え、したがって「日本民族は日本語と共にある」という考えです。独自の言語を持たない人間の集団は民族とはいえないのです。日本人が独自の日本語を無くしたら、人々の集団や日本国は存在しても日本民族は存在しないということになります。

しかしながら、現在の日本では、日本語の基本である漢字言葉と仮名言葉とを「カタカナ英語」言葉に置換して使用することが流行し、このことがどんどん進行しています。つまり、日本語がカタカナ英語言葉になりつつあり、本来の日本語が消滅しつつあるのです。

日本人が日本語をカタカナ英語に置換して使用することとは、日本語を捨てることであり、日本国のアメリカへの属国化に繋がっていること、引いては、日本民族の消滅に繋がっていくことを、日本人は明確に認識し自覚しておかなければなりません。カタカナ英語の使用は「ほどほど」にしなければならないということです。

カタカナ英語においては、現在ではまだ、文字はカタカナで書かれていますが、そのうちにローマ字、つまり、英文そのままにアルファベットで書かれるようになるかも知れません。なぜならば、すでに明治時代において、有力な政治家や有名な文人によってまで、そのような「愚か」とも「かん違い」とも思われる主張がなされたからです。アメリカは日本国を自分のものと思っているので、日本国を言語などの文化面においてもアメリカ化して将来はハワイのように自国の領土としてしまうことを望んでいることは明らかです。たとえ、そこまではいかないとしても、実質的には完全な属国にしてしまうことを着々と進めていることは疑いないと思われます。

上述したように、日本国には全国に六十数か所もの米軍基地があり首都圏の航空管制権、つまり、制空権はアメリカが握っておりその返還の交渉すらできません。なぜ、アメリカが制空権を返さないかというと、その第一の目的は日本国を制圧して従僕国家にし続けておくためであることは自明のことです。アメリカは、日本と三国同盟を結んで同じく敗戦したヨーロッパ人国家のドイツやイタリアには、そんなことはしていません。アメリカは、心底では、黄色人種の国家である日本国、引いては、日本人を信用してはいないのです。すでに会計制度にも裁判制度にもアメリカ式が導入されました。小学校の低学年から英語教育が始まります。アメリカは日本人と日本国を実質上自分のものにしてしまうための遠大な計画を着々と進めているのです。歴史的に世界の陰謀に慣れていない、善良で純朴な多くの日本人はその遠大な計画に気付いていなくて、日本語をカタカナ英語言葉に置換して、賢くなった積りになり、喜んでいるように思われます。しかしながら、英語は英語圏の人々と交流する際に使用すべきものであって、日本語をわざわざカタカナ英語言葉にして日本人同士の間で使用すべきものとは思われません。

日本語が徐々にカタカナ英語との混雑語となり、ついには殆んどがカタカナ英語の言語になったら、人々は一億二千万人余りいても日本民族は事実上消滅するのです。なぜならば独自言語がないからです。独自言語の無い民族などは存在しているとはいえないし、逆にしていうと、独自言語の無い人々の集団は民族とはいえないのです。民族という言葉は、言語という言葉と深い関係にあります。したがって、日本語を話さない人は、日本国籍があることから日本人ではあっても日本民族の一員とはいえません。

アメリカは、公言こそしませんが、ハワイのようにわが国を併合することを望んでおり、そのことを画策していることはいうを待ちません。その設計図も密かに作成されているといわれています。アメリカが日本と戦争したのはそのためでもあります。なぜならば、地政上、特に東アジアや東南アジアを制圧するための重要拠点になり得るからです。ただ、併合は従僕国としての日本を継続することによって諸制度や言語をアメリカ化し日本人を飼い慣らすことによって徐々に行なおうとしているだけです。

アメリカがどのような国であるかは、上述した「プーチンよ、悪《ワル》は米国に学べ」（高山正之著・新潮社・二〇一四年刊）や「アメリカと中国は偉そうに嘘をつく」（高山正之著・徳間書店・二〇一五年刊）などに、軽快な論調で紹介されています。

日本国は、軍事的にアメリカの制圧下にある以上、当面は経済的、文化的に優れた平和志向国として生きて行かざるを得ないのですが、従僕国であることを通り越してアメリカの属国、或いは、アメリカの五十一番目のニッポン州に等しいと見做されずに、独立国として世界中の国々から尊敬される、或いは、一目置かれる国家であり続けるためには、どう対処していけばよいのでしょうか。繰り返しになりますが、経済的に発展していることも必要ですが、文化面でしっかりと対応していくことが必要と思われます。そのためには、日本民族としての言語、つまり、「日本語をしっかりと守って行くこと」こそが最も大切で賢明なことです。

このことは、先ずは言語・国語学界が率先して唱えて行くべきものです。しかしながら、このことを声高に主張する人は存在しないとも思えるほどに少ない現在の日本の言語・国語学界は、まさに腑抜けの状態というよりも、学問的にもさほど優れた人材のいない最悪の状態にあるように思われます。ここでいう日本語とは、この本で使われているような、字でいえば漢字と平仮名と片仮名、言葉でいえば漢字言葉と仮名言葉、文章でいえば「漢字仮名交じり文」のことを指します。

日本語を守るということは、日本語をカタカナ英語に置換して、日本語の流れの中で使用するのは極力避けるということです。日本語をしっかりと守って行くことと、英語を学んで身に付けることとは、まったく別の問題です。イギリスの殖民地は多かったので英語を国語や公用語としている国々が多数あります。アメリカに加えてカナダやオーストラリアなどの有力な国々もそもそもはイギリスの殖民地だったのです。このような事情から、英語は世界の有力な国々と世界中の多くの国々の人達の間で使用されていることもあって、英語が世界の通用語になりつつある現在、多くの日本人が英語をしっかりと身に付けていくことは必要であり、とてもよいことです。シナも朝鮮も英語教育には随分と力を入れていますが、自国語を破壊するような馬鹿なことはしていません。しかも、日本人よりもシナ人や朝鮮人の方が遥かに英語は上手とされています。

現在では国土も広大で資源も豊富なアメリカがイギリスに代わって軍事的にも経済的にも強国となり、世界の覇権を握っています。アメリカは世界一のずば抜けて豊かな国であり、この国と交流・交易することは自国の繁栄にとって極めて有益なので、多くの国々がアメリカとの交流・交易に必要な人材を育成しようとして英語教育に力を入れているのです。

だからといって、日本語をカタカナ英語に置換して日本語の中で使用することは止めなければなりません。英語は英語だけで会話し、英語だけで文章を書けなければなりません。日本語をカタカナ英語に置換して英語との混雑語にして、日本語を破壊することは止めなければならないということです。ほんとうの日本国民であるならば、一人一人がこのことをしっかりと肝に銘じておかなければなりません。

大東亜戦争に敗戦して戦後七十五年間も経過するのに、なに一ついえないでアメリカの従僕国として生存し、日本語を徐々に放棄することによって、無意識のうちに自ら併合への道を徐々に進んでいるのが日本の現状のように思われます。通常は、国家の崩壊はその国の指導者層、つまり、政治、経済、法制、教育、マスコミ（大衆報道）などを担っている上層部から始まり、それが一般国民に広がって行くのです。なぜならば、国の様々な基本方針はこの人達によって決められるからです。政治上は「戦後の総決算」とかいって総理大臣を長年務めた人はいますが、日米地位協定というアメリカとの不平等条約の改正は一言もいい出せませんでした。つまり、戦後の総決算は殆んどなにも済んでいないのです。令和元号に至って継続している現政権にしてもまったく同じことがいえます。それほど左様に、気に食わない相手を滅ぼすことも辞さない、やりたい放題ともいえる悪辣《あくらつ》かつ狡猾《こうかつ》なアメリカと交渉することは困難を伴うことなのです。

司法面では、明治時代には児島惟謙《こじまいけん》という今に称賛される大審院長（今の最高裁判所長官）がいますが、最近の昭和時代にはアメリカの陰謀と思われる事件について、アメリカの従僕裁判所よろしく、日本国憲法の規定にも抵触しそうな「宣《せん》明書《みょうしょ》」なるものを出してまで日本の総理大臣を罪人にしてしまったキリスト教徒の藤林益三《ふじばやしえきぞう》という最高裁判所長官がおり、この人も逆の意味で末永く歴史に記憶されることと思われます。従僕国家になると、このような人たちが出てくるのです。

現在のような趨勢《すうせい》では、そのうちに英語を公用語にする動きがでてくるかも知れません。しかしながら、万が一そのような動きがあったら、日本人は断固として拒否すべきです。英語を公用語にしている国家は多いのですが、それらの国々は過去にイギリスやアメリカの殖民地だったからです。日本国は、自ら進んで、殖民地となっていた国々の仲間入りをするような見苦しいことを絶対にしてはなりません。英語を公用語にしている国々は、過去に殖民地であった歴史があるので英語を使わされていたことから、それが自国民の使う言葉の一部になってしまって仕方なくそうしているのであり、そういう国では言語が混乱しており、国民の統一が維持しにくく、したがっていろんな面で強国になりにくく、いうならば二流国家ともいうべき国々なのです。アジアの一流国家として輝かしい歴史を持つ日本国が、現在ではアメリカの従僕国のような立場を余儀なくされているとしても、自ら殖民地であった国々の仲間入りをするような見苦しいことはしてはならないのです。日本国民は英語も使える人々のいる国家にはなっても、英語はあくまでも外国語として扱い、準国語扱いとなる公用語などには絶対にしてはならないということです。

現在では、いろんな組織において「なんとかジャパン」などといって「ニッポン」という日本国の正式呼称さえ名乗らなくなっています。このような状況の中で、カタカナ英語の氾濫を「変わり身の早いのが日本人の特徴」のような愚かなことをいっている分別のない学者や知識人もいるようです。

更に、次のような主張をする学者もいます。例えば、擬音語・擬態語辞典（講談社学術文庫・二〇一五年）の著者は、その「日本語の歴史」（山口仲美著・岩波文庫・二〇〇六年刊）という本の中で次のように主張しています。

「次に七つのカタカナ語をあげてみます。いくつ意味がしっかりと把握できたでしょうか。

アイデンティティー　イノベーション

エンパワーメント　サーベイランス
ボーダーレス　モラルハザード
レシピエント

どれも聞いたことはあります。でも、意味が正確にとらえられているかと言われると、おぼつかない。こうした状況に危機感を覚えた国立国語研究所は、意味の分かる従来語での『言い換え案』を提案しています。それによりますと、順次、『自己認識』『技術革新』『能力開化』『調査監視』『脱境界』『倫理崩壊』『移植患者』となります。

たしかに、カタカナ語よりははるかに意味が分かります。さて、これらのカタカナ語の扱いをどうしたらいいのでしょうか？　分かりやすさの点から言えば、従来語で言い換えた方が数段優れています。でも、問題があるのです。言い換え案をみてください。ほとんど漢語です。ただでさえ多い漢語をふたたび増やし、同音異義語の問題を大きくしてしまうのはどうでしょうか。耳で聞いただけですばやく理解しなければならない場面が増えていく社会になることを考えると、問題なのです。カタカナ語のままにしておいて、意味の定着を待つという方法は、いかがでしょうか。意味の定着に、言い換え案は効力を発揮します。ははん、レシピエントというのは、『移植患者』のことだなと、共通理解を促進してくれます。明治時代の西洋語を漢語に翻訳して受け入れていったのは、中国文化の浸透していた時代にマッチした方法でした。でも、現在多くの日本人に浸透しているのはアメリカ文化です。もはや、漢語の翻訳が力を失ないつつある時代なのです。だとすると、カタカナ語のまま、意味の定着するのを待って使っていくという方法も、意外に良いと思えます」。

しかしながら、そもそもこのような従僕国思考ともいえそうな言説には、根本的な問題があります。言語は民族文化を具現したものであり、民族と深く結びついているものとの視点がまったく欠けています。日本語の消失は日本民族の消滅に繋がるのです。なぜならば、独自の言語を持たない人間の集団は民族とはいえないからです。

日本人は、古代の昔から言語としては、字でいえば漢字と平仮名と片仮名、言葉でいえば漢字言葉と仮名言葉、文章でいえば「漢字仮名交じり文」を使用してきたのです。言語は「万世一系」で同じものであることが望ましいのであり、ある時代にどこかの民族とその言語が優勢であり、その従僕国家だからといって無節操にころころと変えるべきものではないと思われるのです。一般的には「国体の護持」というときの国体は「天皇制」という意味で使われますが、広義では「日本文化」ということでありその中には「日本語」も含まれるのではないかと思われます。つまり、「国体の護持」には「日本語の護持」も含まれるのではないかということです。

世界の一流国といえどもその言語には借用語がたくさん含まれています。それでも各国は自国語としての統一言語の維持育成にたいへんな努力をしており、その学者も自国語を洗練された立派なものにするために努力しています。それができない国は一流国家になれないのです。なぜならば、国民としての意志統一ができにくいからでもあります。インドが人口は九億人程度もいるとされるのに、なかなか一流国家の仲間入りができないのは、国語が多くの言語に分裂していることもその主原因の一つです。日本語をカタカナ英語との混雑語にして、日本人は一体、なに語を話す、なに人だか分からないようにすべきではありません。

それに、この学者が述べていることも納得できるものではありません。「これらのカタカナ語の扱いをどうしたらいいのでしょうか」という質問の答えは簡単であって、「日本語に翻訳して」使えばよいのです。つまり、国立国語研究所が提案した、意味の分かる従来語での「言い換え案」を使えばよいのです。

当然のことながら、英語言葉というのは無数といえるほどにたくさんあるのであって、カタカナ英語言葉にしても上記の七つの言葉だけで済むことではないのです。無数にある言葉を、更にどんどん追加して日本語に持ち込んで定着を待ったら、日本語はカタカナ英語になってしまうのであり、日本人にとって日本語は英語の日本語方言ともいうべきものになることは殆んど確実と思われます。

後世において、なぜ日本語はカタカナ英語との混雑語になって混乱するようになったのかを問われたときに、日本は長い間アメリカの従僕国だったので、従僕民族の一般的性《さが》として、日本人は強制もされないのに、自ら日本語をカタカナ英語言葉に置換して使うようになって、カタカナ英語との混雑語にしてしまった、自己の文化も守れない軟弱な骨のない民族と見做され記憶されることになります。

次に、漢語というのはシナ人の使う言語のことですが、日本人は日本語としての漢字言葉は使っても漢語は使いません。日本の漢字言葉の多くは、大昔から漢語を導入して日本語としたものなので、漢語と日本の漢字言葉とは、字体と意味は同じですが、音と声、つまり、発音と声調が異なるのです。漢語と日本の漢字言葉とは異なるものになっています。発音とは読み方のこと、声調とは発音の調子のこと、英語でいうところのアクセントのことで、シナ語には四声《しせい》がありますが日本語にはありません。最近では、漢語の多くは簡体字になっているので字体も異なってきています。上述の七語にしても日本語の漢字言葉であって漢語ではありません。漢語には上記の七語のような言葉は一つもないのです。

「ただでさえ多い漢語」とはどういうことでしょうか。上述したように日本語には漢語はありません。日本語の漢字言葉のことならば、言語・国語学者とも思えない誤解といえます。高名な学者の中にも、本気なのか故意なのかは分かりませんが、このような「かん違い」したことをいう人が結構多いのです。

漢字言葉は日本語ですから多いのは当り前のこ

とであり、英語などを翻訳すれば、漢字言葉や仮名言葉が増えるのは当然のことです。つまり、それらが増えることを問題視すること自体が極めてトンチンカンというべきです。

また、具体的に、上述の七語と同音異義語になる言葉があるのでしょうか。日本語では、少々の同音異義語があっても少しも構わないのです。ある音には三つ、五つ、或いは七つの同音異義語があると認識しておけばよいことであって、時と場合によってそのどれであるかを即座に判断すれば済むことです。現に、殆んどすべての日本人が難なくそれをやっています。

「耳で聞いただけですばやく理解しなければならない場面が増えていく社会になる」ことを考えても、上記の漢字言葉の方がカタカナ英語言葉より耳で聞いただけで直ぐに分かります。字を見れば更に明確に分かります。カタカナ英語の言葉は発音だけ聞いても新たに意味を覚えていなければ分かりません。また、例えば、レシピエントをアルファベットでどのように書くのか、その綴りも分かりません。綴りが recipient と分かったとしても、そもそも recipi とはいかなる意味か分からないので、なぜ「移植患者」の意味になるのかこれまた分かりません。「現在多くの日本人に浸透しているのはアメリカ文化」である筈がありません。漢字言葉と仮名言葉は、日本人に千数百年もの長期間使われてきたのであり、僅か七十五年程度のカタカナ英語とは訳が違うのです。

それに「もはや、漢語の翻訳が力を失ないつつある時代」とは思われません。本書でもカタカナ英語言葉は使っていません。日本人同士の間ではカタカナ英語など全然必要ないからです。

「耳で聞いただけですばやく理解できる」のは、「レシピエント」よりも「移植患者」の方であり、なぜ、レシピエントなどという日本人にとってはそもそもいかなる意味なのかも分からない経歴不明の言葉が必要なのかということです。

学者によって異なりますが、音節数は日本語は一一〇程度、漢語は四一〇程度、英語は三〇〇〇程度以上ではないかとされています。ということは、日本語にカタカナ英語がふえるにつれて、同音異義語がたくさんできることになり、日本語が訳の分からない混雑語になってしまう可能性があります。

「漢字での翻訳が力を失いつつある時代」なのではなくて、特に学者や文人を始めとして学問をする人たちに西洋かぶれの知識人が多くなっているということです。漢字廃止論の最大の理由は、習得が困難であるために、識字の程度によって階級差が生じて民主的でないというのも一つの主張のようですが、上述のようなカタカナ英語が氾濫することは、新たな階級差を持ち込むことに他なりません。

どうしてこういうことになるかというと、言葉の専門家である日本の言語・国語学者が、日本語生成の歴史的経過とその特徴を必ずしも正しく理解していないようであり、したがって、現在の日本語を尊重しておらず、カタカナ英語の氾濫に対して「時代の流れには逆らえない」とか「時代の流れに任せればよい」などとして、日本語を愛護し進歩発展させるという重大な責任を放棄しているようだからです。言語は放任しておいて進歩発展するものではなく、努力して立派な洗練されたものにしなければならないのです。このような人たちが、日本の言語・国語学者になっていること自体に問題があるといえます。この人たちの大切な役割の一つは、いかにして日本語を立派な洗練された言語にしていくかということであり、それができない人はそもそも日本語の言語・国語学者になるべきではないのです。このような風ですから、あらゆる分野の一般国民が、現在の日本語の大切さに気付いていないのです。

日本語を維持し守ることは、日本民族の消滅がかかっているともいえる重大問題だということを、日本人はしっかりと認識して置かなければなりません。

日本国の国号の呼称は、ワ、ヤマト、ニホン、ニッポンと変遷してきました。明治時代の憲法は、大日本《だいにっぽん》帝国憲法といいました。日本の銀行券と郵政切手には「NIPPON」と書いてあります。国連にも「NIPPON」で登録してあります。国民には知らされていませんが、ニッポンと呼称するのには理由があるのです。ニッポンは「平和で、美しい、偉大な（国）」という意味の名称です。

つまり、わが国の現代の正式名称は、「ニッポン」なのです。先頃、漫画本を愛読書と自称する総理大臣が「いずれも広く通用しており、（ニホンとニッポンの）どちらかに統一する必要はない」などと愚かなことを閣議決定して国号の呼称を混乱させて今日に至っています。憶測するならば、これも巧みに画策された陰謀に引っ掛かった可能性が極めて高いのです。なぜならば、ニホンとニッポンのどちらか分からないのでどちらも使いにくいということからか、ジャパンという英語が多用されるようになっているからです。ある大手新聞社もまた分かっていなくて、世論調査をしたら、ニホンの方が少し多かったがおおよそ半々だったというような「呆けた」ことをいっています。国際社会では、口にこそしませんが、このことによって、日本人が民族としての価値を大きく下げていることは確かです。自国語も使えないような従僕民族が評価される筈がありません。人間の評価は、必ずしも経済の豊かさだけで判断されるのではないのです。

西暦二〇二一年（令和三年）夏に日本で東京オリンピック大会が一年の延期を経て開催される予定ですが、一九六四年（昭和三十九年）の東京大会では、わが国選手の着衣（ユニフォーム）の胸には「NIPPON」の文字が書かれていました。今回大会での主催者は東京都知事であり、組織委員会会長は日本国総理大臣経験者が就任していますがどのような問題意識を持って就任しているのでしょうか。役員も錚々たる人たちが就任しているにもかかわらず、大会徽章（大会マーク）がどうのこうのと瑣末《さまつ》なことばかりが云々されて、肝心のわが国の呼称のことは話題にもなっていません。マスコミにしてもそのことを問題にしているものはありません。従僕国家として七十五年も経過しているので、すっかりそのことが身についてしまって、日本人は自国語も使い得ないほどに国民意識、つまり、民族意識が劣化しているということです。

最近の国際大会では、わが国選手の着衣には英語で「JAPAN」と書かれるようになっています。今回の東京大会は改めてそのことを世界に宣言する歴史的大会になるように思われます。つまり、今回の東京大会での世界に向かってのわが国選手の着衣記載は、日本語のニッポン「NIPPON」になり得るのでしょうか、それとも、従僕国意識が定着してしまって、英語のジャパン「JAPAN」になるのでしょうか。

願わくは、日本人は日本語の根幹、つまり、わが国の呼称についてはニッポン（NIPPON）、言語については、字としては漢字と平仮名と片仮名、言葉としては漢字言葉と仮名言葉、文章としては「漢字仮名交じり文」を大切にして、自国語としての日本語を堅持することにより文化国家として、かつ、世界中の人達に親しまれ尊敬される民族国家として、末永く繁栄していかんことを心から念願しています。

＊参考文献

- 漢字と日本人（高島俊男著・文藝春秋）……64・78
- 漢字の過去と未来（藤堂明保著・岩波新書）……91
- 訓読みのはなし（笹原宏之著・角川ソフィア文庫）……55
- 広辞苑（新村出編・岩波書店・第七版）……52・84
- 国語学（築島裕著・東京大学出版会）……54
- 国語学概説（橋本進吉著・岩波書店）……20・52・56・60
- 大言海（大槻文彦著・冨山房）……43・47―48・62
- 対談　日本語を考える（大野晋編・中央公論社）……15・22・31・42
- 帝国大辞典（藤井乙男・草野清民共著）……46
- 日本語について（大野晋著・角川書店）……29
- 日本語の意味の構造（野村玄良著・文芸社）……30・54
- 日本語の起源（大野晋著・岩波新書）……30・32・63―64・70
- 日本語の系統（服部四郎著・岩波書店）……63・67
- 日本語のこころ（渡部昇一著・講談社現代新書）……55
- 日本語の成立（安本美典著・講談社現代新書）……27
- 日本語をさかのぼる（大野晋著・岩波新書）……14―15・19
- 日本大辞書（山田美妙著）……46
- ブリタニカ国際大百科事典（小項目編）……55
- 魚名源（江副水城著・パレードブックス）……51
- 鳥名源（江副水城著・パレードブックス）……45・51
- 獣名源（江副水城著・パレードブックス）……49・51・91
- 蟲名源（江副水城著・パレードブックス）……51
- 草木名の語源（江副水城著・鳥影社）……20・49・51・84・91
- アメリカと中国は偉そうに嘘をつく（高山正之著・徳間書店）……105・109
- プーチンよ、悪《ワル》は米国に学べ（高山正之著・新潮社）……100・109

＊索引（除参考文献）

〈著者紹介〉

江副 水城（えぞえ みずき）

1938年熊本県八代市生まれ。
東京大学法学部卒、上場企業（旭化成）に勤務後退職。
趣味は麻雀愛好、動植物観察、言語研究。
著　書：『魚名源』（2009年5月） 発行所 株式会社パレード、発売所 株式会社星雲社
『鳥名源』（2010年6月） 発行所 株式会社パレード、発売所 株式会社星雲社
『獣名源』（2012年10月）発行所 株式会社パレード、発売所 株式会社星雲社
『蟲名源』（2014年2月） 発行所 株式会社パレード、発売所 株式会社星雲社
『草木名の語源』（2018年7月）株式会社鳥影社

人体語源と新音義説

定価（本体2400円+税）

乱丁・落丁はお取り替えします。

2020年5月 6日初版第1刷印刷
2020年5月12日初版第1刷発行
著　者　江副 水城
発行者　百瀬 精一
発行所　鳥影社 (www.choeisha.com)
〒160-0023 東京都新宿区西新宿3-5-12トーカン新宿7F
電話 03-5948-6470, FAX 03-5948-6471
〒392-0012 長野県諏訪市四賀229-1(本社・編集室)
電話 0266-53-2903, FAX 0266-58-6771
印刷・製本　モリモト印刷

ISBN978-4-86265-788-6 C0080

江副水城 著　好評発売中

草木名の語源

草名二〇〇種、木名一五〇種収録
修飾名を含め合計一〇〇〇種以上収録

古典を読み解き新説を披露

古事記、日本書紀、万葉集をはじめとする古典の記述を分析し、近代の節用集、現代の大辞典の語源説、学説、俗説を徹底検証。万葉集などの和歌の用例も多数収録。六二八頁。

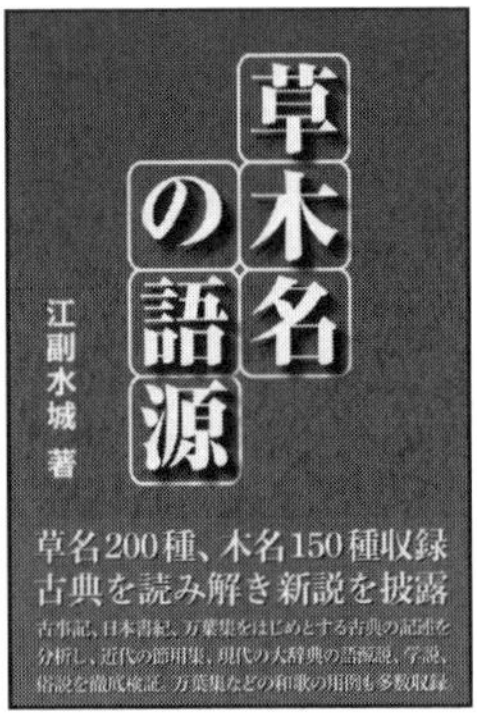

三八〇〇円＋税

鳥影社